本书受

教育部人文社会科学重点研究基地重大项目
"抗战时期的文化与教育研究（17JJD770007）"
资助出版

何 鑫 著

大学与现代中国 ◎ 主编 朱庆葆

中央大学的内迁与办学发展

南京大学出版社

图书在版编目(CIP)数据

中央大学的内迁与办学发展 / 何鑫著. — 南京：
南京大学出版社，2024.12. — (大学与现代中国 / 朱
庆葆主编). — ISBN 978-7-305-28630-8

Ⅰ. G649.285.31

中国国家版本馆 CIP 数据核字第 202452CZ88 号

出版发行　南京大学出版社
社　　　址　南京市汉口路 22 号　　　　邮　编　210093
丛 书 名　大学与现代中国
丛书主编　朱庆葆
书　　　名　**中央大学的内迁与办学发展**
　　　　　　ZHONGYANG DAXUE DE NEIQIAN YU BANXUE FAZHAN
著　　　者　何　鑫
责任编辑　陈一凡　　　　　　　　编辑热线　025-83593947
照　　　排　南京南琳图文制作有限公司
印　　　刷　苏州市古得堡数码印刷有限公司
开　　　本　718 mm×1000 mm　1/16　印张 17　字数 248 千
版　　　次　2024 年 12 月第 1 版　2024 年 12 月第 1 次印刷
ISBN 978-7-305-28630-8
定　　　价　88.00 元

网址：http://www.njupco.com
官方微博：http://weibo.com/njupco
官方微信号：njupress
销售咨询热线：(025) 83594756

序　言

朱庆葆

现代意义上的大学起源于欧洲。19 世纪以来,随着西方文明在全球范围内的帝国主义化和殖民化,大学在全世界迅速扩展。著名的比较高等教育学者许美德将这一进程称为"欧洲大学的凯旋"[1]。是不是"凯旋"姑且不论,但大学的扩展给世界各国带来了深远的影响。

（一）

中国传统意义上的高等教育机构源远流长。远者如汉代的太学,鼎盛时期东汉太学生多达三万人;近者如宋元以来的书院,讲学之风兴盛,一时蔚为风气。但现代大学在中国的出现,至今不过百余年的历史,梅贻琦便曾指出:"近日中国之大学教育,溯其源流,实自西洋移植而来。"[2]作为一种新兴的组织机构,中国大学自诞生之日便受到社会各界的关注。在现代中国波澜壮阔的变迁历程中,大学以及活跃于大学场域的社会群体,对中国的历史进步和社会发展产生了广泛且深远的影响。这种影响不仅表现在教育、学术和文化领域,而且触及政治的更替、民族的救亡和广泛意义上的社会变革。

首先,大学是推动中国学术独立和文化重建的中心。从根本上

---

[1]　许美德:《中国大学 1895—1995:一个文化冲突的世纪》,许洁英译,北京:教育科学出版社,2000 年,第 32 页。

[2]　梅贻琦:《中国人的教育》,北京:中国工人出版社,2013 年,第 12 页。

来说,大学是由学者组成的学术性组织,并以知识的生产和传播为本职。蔡元培说:"大学者,研究高深学问者也"。① 强调的就是大学以学术为本位的组织特征。近代以来,在西方学术和文化冲击下,中国传统的知识体系和价值观念面临挑战,构建现代中国的学术和知识体系,推动中华优秀文化重建,对大学而言责无旁贷。罗家伦在就任清华大学校长时说:"要国家在国际间有独立自由平等的地位,必须中国的学术在国际间也有独立自由平等。"② 并把追求学术独立作为新清华的使命。胡适在 1915 年留学美国时也说:"中国欲保全固有之文明而创造新文明,非有国家的大学不可。"学术独立和文化重建,是百余年来大学孜孜以求的理想。③

其次,大学成为新兴知识分子汇聚的舞台和社会流动的新阶梯。随着科举的废除和现代学校体系的建立,大学这种新兴的学术机构成为城市知识分子安身立命的新场域。在知识阶层从传统的"士人"向现代知识分子的转变中,学术成为一门职业,使他们在大学找到了施展抱负的舞台,并致力于构建"学术社会"的努力。而对于有着数千年以读书为晋身之阶传统的中国社会,"上大学"也成为各个阶层谋求改变社会地位、实现人生理想的重要途径。大学成为社会晋升阶梯中至关重要的一环。

再次,大学是政治变革的先导者和国家建设的担负者。大学还深度介入到现代中国的政治变革和国家建设之中。大学对政治和社会有着敏锐的洞察,并有着致力于国家政治建构的时代担当,屡屡成为政治变革的先导力量。正所谓"政治一日不入正轨,学子之心一日不能安宁"④,大学因其特殊地位和知识阶层汇聚的特征,成为近代政党宣扬主义、发展组织、吸纳成员的重要场域。使得每一次政治变

---

① 高平叔编:《蔡元培全集·第三卷》,北京:中华书局,1984 年,第 5 页。
② 罗家伦先生文存编辑委员会:《罗家伦先生文存·第五册》,台北:"国史馆",1988 年,第 18 页。
③ 姜义华主编:《胡适学术文集·教育》,北京:中华书局,1998 年,第 23 页。
④ 刘伯明:《论学风》,《学衡》1923 年第 16 期。

动,都在大学有着相应的呈现。同时大学作为国家培育人才之地,又是国家建设的砥柱中流。如何服务于国家战略目标,应对政府的意志和需求,也深刻体现在大学的知识生产和人才培育之中。

最后,大学是推动中华民族救亡和复兴的先驱力量。在 20 世纪上半叶国难深重的时代环境中,大学体现出了沉毅的勇气和担当的精神,成为民族救亡的先驱。这不仅仅体现于五四运动、一二·九运动这些重大的爱国事件,也表现为大学为推动中华民族学术独立所做的不懈努力。而在当前中华民族实现伟大复兴的历史进程中,作为现代社会的"轴心机构",大学是时代的引领者,也是社会进步最为重要的推动力量。

(二)

由此看来,现代中国的大学早已不再是那种潜心于学术创获的"象牙之塔",其"担负"是如此沉重,乃至难以承受。这也使得人人都在评论大学,但在如此错综复杂的矛盾纠缠中难得要领。

在大学与外界复杂的互动中,大学与国家、大学与政府的关系尤为引人注目。虽然在民国时期曾存在为数不少的私立大学(包括教会大学),但公立大学是现代中国大学的主体。在这种制度环境下,大学受国家政治变动和政策变化的影响更为直接、显著;而大学对外界政治的反应和参与也显得积极且主动,卷入的程度也更为深切。大学与国家、大学与政府的关系对于理解学术与政治、知识与权力在现代中国大学场域的运作和交互影响提供了很好的视角。

在现代中国,大学是培养国家精英和社会栋梁之所,对于国家的发展和社会的变革有着重要的影响。曾任中央大学校长的罗家伦说过:"后十年国家的时事就是现在大学教育的反映,现在的大学教育好,将来的情形也就会好,现在的大学教育坏,将来的情形也就会坏。"①国家的命运和大学教育的得失成败密切相关。现代中国社会的精英阶层来自大学,他们在大学中接受的知识训练、选择的政治立场和养成的文化主张,都深刻关系到国家和社会未来的发展方向。

国家和政府对大学的影响则显得直接且强烈。现代中国的大学是国家教育系统的组成部分,被纳入现代民族国家建构的进程,紧密服务于国家现代化建设和民族性知识生产的需要。国家意志和政府需求深刻影响着,乃至主导着大学的知识生产和传播。大学生产什么样的知识,怎样生产知识,培养何种人才,都紧密围绕国家的目标展开。这既有权力对知识的引导,也有大学对国家需求的主动适应。急国家之所急,想政府之所想,所谓"与民族共命运、与时代同步伐",大学与民族国家的建构紧密结合在一起。

国家对大学的影响还突出体现在意识形态上的控制。无论是清末的忠君尊孔,还是国民政府时期的三民主义教育,政府都把大学视为灌输主流意识形态、加强思想文化统制的主要场域。通过引导、规范乃至钳制大学的知识生产和传播,国家意志和党派观念对于大学学术自由和创造性的知识生产都造成了不同程度的影响。

(三)

基于上述理解,我们组织编写了这套"大学与现代中国"丛书。从宏观上来讲,该丛书的主旨有两个。

第一,以大学作为观察和认识现代中国社会变化的一个重要的着力点。著名教育学家弗莱克斯纳曾说过,大学"是时代的表现",它"处于特定时代总的社会结构之中而不是之外"②。大学不是抽象的概念、结构和组织,大学是它所置身的社会环境的体现。对于大学的研究不能局限于大学本身,而要把它置于周遭复杂的社会、政治、文

---

① 中国第二历史档案馆编:《中华民国史档案资料汇编·第五辑·第一编·教育(一)》,南京:江苏古籍出版社,1994 年,第 287 页。

② 亚伯拉罕·弗莱克斯纳:《现代大学论:美英德大学研究》,徐辉、陈晓菲译,杭州:浙江教育出版社,2001 年,第 1 页。

化环境之中,来展示大学对于更为广阔的历史发展和社会变迁的影响。现代中国的社会精英阶层绝大部分都在大学接受教育,他们的知识结构、政治主张、文化立场在很大程度上都是在大学中形成。通过培育社会的精英阶层,大学对于现代中国的历史发展和社会变迁产生了广泛而深远的影响。对中国社会变化的理解,难以绕开大学。不理解大学,不理解大学培养的社会精英,不理解大学在知识生产、社会流动、政治变革和社会变迁中的作用和影响,就很难对现代中国的历史发展和社会变动给予深层次的阐释和解读。

　　第二,为探索具有中国特色的大学建设道路提供鉴戒。当前,建设具有中国特色、体现民族文化的大学和高等教育体系已经成为国家的意志。这既需要有国际视野,学习西方国家的先进的办学经验;同时更需要有本土情怀,继承中国大学发展历程中积累的丰厚历史遗产。作为一种西方文明的产物,大学要植根中国大地,才能生根成长、枝繁叶茂。如何形成自身的大学理念、大学模式和学术文化传统,如何处理大学与国家、大学与社会的关系,近代以来的中国大学有着卓有成效的探索,并积累了很多经验和教训。针对这些,我们需要认真反思和总结,并根据时代环境的变化加以采择。

　　英国教育家阿什比曾说过:“任何类型的大学都是遗传与环境的产物。”[1]所遗传的是大学对于知识创获和文化传承的一贯责任,而面对的则是变动的历史环境和互异的文化土壤。希望“大学与现代中国”丛书能以大学作为切入点,加深对于现代中国的理解,加深对于大学的理解,加深对于现代中国大学的理解。

---

① 杨东平编:《大学二十讲》,天津:天津人民出版社,2009年,第274页。

前　言

　　大学与国家关系一直是研究中国近代高等教育史的重要视角。全面抗战爆发后,国统区各大学纷纷西迁,延续办学。在此期间,各大学与政府的关系逐步密切,其中既有学校积极投身抗战服务、战时大学对政府教育经费依赖增强等原因,也有政府对学校的管理与控制力度加强等原因。中央大学(简称"中大")在这种复杂关系中具有典型意义,一是因为其规模庞大,科系齐全,二是因为其位于首都,与政府高层往来密切。因此该校获得的政府关注较多,受到的管控力度也相对较强。

　　战时,中央大学积极投身服务国防和国家建设的事业。在服务抗战大业方面,最典型的便是该校航空工程系的建立和发展。为做好抗战准备,发展国内航空工业,1935年航空委员会主导设立了中央大学航空工程系,该系采取多元化的培养模式,既可短期培训前线所需人才,亦可完整培养航空工业的骨干精英,还投入了战时航空相关研究,为抗战大业做出贡献。中央大学的文科学者也积极从事学术研究,其中较为典型的是该校部分学者参与了当局主导的《中国文化史》等著作的编写和外译项目,客观上服务于战时国家对外文化宣传,且为后世留下了宝贵的学术遗产。

　　全民抗战时期国家财政紧张,教育机构亦面临经费难题,但在教育部的努力和高层的支持下,战时的教育经费大抵得以维持。中央大学作为与政府关系密切的高等院校,与其他大学相比获得了更多的经费"照顾",获得了更多的经常费预算。但相比战前购买力还是有所下降,且抗战后期通货膨胀严重,学校的经费状况更是雪上加霜。学校不得不采用多种措施筹措经费,开源节流。教育当局也一次次追加预算以应对物价的飞速上涨。在经费困难时期,高校更加依赖政府的拨款,对中央大学的经费问题进行系统梳理有利于我们窥见战时教育经费的复杂局面。

与此同时,政府加强了对高校的全方位管控。在学术层面,教育部成立学术审议委员会作为全国最高学术机构。该会不仅承担教育决策咨询职能,而且组织开展了统一教员标准及待遇、部聘教授评选、著作发明评奖等工作。中央大学在该委员会中占据了较多席位,具有更多话语权。该会统一教员标准及待遇的措施旨在提高教员待遇,但推行过于僵化,且随着通货膨胀的到来,其效果被上涨的物价所淹没。中央大学获得了最多的部聘教授头衔,但在学术评奖中收获相对较少。从学术审议委员会的运作来看,该会总体上对学术予以尊重,政治操作和介入相对较少。

在教学层面,陈立夫执掌的教育部力图统一全国大学的必修、选修课程,并制订严格细致的标准。这种限制高校教学自主的改革推行到学校必然受到争议。为提高各大学的教学质量,教育部组织了六届全国专科以上学校学生学业竞试,中央大学积极参与了竞试并且成绩尚可。这种竞试具有学科竞赛和论文评比性质,但因竞赛制度不稳定,加之过多政治因素介入,最后学业竞试走向虎头蛇尾。而陈立夫创设的重要制度——毕业总考的出发点是检验毕业生的学业水平,但在毕业前进行学业考试增加了学生复习压力,遭到了学生的强烈抵制。从中央大学的因应情况可以看出,当局对教学的管理虽趋于严格,细致入微,但其措施争议不断,实施效果不佳。

在学生管理方面,训导制度是主要方式,也是政治向学校渗透的最主要手段。陈立夫上任后,训导制度空前强化,但成效并不令其满意。导师制是训导制度的主要载体,但从中央大学的案例上看,该校导师参与意愿不高,这与导师制的制度缺陷、缺乏足够激励机制和党化意识形态缺乏吸引力有关。军训本可以使学生掌握军事技能,对于抗战大业大有裨益,但是由于中央大学、军方和教官团体的种种矛盾,军训的推行一再延宕。国民党政权试图通过总理纪念周等政治仪式巩固其意识形态在校园的存在,并要求中央大学通过组织所在区域的国民月会进行国民精神动员,但学生参与意愿不佳,仪式效果有限。

通过对战时中央大学与国民政府关系的考察,我们可以看出战时当局试图对高校强化管控,但部分举措的施行遇到障碍。这些研究有助于我们考察大学与国家关系的复杂面相,并引发关于高校管理的诸多思考。

本书是在教育部人文社会科学重点研究基地重大项目"抗战时期的文化与教育研究"(项目批准号 17JJD770007)资助下完成的。南京大学历史学院研究生丁天扬参与了第一章第二节有关中央大学史学系部分内容的撰写工作,南京大学台湾校友会刘宏祥秘书长和台湾政治大学杨善尧博士为本文台湾地区档案的搜集提供了大力支持,特此致谢。

目 录

绪　论

一　引　言

我们应如何描绘抗战时期的大学这幅图景？它是苦难的，是辉煌的，抑或是复杂的？这个问题一直受到中外历史学和教育学研究者们的重点关注。全面抗战时期，国内各主要大学内迁至西部地区继续办学，这一前无古人的文教机构大迁徙为延续民族文化、服务抗战、维持人才培养起到了至关重要的作用。而在这幅图景中，战时国民政府与大学的关系一直被学者广泛关注，成为抗战时期高等教育研究的一个重点领域和主要切入点。本书的主旨即以中央大学为个案，以政府的管理与控制措施为视角，对战时中央大学与政府的关系进行研究，以窥当时大学与国家关系的面相，并为内迁大学这幅图景增加有意义的细节。

一、战时教育管控加强与政学关系概况

近代中国的大学是舶来品，无论学制、学科还是管理，都深受西方大学影响，加拿大学者许美德（Ruth Hayhoe）将其描述为"欧洲大学的凯旋"①,但同样是在这个过程中,大学也逐步与本土的国情与文化相结合,国家的政治力量和需求也介入其中。大学与国家的关系是双向的,既有国家对大学的管理与控制,政党和各种政治势力的渗入,也有学校对学术、国家的贡献和对政治的推动与参与。近代中国的大学固然是学术和教育机构,但与国家、政治有着密切的关系。

全面抗战时期,战时国民政府推动学校西迁和继续办学,延续文化弦歌不辍的同时,政府对教育的管控力度也在加强。这一趋势已经得到相关领域学者的充分关注。民国成立以来,北洋政府确实试图强化大学管理,但民初时局动荡,管控的实施效果各时期和各地区不甚相同。自国民政府成立以来,蒋介石和国民政府一直对加强高校管控有着较强意愿,这一意愿在战时表现得更加明显。1938年初,"党国"要员陈立夫接任教育部部长,其任内(1938—1944年)施展了教育行政理念,关于强化高校管控的一系列措施在他的大力敦促下推行到国统区各专科以上学校;同时,因全面抗战时期国土大量沦陷,高校多集中于面积有限的国统区(西南、西北地区),与重庆国民政府距离拉近;战时无论公立还是私立高校,无论国立、省立还是教会大学,经济上都面临着严重困难,经费依赖国民政府的拨款或补助。在多种因素的综合作用下,当局对高校的管控加强,学校对政府的依赖程度也在加强。而在这种管控和依赖的关系之中,国民政府处于主导地位。

1937年,抗战全面爆发,国民政府组织各高校进行内迁,虽然政府在学校内迁的决策过程中有所反复,部分高校的迁址遇到诸多滞碍,但最后高校内迁的整体执行效果相对较好,绝大多数原国统区的高校都完成了西迁或就近迁址,未能迁徙的部分高校也暂时停办(如山东大学等)。当然各个高校迁移的组织和具体过程各有不同,中央大学的迁徙就是在政府的大力协助下完成的,且其迁徙一步到位,直

---

① 许美德:《中国大学1895—1995:一个文化冲突的世纪》,许洁英译,北京:教育科学出版社,2000年,第52页。

接抵达战时国民政府所在地重庆;北京大学、清华大学、南开大学则是先迁至长沙组成长沙临时大学,再迁至昆明,合并成立国立西南联合大学;中山大学、浙江大学等在省内非敌占区反复辗转后安顿下来;而金陵大学等教会学校的内迁则经过政府、校方与差会等多方力量的参与和角力,最终与其他四所大学内迁至成都华西坝联合办学。关于高校内迁的具体数字,不同学者有不同的观点和统计,①但绝大多数学校完成迁徙并实现异地办学的结果则是学界普遍认可的事实。国内高校完成内迁,保存和延续文教科研机构的正面意义无需赘言,但与此同时,内迁完成后,各大学感受到的政府管控力度明显在加强。

战时国民政府对于高校的管控措施空前严厉,尤其是陈立夫担任教育部部长之后。教育部采取的一系列管控措施中,特色鲜明的是试图对全国教育进行"统一"化管理,诸如统一课程、统一教员审核和待遇标准、统一招生、毕业统考等。这些措施的出发点多在"提高专科以上学校(学生)程度",即提高学校的办学质量和学生的培养质量,但其推行必然面临一系列问题。对于各"统一"化管理措施的实施过程及效果的考察也有待深入。

在战时国家对大学的控制过程中,政治控制的色彩最为浓烈。国民党是一个有自己意识形态和理论体系的政党,自其掌握政权开始,便推行"党化教育",将"三民主义"意识形态通过党义(三民主义)课程、训导制度、军事训练等方式和各种校内政治仪式进行渗透。这些措施大多在南京国民政府时期就已经开始实行,在战时得到了空前强化。党义(三民主义)课程通过统一课程的改革进入绝大多数院系专业的共同必修科目表之中,"导师制"等措施的实施强化了军训标准,推行"试验军训",加强军事管理,举行总理纪念周、国民月会等政治仪式,推行国民精神总动员运动等举措具有强烈的党化教育色

---

①　具体参见徐国利的总结,载徐国利:《关于"抗战时期高校内迁"的几个问题》,《抗日战争研究》1998 年第 2 期,第 119—197 页。

彩,其在学校的推行是政权向下渗透的体现。

在政府加强各方面管控的同时,各高校对国民政府的依赖程度也在加强。这种依赖突出体现在经费上。战时教育经费不足一直是困扰政府、学校和师生的主要难题,无论国立、省立还是私立(包括教会)高校,都面临着严重的经费困境,而与之相伴的却是抗战中后期通货膨胀带来的物价暴涨。收入不足,支出骤增,师生生活困窘的压力使高校不得不频繁向当局申请追加预算拨款或补助。此时各高校在经费上对国民政府的依赖使教育当局的经费分配具有更强的影响力,高校依靠与政府的良好关系能争取更多经费,其生存和发展也可以更加顺利。同时,与经费问题相关的教职员工、学生待遇问题也日益凸显。随着通货膨胀的愈演愈烈,经费问题愈发突出,成为抗战后期困扰教育行政的棘手难题。

大学与近代中国命运与共,在独立从事教学、研究高深学术的同时,也应承担国家使命,服务国家建设,培养社会所需的专业人才,这点在战时体现得最为明显。早在全面抗战爆发伊始,关于抗战时期的教育政策便已经有所争论,即"战时教育"与"平时教育"之争。最终国民政府确立了"战时教育向平时看"的全面抗战时期教育政策原则,各高校像平时一样开学、办学,而不是转为实施军事教育、学生全员参军或者干脆直接停办,此举对于延续文教事业有着积极意义,但战时的情形毕竟与平时大不相同。在抗战的大背景下,高校的办学、学科结构、研究方向、课程设置和校内管理具备一定的战时特点。在战争氛围、国家社会的强烈需求及国民政府的要求之下,各主要高校积极创办服务国家、服务抗战的相关科系,并进行与军事和战时需求相关的科学研究。如航空工程、土木工程、地理、医学等学科在战时就备受重视,得到大力发展。同时,文科也承担了文化宣传、涉日国际问题研究、边政研究等工作。在此层面上,大学在战时对国家抗战大业做了自己的贡献,这也应该被视为考察战时大学与国家关系的一个角度。

从以上描述中我们可以看到战时大学"国家化"程度不断加强的

基本脉络。"政学关系"是近代大学史的经典研究方向，无论党派和各种政治势力在大学的角逐、校长更迭，还是当局对学校教学、训导的渗入，以及高校为服务国家所做的努力，都可以用来解读战时大学与政府关系的复杂面相。本书的主要关注角度即这些教育管控举措的实施，并由此观察战时大学"国家化"趋势的加强及政学关系的复杂面相。

二、战时中央大学与政府关系研究的典型意义

中央大学肇始于1902年筹备的三江师范学堂，在南京国民政府成立之前，该校历经三江师范学堂、两江优级师范学堂、南京高等师范学校、国立东南大学等历史时期，逐步成为当时国内主要的国立大学之一。民初政局动荡，中央大学与政府关系较为复杂，尤其是东南大学时期，东南大学与中央政府（北洋政府）、江苏地方当局和国民党之间的复杂关系在研究当时的大学与国家关系中颇为典型，已经受到学者的广泛关注。

1927年南京国民政府成立后，位于首都南京的原国立东南大学被国民党当局接管和改造，历经数次更名与合并，最终成为"国立中央大学"。在数次易长后，国民党的党内干将罗家伦执掌中央大学。该校名为"中央"，地理位置在首都南京，与中央政府有着密切关系，中央政令在该校相对畅通，在国立各大高校中"国家化"程度较高。1937年，全面抗战爆发后，罗家伦运用其人脉关系，在政府及各界大力帮助下，将中央大学成功内迁至战时陪都重庆。[①] 在各主要内迁高校中，中央大学虽也历经艰难，但属于相对顺利的案例。此后，中央大学在重庆继续办学，整个内迁期间受到了国民政府的多方"关照"与重视，办学工作不仅得以延续，还取得了一定发展，学校规模有所扩大。

中央大学与国家关系具备相当的典型性，这与学校和政府的密

---

① 相关研究参见蒋宝麟：《抗战时期中央大学的内迁与重建》，《抗日战争研究》2012年第3期，第122—131页。

切关系及其相对庞大的规模不无相关。

中央大学的地理位置和名称决定了其与国民政府的密切关系。中央大学与国民政府一直同处一城,被国民党中央和国民政府视为"嫡系"高校,蒋介石及政府高层对该校关注程度较高。该校校长任免在程序上由行政院院会议决,再由国民政府主席签署任免命令,①实则蒋介石等中央高层的决策至关重要。战时中大的历任校长为罗家伦、顾孟余、蒋介石、顾毓琇、吴有训。其中前四人均为时任(或曾任)政界要职。这种人事格局不仅说明学校与政府的关系紧密,也有利于学校向政府争取各种资源。

就蒋介石本人而言,其对中央大学曾以事无巨细的关注。在战前,上至校长任免、学潮处置,②下至学校日常事务③、办学④和人事行政⑤,甚至中央大学围墙周边的卫生情况都曾经亲自过问。⑥ 战时其对学校的关心程度仍在持续,不仅在校方重要人事上继续发挥着决

---

① 如 1932 年 8 月 24 日行政第 50 次会议议决任命罗家伦为中央大学校长,次日国民政府主席林森明令任命罗家伦为中央大学校长。见汪精卫:《电国民政府文官长魏怀为任命罗家伦为国立中央大学校长请查照转陈明令发表》,1932 年 8 月 24 日,台北"国史馆"藏国民政府档案,典藏号 001-032320-00005-042;《国民政府令·第 213 号》,1932年 8 月 25 日,台北"国史馆"藏国民政府档案,典藏号 001-032320-00005-043。1944 年蒋介石主持行政院院会,会议议决任命顾毓琇为中央大学校长,见《事略稿本·民国三十三年八月》,1944 年 8 月 8 日,台北"国史馆"藏蒋中正档案,典藏号 002-060100-00191-008。

② 1932 年中央大学发生学潮,蒋介石指示朱家骅该校应彻底改造,半年内不招生。见蒋介石:《致朱家骅电》,1932 年 6 月 30 日,台北"国史馆"藏蒋中正档案,典藏号 002-070100-00026-094。

③ 如 1932 年罗家伦致电蒋介石,表示待其回南京后向其当面汇报学校训育事宜。见罗家伦:《致蒋介石电》,1932 年 12 月 5 日,台北"国史馆"藏蒋中正档案,典藏号 002-080200-00064-160。

④ 如 1935 年中央大学航空工程系拟聘请意大利籍专家担任教授职务,但蒋介石对此亲自干预,认为只聘用意大利教授并不合适,见蒋介石:《致罗家伦电》,1935 年 1 月 3日,台北"国史馆"藏蒋中正文物,典藏号 002-070100-00038-054。

⑤ 如 1935 年中央大学拟增设医学院牙医科并聘任主任人选,蒋介石亲自予以批示。见罗家伦:《致蒋介石电》,1935 年 7 月 8 日,台北"国史馆"藏蒋中正档案,典藏号 002-080200-00237-029。

⑥ 1937 年,蒋中正命令南京师长马超俊:"中央大学四周围墙下杂草丛生,应即铲除。"见蒋介石:《致马超俊函》,1937 年 5 月 18 日,台北"国史馆"藏蒋中正档案,典藏号 002-070200-00007-047。

定作用,而且亲自为中央大学批示追加经费,①更曾一度亲自兼任中央大学校长。1943年3月4日,蒋介石校长首次视察中央大学,召集各系主任以上教职员集中点名并训话,要求学校注重"广义教育"②,随后巡视校园,中午在膳厅与学生共进午餐,午饭后还实地查看了学生宿舍的洗脸室、厕所等处。其不满意之处是"宿舍拥塞污秽,不堪言状,设备之简陋与师生之无秩序,思之痛心。"其满意之处是"学生体格壮健,皆无营养不足之象,甚为自慰。"③5月9日傍晚,蒋介石再次视察中央大学,在该校出席重庆专科以上学校联合运动会并颁奖④,其在日记中感慨道:"青年对领袖爱戴之忱,出乎志成,令人欣慰。"⑤11月11日,他巡视中央大学,并面见青年,"表现亲爱精神,发于天性,足以稍慰平生苦心"⑥。12月26日下午,其巡视中央大学后在日记中写下的感想是:"秩序较前进步,惜教职员与军事教官多幼稚,未能尽职耳。"⑦1944年7月9日,蒋介石作为校长亲自主持中央大学学生毕业典礼⑧,但他观察到该校"大部毕业学生皆不参加,军训教官毫无精神且无仪容,而其教授与院长多散漫凌乱,不成人师,教育前途殊堪寒心,(仪式)精神、内容与纪律松弛散漫,不堪问矣",遂

---

① 如1943年蒋介石两次下令为中央大学追加经费。见《蒋介石手令·侍秘17360号》《蒋介石手令·侍秘17845号》,1943年,中国第二历史档案馆藏南京国民政府时期教育部档案,全宗号5(2),案卷号6。

② 《事略稿本·民国三十二年三月》,1943年3月4日,台北"国史馆"藏蒋中正档案,典藏号002-060100-00174-004。

③ 蒋介石:《蒋介石日记》,1943年3月4日、1943年3月5日,美国斯坦福大学胡佛研究所藏。

④ 《事略稿本·民国三十二年五月》,1943年5月9日,台北"国史馆"藏蒋中正档案,典藏号002-060100-00176-009。

⑤ 蒋介石:《蒋介石日记》,1943年3月4日、1943年3月5日,美国斯坦福大学胡佛研究所藏。

⑥ 蒋介石:《爱记初稿·(三)》,1943年11月,台北"国史馆"藏蒋中正档案,典藏号002-060200-00018-008。

⑦ 蒋介石:《蒋介石日记》,1943年12月26日、1943年3月5日,美国斯坦福大学胡佛研究所藏。

⑧ 《事略稿本·民国三十三年七月》,1943年3月4日,台北"国史馆"藏蒋中正档案,典藏号002-060100-00190-009。

感叹：“睹此乱象，更使余为国家前途危也。”①从相关文电记录中可见，其中央大学校长任内关注最多的是学校的军训和军事管理事宜，过问的内容包括军事课程的开设、②选派教官③等，甚至直接要求亲自接见中大军训教官。④ 一年之后中央大学再次易长，卸任的蒋介石被封为“名誉校长”，其对学校的关注重点未有较大变化。1945年，他命令学校报送“忠党爱国”的骨干教授名单，校方提报了周鸿经、郭廷以等七人。可见蒋介石对于学校管控的关注。⑤

从“蒋校长”与学校有关的记录来看，他对于涉及学校生存和发展的教学、研究、师生员工待遇改善等当时的重要问题的关注相对缺失。蒋介石在任校长期间，虽然名义上为中央大学之首长，名册位列学校教职员册第一名⑥，学校的主要文件（无论向上呈文还是平级行文或向下行文）均以“蒋中正”的签名章对外发布，但他本人并不直接管理学校事务，日常工作由教育长朱经农负责。蒋介石“挂名”校长对学校向政府争取资金和资源确实大有益处，但其对校内事务的关心角度是具有个人倾向的（蒋介石向来关注高校军事管理和基层单位精神面貌及卫生情况，上述资料可见对中央大学的关注重点依然如此），对学校教学和研究的进展和突出问题的解决并未发挥推动作用。

当然，除蒋介石外，其他党政军要员亦对中央大学予以高度关

---

① 蒋介石：《蒋介石日记》，1943年12月26日、1943年3月5日，美国斯坦福大学胡佛研究所藏。

② 蒋介石：《致朱经农、程天放电》，1943年3月24日，台北“国史馆”藏蒋中正档案，典藏号002-070200-00017-077、002-090106-00016-404。

③ 蒋介石：《致白崇禧电》，1943年3月24日，台北“国史馆”藏蒋中正档案，典藏号002-070200-00017-079、002-090106-00016-405。

④ 1943年11月15日，蒋介石电令白崇禧要求中央大学军训总教官十日内到职，并于到职后来见。见蒋介石：《致白崇禧电》，1943年11月15日，台北“国史馆”藏蒋中正档案，典藏号002-070200-00019-062。

⑤ 《中央大学报送名单》，1945年，台北“中央研究院”近代史研究所藏朱家骅档案，档案号301-01-09-003。

⑥ 《国立中央大学教职员名册》，1943年，台北“发展委员会档案管理局”藏“教育部”档案，文件号3A309000000E＝0027＝140.01-04＝0001。

注,包括教育部部长陈立夫、国民党中央组织部部长朱家骅(曾任中央大学校长)、军政部部长陈诚等高官经常来校演讲,与校内管理层、部分教职员往来频繁。中央大学在人脉方面与国民政府的关系算得上密切,也因此获得了较多的教育资源配置。内迁办学的八年,中央大学所获得的年度经常费拨付位居各国立高校之前列,所获得的各方面支持也优于其他高校。政府和校方形成"政府高度关注扶持—校方高度依赖政府"的紧密关系。在这种关系之下,研究战时大学与国家关系,考察政府政策理念在学校的落实情况,可将中央大学作为一个有特点的个案。

在学校规模上,战时中央大学可谓全国高校之冠,科系全面,师生数量众多,获得了最多的经费支持,且规模相比战前反而得到了扩张。①

有鉴于此,本书拟以中央大学为个案,对战时国家对大学之管控进行考察,以窥战时国家教育管理和控制举措的具体落实情况,揭示中央大学与国家关系的复杂面相。

二　研究综述

作为抗战时期历史的重要组成部分和近代中国高等教育史研究的重要组成部分,关于全面抗战时期的内迁大学的研究近年来蓬勃发展,取得了较为丰硕的成果。战时大学研究的参与者包括历史学者,也包括教育学科的教育史研究者,以及其他相关学科学术史、学科史的研究人员。截至目前,"政学关系"仍是研究近代中国大学史的主要视角。

本部分拟对抗战时期内迁大学研究做一简要综述。需要说明的

---

① 关于战时学校规模的具体情况,可参见王德滋主编:《南京大学百年史》,南京:南京大学出版社,2002年。

是,本书所说的"内迁大学研究"并不仅仅指高校从战区迁入西部的"内迁"这一动作,还包括高校在西部地区办学和运作方面的研究。

一、关于内迁和战时高等教育的总体研究

从总体上对内迁大学进行整体研究有助于我们从宏观上掌握这段历史的全貌及战时高校内迁的历史意义。四川师范大学侯德础教授的《抗日战争时期中国高校内迁史略》[①]一书以高校内迁及其内部办学为研究对象,对抗战时期高校内迁的经过、艰难办学的经历、国民政府的教育政策及内迁的意义进行了全面论述。类似的宏观著作有苏智良所著的《去大后方——中国抗战内迁实录》,惠世如主编的《抗战时期内迁西南的高等院校》,徐忠主编的《战时中国高校内迁实录》,刘丽、李仲明所著的《抗战烽火中的高校内迁》,等等。此外,2000年以后也有一些硕博士学位论文以此为主题进行全面宏观的探讨。

关于内迁大学的数量,众说纷纭,从90余所到140余所不等。其中比较详细的研究可参见徐国利于1998年发表的论文,他认为抗战时期我国高校(指国民政府统辖的国立、省立、私立及部、委属的大学、学院、专科学校、相当于专科一级的高级职业学校,以及外国在华办的私立院校)内迁的约124所(含战时新设高校,但不包括迁往上海租界和香港的高校)。[②] 这已经更新了其在两年前的统计数据(97所)[③],而其他学者亦有其他统计数据,因为大家在统计中对于"高校"本身的标准并不统一,而且部分高校内迁不止一次,还有拆分、合并、新办、停办等复杂情况与内迁交杂在一起,所以关于战时内迁高等院校的具体数据难以达成一致。

关于国民政府进行教育内迁的决策和内迁的实施过程,学界之

---

① 侯德础:《抗日战争时期中国高校内迁史略》,成都:四川教育出版社,2002年。

② 徐国利:《关于"抗战时期高校内迁"的几个问题》,《抗日战争研究》1998年第2期,第119—197页。

③ 徐国利:《抗战时期高校内迁概述》,《天津师范大学学报》1996年第1期,第56—61页。

前既有肯定性评价又有批评性评价。有学者认为当时国民政府对抗战的持久性认识不足,且在高校内迁问题上并无准备,"很长一段时间里它的抗日战备仍然是说得多,做得少,更没有内迁重要高等院校以备不测的设想和安排,也未对各院校的战备工作做任何有实际意义的规划和准备"①。而有学者则强调国民政府的内迁具有多方面的历史意义。应该说,从史料来看,国民政府已经在抗战全面爆发前将教育应变的方案列入了议事日程,内迁的实施虽有瑕疵,但整体进展顺利,并未发生重大意外和事故。故对此问题的理解不应"倒放电影",而应以当时的史料为依据进行论述。

值得注意的是,近年来已有一些关于高校内迁决策的具体研究,如蒋宝麟以内迁筹划较为系统的中央大学为例,认为由于中央大学校长罗家伦本人的特殊政治身份和人际网络,中央大学迁校的决策过程反映了国立大学、教育部与蒋介石以及国民党中央核心领导层之间的互动关系;而在内迁和在重庆办学的过程中,中央大学和国家教育政策更为紧密地联系在一起,战时背景使得国家的教育政策在中央大学得到了进一步落实与体现。② 陈声玥及郭爽等人的研究则聚焦当时在华办学的教会大学——金陵大学,关注到在中国发生战争的背景下,美国差会和校方在内迁问题上的抉择过程③。这样的研究让我们看到了内迁问题的多重面相,对完整书写近代中国大学西迁历史具有很大意义。

在高校内迁的影响方面,学者们做了很多总结。大家普遍认可高校内迁是抗战期间一项意义非凡的壮举,在具体意义和影响方面,较早研究此问题的经盛鸿认为,抗战时期的高校内迁"表现了中国近代知识分子在深重的民族危机中激昂的爱国热忱与艰苦奋斗以教育

---

① 戴现华、成兵:《抗战时期高校内迁述论》,《抗战时期高校内迁述论》2009 年第 6 期,第 100—103 页。

② 蒋宝麟:《抗战时期中央大学的内迁与重建》,《抗日战争研究》2012 年第 3 期,第 122—131 页。

③ 陈声玥:《全面抗战时期金陵大学的应变与调适》,南京大学博士学位论文,2019 年。

报国的可贵精神;表现了抗战开始后国民党政府一定的抗战积极性与抗战成绩;保存了高教实力,收聚了师资与各种人才,并不断发展壮大;有力地支持了全国抗战;推动与促进了西南、西北地区教育事业的发展"①。这五点总结中的前两点属于评价范畴,后三点意义在之后学者们的研究中得到深化。如余子侠进一步认为,高校内迁是一场伟大斗争,而这个斗争的焦点在于"中华民族与日本帝国主义对于文教战线制高点的争夺"。在此视角下,"抗战期间高校内迁保存了中华民族的最重要的资本,从而保证了其最终战胜了日本帝国主义"②。他同时对抗战时期高校内迁对西部教育的开发做了系统性研究③。侯德础等人在关注内迁高校对西南文化事业的贡献时,认为当时坚持了因陋就简的办学方针,进行的院系调整、压缩行政机构、精减管理人员、提倡兼职兼课等措施提高了办学效益;各内迁院校都重视基础课教学,尤重培养文理"通才",强调由名师开设高质量的基础课程,实施严格的考试和升留级制度,以保证教学质量;各院校结合国家抗战和大后方的实际需要,加强了实用学科的教学和科研,成效颇著。④

二、战时大学的个案研究

因抗战而内迁的百余所大学各具特点,其中多所学校颇具典型意义,受到了学者们的关注与深入研究。

西南联合大学是最知名的内迁大学,相关研究也是战时内迁高校研究中的重中之重。西南联大的史料出版与其他高校相比较为充分,关于西南联大的文学作品、忆述文集不胜枚举,学术研讨会亦经

①　经盛鸿:《抗战期间沦陷区的高校内迁》,《南京师大学报(社会科学版)》1989 年第2 期,第 99—104 页。

②　余子侠:《抗战时期高校内迁及其历史意义》,《近代史研究》1995 年第 6 期,第167—200 页。

③　余子侠、冉春:《中国近代西部教育开发史:以抗日战争时期为重点》,北京:人民教育出版社,2008 年,第 187—262 页。

④　侯德础、张勤:《高校内迁与战时西南科技文化事业》,《抗日战争研究》1998 年第 2期,第 102—116 页。

常召开。有学者统计,1978—2009 年共有 375 篇论文与西南联大相关①,这一数据在 2010 年以后仍在大量增加。相关论著既有总体研究,又有关于个人、学科等的具体研究。其中,战时西南联大的知识分子群体是学者们关注的重点之一。谢泳关注到西南联大知识分子群体的兴衰及命运②,封海清则从文化选择与文化精神方面论述了西南联大带来的启示③。闻黎明对"走向现代化的中国知识分子"——西南联大具有代表性的教授闻一多进行了系统研究。在其他专题研究方面,王奇生在研究战时西南联大国民党组织的同时指出,西南联大教授群是一个多元分化的群体,其中既有像闻一多那样的"民主斗士",亦有如姚从吾这样的"坚贞党员"。正是不同党派的知识精英在西南联大的共存和共处,才建构起这座极具包容性的"民主堡垒"④。此外,亦有学者关注到中共地下组织在西南联大的建立与活动⑤。王晴佳对西南联大学潮进行考察后认为,若把民主、自由思想在联大等大学中的成长壮大完全归结于自由主义、中间势力的影响,或者中共地下活动的发展,是不全面的。国民党在校园的活动也十分活跃,其目的虽在"党化"校园,但也使不同政治色彩的教授参与其中。教授中间的左、中、右三派曾和平共处,交往频繁。但随着内战的全面爆发,国民党对学界的政策从笼络转向高压,左、中、右三派的重叠交叉不复存在。⑥ 值得一提的是,学者关于西南联大各学科的学术史特别是文科学术史的研究已经相当丰富,充分展现了西南联大的"苦难"与"辉煌"。

---

① 迟玉华、朱曦、王顺英主编:《西南联大研究论文索引》,昆明:云南人民出版社,2010 年。

② 谢泳:《西南联大与中国现代知识分子》,福州:福建教育出版社,2009 年。

③ 封海清:《西南联大的文化选择与文化精神》,昆明:云南人民出版社,2006 年。

④ 王奇生:《战时大学校园中的国民党:以西南联大为中心》,《历史研究》2006 年第 4 期,第 147—191 页。

⑤ 杨燕江、黄海涛、铁发宪:《中国共产党与西南联大》,《学术探索》2019 年第 7 期,第 111—118 页。

⑥ 王晴佳:《学潮与教授:抗战前后政治与学术互动的一个考察》,《历史研究》2006 年第 4 期,第 25—48 页。

　　随着档案史料被发现和利用,处于战时陪都重庆、地位较为重要的中央大学日益受到关注,除相关校史著作之外,学术研究成果也不断涌现。蒋宝麟通过对抗战期间中央大学数次"易长"的考察认为,"易长"纠缠了许多政治和学术因素。在中央大学这所与国家关系最为密切的高校中,校长人选的确定显然是国民党核心领导层选择的结果,但校长的更迭也与校内实际情况密切相关。一般来说,校长身份所担负的政治象征上的"中央化"和实际意义上的"学术自由"是师生最为关注的因素。① 他也关注到了战时中央大学的"校园生态"及其与战时民族主义的关系②。牛力的研究则对抗战初期中央大学的校长罗家伦对中央大学的贡献进行了系统的论述③。在中央大学与政府关系层面,朱庆葆认为,校长罗家伦提出,将"建设有机体的民族文化"作为中央大学的使命,并努力把来自党国的政治需求和意志通过"建设民族文化"落实到重要大学的办学实践和组织文化之中。罗家伦的努力推动了中大的快速发展,但大学与政府的"过往甚密"也影响到大学的学术品质与风气,引起了学术与政治的冲突与紧张④。倪蛟的研究针对战时中央大学的日常生活,对学生学习、生活、娱乐、管理、经济等状况和大学党团等进行了研究⑤。同样地,关于中央大学战时各学科的研究已经相当丰富,从中可窥见其在重庆的办学情况及校内生态。

　　除了这两所规模较大、地位重要的国立名校,关于教会大学等高校群体的研究也大有进展。作为战时教会大学的主要代表,燕京大学、金陵大学、金陵女子文理学院和齐鲁大学四所院校迁至成都华西

　　① 蒋宝麟:《抗战时期的国家与大学政治文化:中央大学"易长"研究》,《史林》2009年第3期,第89—100页。
　　② 蒋宝麟:《抗战时期中央大学的内迁与大后方校园生态》,载蒋宝麟:《民国时期中央大学的学术与政治》,南京:南京大学出版社,2016年,第163—198页。
　　③ 牛力:《罗家伦与国立中央大学》,南京:南京大学出版社,2015年。
　　④ 朱庆葆:《国家意志与近代中国的大学治理:以罗家伦时期的中央大学发展为例》,《学海》2012年第5期,第20—23页。
　　⑤ 倪蛟:《抗战时期国立中央大学的学生生活》,南京:南京大学出版社,2017年。

坝,与当地的华西协和大学一起组成了"华西坝五校"。五所教会大学联合办学,使成都成为战时西南的另一重要的教育文化中心。在此方面,既有整体研究五所学校合作办学的论著①,也有针对一所教会大学的个案考察,其中以关于燕京大学的研究最多且最为全面。值得注意的是,教会大学是近代中国的特殊现象,其与一般的私立大学有所区别,赵飞飞关注到了金陵大学此时期进行的宗教教育②,陈声玥对抗战期间的金陵大学进行了全面研究,以揭示其在"国家化"过程中的应变与调适③,蒋宝麟则考证了金陵大学的经费来源④。刘玉莹的学位论文对抗战时期的齐鲁大学予以了关注⑤。张连红等学者全面论述了金陵女子文理学院(原称金陵女子大学)内迁时期的历史⑥。此外,马敏等学者也对其他内迁教会大学的历史作了深入的研究与考察⑦。

　　其他高校方面,韩戍在对光华大学进行全面研究的同时⑧关注到抗战时期内迁的光华大学的"地方化"问题。通过对这一个案的论述分析,他认为内迁高校的"地方化"与地方高校的"国立化"路径相反,实为地方针对内迁高校或中央反向扩张教育权力之举,研究这一问题足以加深对战时中央、地方以及内迁高校三者关系的认识。⑨ 而他关于大夏大学"国立化"的研究认为,在抗战中大多数资源掌控于国

　　① 李捐:《华西坝教会五大学联合办学研究》,西南大学硕士学位论文,2016 年;刘家峰、刘天路:《抗日战争时期的基督教大学》,福州:福建教育出版社,2003 年。
　　② 赵飞飞:《金陵大学宗教教育研究》,南京大学博士学位论文,2013 年。
　　③ 陈声玥:《全面抗战时期金陵大学的应变与调试》,南京大学博士学位论文,2019 年。
　　④ 蒋宝麟:《金陵大学的经费来源与运作研究(1910—1949)》,《中国经济史研究》2018 年第 4 期,第 41—55 页。
　　⑤ 刘玉莹:《抗战时期的齐鲁大学研究》,山东大学硕士学位论文,2019 年。
　　⑥ 张连红主编:《金陵女子大学校史》,南京:江苏人民出版社,2005 年。
　　⑦ 马敏:《抗战期间教会大学的西迁:以华中大学和湘雅医学院为例》,《华中师范大学学报(哲学社会科学版)》1996 年第 2 期,第 50—58 页。
　　⑧ 韩戍:《时代变动下的私立大学:光华大学研究(1925—1951)》,华东师范大学博士学位论文,2016 年。第 150—200 页。
　　⑨ 韩戍:《抗战时期内迁高校的地方化:以光华大学成都分部为例》,《抗日战争研究》2014 年第 3 期,第 105—115 页。

家,私立大学唯有寻求政治支持才能获得生存和发展,然而,此种政学结合的路径又不可避免地会给国家的教育行政造成一定困境。① 何方昱关于战时浙江大学的一系列研究涉及该校与国民党当局的关系②、导师制的实行情况③、校长竺可桢之去留④、校内党团活动⑤和训导问题⑥。张凯的研究论述了战时浙江大学的学科调整与学术发展⑦。陈红民等则通过史料论述了竺可桢与国民政府高层之间的关系⑧。

从上述个案研究可以看出,目前学术界对全面抗战时期内迁大学的个案研究比较全面,既涉及传统的大学与政治关系之研究,又涉及管理、师生、知识分子、学术史等领域,并在近年来涌现出全新的研究角度。这些个案研究更全面地描绘了抗战时期内迁大学的个性化图景。

三、战时政学关系研究

如前文所述,政学关系研究为近代中国大学史研究的主要视角。关于此方面的研究在过去十余年蓬勃发展,内容细致深入。

关于对与高等教育相关的重要人物的研究,是全面抗战时期内迁大学研究的重要组成部分,也是考察"政学关系"的重要载体。

---

① 韩戌:《抗战时期的部校之争与政学关系:以私立大夏大学改国立风波为中心的研究》,《近代史研究》2016年第1期,第126—137页。

② 何方昱:《资源配置与权力之争:以战时浙江大学内迁贵州为中心》,《近代史研究》2016年第1期,第123—161页。

③ 何方昱:《国家权力的侵入与大学自治的难局:以浙江大学导师制的兴衰为中心(1936—1945)》,《史林》2009年第6期,第141—149页。

④ 何方昱:《党化教育下的学人政治认同危机:去留之间的竺可桢(1936—1949)》,《史林》2010年第6期,第133—140页。

⑤ 何方昱:《战时浙江大学校园中的三民主义青年团》,《史林》2015年第3期,第152—159页。

⑥ 何方昱:《"自治"与"训导":20世纪40年代浙大校园中的〈生活壁报〉与壁报风潮》,《抗日战争研究》2016年第3期,第52—66页。

⑦ 张凯:《科学时代的人文主义:国难之际浙江大学文学院的合与分》,《中山大学学报(社会科学版)》2018年第3期,第35—64页;张凯:《沟通文质:国难之际浙江大学学术转型》,《中山大学学报(社会科学版)》2012年第1期,第89—97页。

⑧ 陈红民、段智峰:《抗战期间竺可桢主持浙大的一个侧面:解读竺可桢与朱家骅的几封往来函件》,《晋阳学刊》2010年第5期,第94—99页。

1938—1944 年,陈立夫担任教育部部长,他对抗战时期的中国教育有着深远影响。张珊珍认为,陈立夫在战时教育的诸多方面做了许多工作,使中国教育不但没有因战争而被迫停滞,相反得到了相当的发展。但是,陈立夫执掌教育的消极影响也是显而易见的,他在教育部门维护蒋介石的专制独裁,实行思想统制,防共反共,抵制"赤化",逆时代进步大潮,功过是非,历史会给予公允的评价。[①] 陈是呈则结合抗战的国内外背景及陈立夫思想性格,论述了拥有美国留学经验的他为何及如何在中西之间做出抉择,并付诸掌控七年的中国近代教育[②],且对接任其教育部部长职务的朱家骅亦有相应研究[③]。有学者也关注到蒋介石对于国难时期教育决策之影响[④]。除教育当局的主要负责人外,著名大学校长如梅贻琦、蒋梦麟、张伯苓、罗家伦、程天放、陈裕光等人与政府的关系亦受到学者充分关注。

近代中国教育与政党活动密不可分,而学生运动(即学潮)为其中之明显体现,历来为近代大学史研究之重点领域。正如吕芳上教授所总结的"从学生运动到运动学生",政治势力在学生运动中的介入趋势随着时间的推移愈发明显。抗战期间学生运动相比战后并不活跃,但也有其特点,其中最典型的案例莫过于"倒孔"运动。杨天石、郑会欣、何方昱等学者在此方面进行了系统研究,包括"飞机运洋狗"事件本身、相关学校的风潮情形,以及国民党、三青团在其中的角色等。为我们展现了"倒孔"运动的全貌及战时学生运动的复杂面相[⑤]。另如

---

① 张珊珍:《陈立夫与抗战时期的中国教育》,《抗日战争研究》2006 年第 3 期,第 89—110 页。

② 陈是呈:《陈立夫在教育事业上的中西抉择:以其教育部长任内为考察范围(1938—1944)》,《民国研究》2013 年第 1 期,第 43—58 页。

③ 如陈蔚:《朱家骅教育活动与教育思想研究》,湖南师范大学硕士学位论文,2011年。

④ 张凯:《蒋介石与国难之际高等教育之走向》,《广东社会科学》2015 年第 1 期,第 140—148 页。

⑤ 杨天石:《"飞机抢运洋狗"事件与打倒孔祥熙运动——一份不实报道引起的学潮》,《江淮文史》2012 年第 2 期,第 47—59 页;郑会欣:《抗战期间大后方的"倒孔运动"》,《兰州学刊》2015 年第 12 期,第 1—11 页;何方昱:《战时浙江大学校园中的三民主义青年团》,《史林》2015 年第 3 期,第 152—169 页。

近些年来王春林对东北大学学潮的研究①、陈钊关于西北联大学潮的研究②、肖如平关于四川大学张凯学潮的研究③等,为我们呈现了战时内迁大学面临的复杂状况。

关于高校学生相关管理措施的研究也日益受到重视。关于生源,战时教育部一度采取"统一招生"措施。抗战时期实施的"统一招生",是近代中国大学招生政策的一次重要转变,有多篇论文曾涉及此问题④,梁晨的研究全面论述了此时段招生制度的演变⑤,亦有论文从个案角度运用大数据分析高校学生来源。而学生管理方面,除了日常管理,训导、军训及党化教育等也已有很多宏观和个案的论述⑥,其中以党化教育和国民党教育控制为主要视角的研究居多,如金以林总结道:"战时执政的国民党也不例外。为了适应战时需求,在经费有限的情况下保证教育事业不因战火而中断,同时又要求它能最有效地为抗战建国发挥作用,政府必然要对教育事业进行一定的统制。然而国民党'党化教育'的结果,并没有使广大青年得到合理的教育,其目的只是要求师生们信奉三民主义,做国民党的忠实臣民。同时,国民党自己不争气,最终令广大师生厌恶国民党,而选择了共产党,成为打败国民党的'第二条战线'。"⑦

---

① 王春林:《抗战时期东北大学的省籍问题:以 1944 年壁报风潮为中心》,《抗日战争研究》2018 年第 3 期,第 91—103 页。

② 陈钊:《左右之争与大学校政:陈立夫、徐诵明与西北联大法商学院的整顿》,《抗日战争研究》2018 年第 1 期,第 39—58 页;陈钊:《"没有群众":胡庶华与战时西北大学校政》,《抗日战争研究》2017 年第 3 期,第 97—115 页。

③ 肖如平:《程天放与国立四川大学易长风潮:以〈程天放日记〉为中心的考察》,《晋阳学刊》2017 年第 5 期,第 47—66 页。

④ 期刊论文如胡金平:《抗战时期高校统一招考制度的试行及其反思》,《复旦教育论坛》2013 年第 3 期,第 54—58 页。另有学位论文多篇也涉及此内容。

⑤ 梁晨:《从教育选拔到教育分层:民国大学院校的招生与门槛》,《近代史研究》2018 年第 6 期,第 24—42 页。

⑥ 张杰:《南京国民政府时期高校学生管理研究》,苏州大学年博士学位论文,2017 年;王延强:《抗战时期高校学生管理研究:以国立大学为中心》,西南大学博士学位论文,2013 年;闵强:《抗战时期大后方国民政府"党化教育"述评》,南京师范大学硕士学位论文,2007 年。

⑦ 金以林:《抗战期间国民党党化教育小议》,《南京大学学报(哲学社会科学版)》,2018 年第 1 期,第 105—114 页。

　　大学与国家关系既包括国家对大学之政策，亦包括政策落实情况和学校与政府的互动等。相关宏观著作和论文已经大量出现，如广少奎在其著作《重振与裂变——南京国民政府教育部研究》中对教育部之历史、政策及其对学校的管控进行了宏观论述[1]。苏国安的博士论文亦全面论述了此时间段国民政府的教育政策[2]。而具体到某一政策和某一种关系层面，刘家峰的研究针对战时教会大学与国民政府的关系，他认为抗战期间教会大学和政府之间的关系比以前更加紧密，但随着政府对大学控制的加强，教会大学与政府之间出现一系列紧张局面。为了追求教育自由和贯彻通识教育理念，教会大学努力与政府沟通、对话。[3] 韩戍则论述了战时私立大学与国民政府之关系[4]，其关于国民政府教育部与上海租界内留守高校关系的研究别具特色，为我们展现了战时大学的另一番景象。[5]

　　此外，关于战时大学参与国家建设事业、服务抗战大业和"建教合作"方面的研究近年来也有所出现。关于战时大学课程、教学、学术管理的研究也日益受到重视，其中关于学术委员会的研究较为深入。该机构是学术与政治交汇的典型代表，且相关档案资料相对系统，开放程度较高。关于其运作与人选的研究早已有之，而关于其主要业务——学术评奖、资格审查和部聘教授评选的研究近年来已经相当深入。

　　"政学关系"这一传统视角虽早已成为近代中国大学史研究的主要领域，但其生命力经久不衰，近年来不断与新领域、新视角融合，呈现积极发展的局面。值得注意的是，一些领域的具体研究（如"建教合作"、战时教学等）刚刚引起学界重视，仍有继续深化的空间。

––––––––––

① 广少奎：《重振与衰变：南京国民政府教育部研究》，济南：山东教育出版社，2008年。

② 苏国安：《南京国民政府时期学校教育政策研究》，河北大学博士学位论文，2010年。

③ 刘家峰：《论抗战时期基督教大学与国民政府之关系》，《史林》2014年第3期，第77—84页。

④ 韩戍：《战时私立大学与国民政府教育部》，《民国研究》2016年第2辑，第96—100页。

⑤ 韩戍：《抗战时期的国民政府教育部与留守上海高校》，《抗日战争研究》2018年第2期，第27—43页。

四、总结与展望

对现有的相关研究成果进行归类梳理可以发现,改革开放以来特别是 21 世纪以来,关于抗战期间内迁大学的研究成果相当丰富而全面,这一方面是由于该主题本身具有的学术意义,另一方面也得益于此领域相关档案资料的逐步开放,包括中国第二历史档案馆藏南京国民政府时期教育部档案、相关高校档案及出版的史料集等。总结之余可以产生如下思考。

首先,个案研究推动整体图景的描绘。早期内迁大学研究以宏观论述为主,近年来关于战时内迁大学的整体研究数量减少,而具体的个案研究大量涌现,且大都基于档案史料进行实证研究。此类个案研究虽针对某一特定大学或者某一特定历史事件,但涉及之内容可作为构成抗战时期内迁大学这幅图景的要素。随着个案研究的不断深入和发展,我们对抗战时期教育的总体认识将进一步深化。

其次,近代中国各大学与政治的关系密切而复杂,亦为战时大学史研究的主要内容。民国时期大学、学术与政治密不可分,尤其是全面抗战时期,大学随政府西迁,学校命运与国家命运更加紧密相连。此时大学与国家关系有两个层面的内容,一方面是战时大学为服务国家、服务抗战所做的努力,以及大学在各方面对政府的依赖,另一方面是国民党及国民政府对学校管控的加强,两方面趋势都在加强,对这些趋势及其效果的描绘成为抗战时期大学史研究的主要视角,并一直被持续关注。

再次,新视角与新方法(尤其是社会科学的相关方法)不断被引入到研究当中。除传统的针对重大事件、大学治理、重要人物和学科学术史的研究外,学者们的问题意识和方法也在不断更新。诸如"国家化""地方化"等视角和解释体系被采用,数据量化等新的研究方法被运用。随着这些新视角、新方法的融入,抗战时期大学研究将呈现更加丰富的图景。

最后,史料开放不断推进研究进展。早期的宏观研究所能依赖的资料有限,在这种情况下,研究难以细致和深入。随着新史料的不断发现和史料集的逐渐出版，相关领域的研究得到了推进。宏观层面，中国第二历史档案馆藏南京国民政府时期教育部档案的开放，台湾地区"国史馆"档案、"中央研究院"近代史研究所藏朱家骅档案等档案史料的被利用，使战时教育决策的过程更加明晰，而各大学档案的可利用便利程度也直接决定了相关大学历史的研究进展。值得注意的是，目前许多大学所藏自身档案的对外开放程度并不高，这导致诸多大学史的研究者均以本大学的学者为主，这也促使我们思考是否有必要进一步推动各高校所藏档案的开放和利用。

上述分析与思考为一己之见，作为研究的参与者和关注者，笔者深知全面抗战期间大学史研究的进一步丰富和发展是大家乐见之局面，随着学者的进一步努力和相关档案的不断开放，该领域的研究仍将大有可为。

需要说明的是，以上综述是对全面抗战时期内迁西部的国统区高等教育研究的回顾与思考，本书下文各章所涉及的专题领域对其学术史进行专门回顾。

三　主要资料来源

本书的研究主要依靠藏于海峡两岸档案馆的原始档案，辅之以其他资料集、报刊史料等，对战时中央大学进行考察。以下所介绍的是本书在写作过程中主要查阅和参考的史料。

1. 中国第二历史档案馆藏南京国民政府时期教育部档案[①]，现有五、五(2)两个全宗，共有档案 18052 卷。[②] 该批档案数字化已经全

---

① 中国第二历史档案馆藏有三个名为"教育部"的全宗：一是本书所指的南京国民政府教育部，二是北洋政府教育部，三是汪伪国民政府教育部。为做区分，本书所引均标注为南京国民政府时期教育部档案。

② 施宣岑、赵铭忠主编：《中国第二历史档案馆简明指南》，北京：档案出版社，1987年，第 152 页。

部完成,在中国第二历史档案馆对外开放。该批档案数量庞大,内容丰富,其中与战时高等教育相关者已汗牛充栋。其中包括教育部及陈立夫与国民党高层和各高校往来文书、各种教育相关会议记录(如学术审议委员会、史地教育委员会等)、工作计划和工作报告、各项政策及实施办法、经费预算相关文件和报表、教科书和大学用书等。在目前海峡两岸各相关机构所藏与国民政府教育部相关的档案中,中国第二历史档案馆的这部分档案最为系统、最为全面、数量最为丰富,可以作为考察战时教育行政机构运作与决策的主要依据,已经被学者充分重视和大量利用。

2. 中国第二历史档案馆藏南京国民政府时期国立中央大学档案。全宗号为648,现有中央大学及其前身、附属机构档案共计6 881卷。[1] 中国第二历史档案馆藏有原件,数字化已经全部完成,南京大学档案馆藏有副本。该全宗档案包括中大总项、会议、人事、教学教务、经费、学生、事务、杂项及中央大学附属中学等多个门类。中央大学档案系统性强、涵盖面广、内容丰富,是考察中央大学历史的主要资料,得到了研究中央大学史的前辈学者的高度重视和大量利用。

3. 台北"国史馆"藏国民政府档案。全宗号001。该批档案随国民党迁台,共15大类,编成7 086卷,建置7 086笔目录资料及扫描A4尺寸计1 134 746页图档。[2] 目前基本实现数字化,绝大多数档案已经开放,被两岸近代史学者充分关注和利用。其中教育(文化)类档案共4 635笔,内容涉及教育法规、留学办法、教育经费、教育计划、教育会议与改革、学术著作审查、大专院校改组、学术文教机构设置、教职员生活补助与学生救济、学潮的处置、全国与省(市)运动会、外侨教育、国际文教会议与文化交流以及文献搜集与整理等。该批档案内容较为零散,但涉及高层决策与政策制定,是考察高层教育决策

---

① 施宣岑、赵铭忠主编:《中国第二历史档案馆简明指南》,北京:档案出版社,1987年,第162页。

② 《国民政府史料概述》,见 https://ahonline.drnh.gov.tw/docs/zong/001.pdf,引用时间2020-2-1。

的重要依据。

4. 台北"国史馆"藏蒋中正档案,学界俗称其为"蒋档",原称"大溪档案"。全宗号002,基本完成数字化,绝大多数已经由台北"国史馆"开放。为蒋介石于北伐、统一、抗战、"戡乱"等时期所留下的函稿、电文、日记、信件、书籍、舆图、影像资料及文物等。分为"筹笔""革命文献""蒋氏宗谱""家书""照片影辑""文物图书""特交文卷""特交档案""特交文电""其他"共计10类,已完成编目建档及数字扫描等作业,计建置317 137笔目录资料,扫描A4尺寸832 601页影像图档。[①] 该批档案开放较早且开放程度较高,已被研究近代史各领域的学者充分重视并利用,其中涉及蒋介石行程、批示、文稿、手令、往来函电等有关教育之部分,如《事略稿本》是对其行程和参加活动的相关记载,从中可见其关于教育的行程和部分会议涉及教育的内容情况。为考察国民党高层教育方面决策,尤其是观察蒋介石教育施政理念的重要参考依据。该批档案内容零散,但是对蒋介石决策的直接反应价值较高。

5. 台北"国史馆"藏"行政院"档案。共有15 934卷,其中1949年以前部分随国民党迁台,基本全部完成数字化,绝大多数已由台北"国史馆"开放。其中教育(文化)相关部分包括各级学校设立与改制、科学馆设立、学潮、中英庚款、民众教育等案。[②] 该类共有档案108卷,其中106卷为1949年以前之资料。这部分内容数量不多但系统性强,可以考察当局教育决策的一些过程和制度设计,为进行教育相关专题研究之重要参考资料。因其刚刚完成数字化和开放,目前为止利用程度并不甚高。

6. 台北"国史馆"藏"教育部"档案。全宗号019,共计2 556卷。[③]

---

① 《蒋中正文物史料概述》,见 https://ahonline.drnh.gov.tw/docs/zong/002.pdf,引用时间2020-2-1。

② 《行政院史料概述》,见 https://ahonline.drnh.gov.tw/docs/zong/014.pdf,引用时间2020-2-1。

③ 《教育部史料概述》,见 https://ahonline.drnh.gov.tw/docs/zong/019.pdf,引用时间2020-2-1。

大部分已经数字化,绝大多数由台北"国史馆"开放。该部分档案为台湾地区教育主管机关移交"国史馆"的资料,包括前清、北洋、南京国民政府(及之后)三大部分。南京国民政府(及以后)教育部史料分为总务、高等教育、中小学教育、社会教育、学术文化机关与团体、留学教育、国际文化交流、人事、奖励九大类。其中,高等教育部分为总卷、学校事务、毕业生、学籍解释及查询四类,共 336 卷,其中 245 卷为 1949 年以前之资料。此部分资料数量不多,但系统性较强,可以作为中国第二历史档案馆国民政府教育部档案的补充,作为考察战时教育行政的辅助性资料。因其刚刚完成数字化和开放,目前学界利用率比较有限。

7. 台北"发展委员会档案管理局"藏"教育部"档案。该机构简称"档管局",为台湾地区最高档案管理机构。教育部相关馆藏(1949年以前部分)包括相关章则规程案、各级学校章则规程案、各级学校经费案及计划报告案、各大专院校学籍资料、各级学校校董会案、学校设立呈报案、留学生案、学校印信案、战区学校处置案、参加国际会议或出国访问考察案、各大专院校组织变革及移交资料、该部或各级学校人事迁调任免案等档案。另包括教育人员检定法令、教育行政会议简列、人员任免、各校教职员任用办法、国外留学规则、私立学校董事会基金处理规定等档案。[①] 该部分档案只有极少部分完成数字化,目前在新北市新庄区新庄联合办公大楼对外开放。同"国史馆"教育部资料一样,该部分资料较为系统,可作为中国第二历史档案馆资料的补充,其数量比"国史馆"教育部史料丰富一些,但利用手续非常繁杂,申请周期过长,目前极少见到大陆学人对其进行充分利用。

8. 日记和忆述史料。《蒋介石日记》自开放以来,其史料价值已得到学界充分重视,抗战时期《蒋介石日记》中涉及教育的内容数量不多,但也有零星记载,相比《事略稿本》,对教育发表感慨的内容更

---

① 见 https://www.archives.gov.tw/Publish.aspx? cnid＝1466,引用时间 2020 - 2 - 1。

多,从中也可以看出其关注之重点和直观感受。而陈立夫的《成败之鉴——陈立夫回忆录》《战时教育行政回忆》等回忆资料是研究当时教育施政的重要参考。此外,中央大学相关师生的忆述则可以作为基层史料的补充。

以上所述为本书所涉及的主要的、与民国教育直接相关的一手史料,除此之外,中国第二历史档案馆藏南京国民政府时期国民党中央宣传部、军事委员会、国防最高委员会、私立金陵大学等全宗,台北"国史馆"藏陈诚文物、"教育部"档案、"司法院"档案等全宗,台北"发展委员会档案管理局"藏"教育部"档案,台北"中央研究院"近代史研究所藏朱家骅档案、王世杰档案等也在笔者写作本书的过程中有所阅读或利用,以解读高层决策,并侧面获得一些高层和有关机构往来的史料。报刊等史料也有所涉及和利用。

四 研究思路及方法

本书的研究仍聚焦于"政学关系",主题为战时国民政府与中央大学的关系。因政府在其中的角色相对是主动的,故本书以政府的教育政策和管控举措为主要视角,通过考察教育政策的制定、实施及其在学校的因应情况考察战时中央大学与国民政府的关系。本书采用实证史学研究的方法,以档案等一手文献为主要史料依据,通过史学考证,观察战时教育行政权力与高校办学自主权的消长,描绘中央大学战时的图景。

政府的管理和控制措施源于高层的决策,筹划和制定于主管机关,实施于地方和基层单位。教育管控举措也不例外。中央政府制定教育的大政方针,教育部负责具体的教育行政,而校方则是具体实施高等教育政策的单位。本书也是利用上述三个层次的档案史料,以解读教育管控举措的发端、制定与实施效果,从中考察战时大学与国家关系的面相。

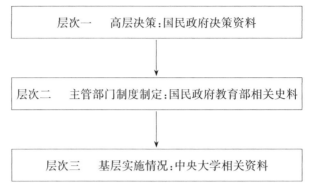

图一　本书思路及资料对应关系

第一层次考察高层决策,具体落实到本书是国民政府高层关于教育的决策和对教育事项的关注及参与。"国史馆"藏国民政府档案、蒋中正文物、"行政院"档案,中国第二历史档案馆藏国民政府时期党政机构档案等资料对应此层次。其中,"蒋档"中的手令、批示、往来函电、《事略稿本》及《蒋介石日记》是考察蒋介石本人对教育的决策、观感、思考和参与的重要依据;国民政府时期的行政院档案则可见其他高层教育决策的过程,国防最高委员会相关资料可用以考察战时经费情况。高层决策决定了教育政策的具体走向,蒋介石对教育的看法和想法直接影响着政府的教育施政措施。对每一决策的高层介入情况进行考察,可以帮助我们窥得决策的端倪。

第二层次考察主管部门的制度制定,主管部门即国民政府教育部,具体到本书所使用的资料包括中国第二历史档案馆藏南京国民政府时期教育部档案、台北"国史馆"藏"教育部"档案、台北"发展委员会档案管理局"藏"教育部"档案,以及散落在其他案卷和书刊中的国民政府教育部相关资料。国民政府教育部作为当时全国教育行政的主管机关,对高校的影响力无需赘言,而长期担任教育部部长的陈立夫本身即国民党高层,其教育理念在教育部的施政中得到充分体现。教育部是国民政府教育决策的执行者,负责制定相关政策的具体实施办法,并组织高校实施。同时,教育部也是一些具体教育决策的制定者。在陈立夫的推动下,战时教育部采取了许多政策以求教育的整齐划一。从教育部相关资料和与高校的往来函电中,可见教育部之施政重点、政策制定与实施对高校的具体要求、对教育资源的配置情况等,亦可看出各高校对教育当局的依赖程度。

第三层次考察政策落实到基层的情况,具体到本书所使用的资料为中国第二历史档案馆藏南京国民政府时期国立中央大学档案和其他与中央大学相关的资料。在政策研究中,基层的落实情况是重要一环,仅就条文、文本和决策过程进行制度研究易陷入空谈。作为与中央政府关系密切的高校,中央大学可以被当作教育政策实施的典型案例加以研究。其档案史料内容丰富而系统,是观察教育决策施行效果的重要参考依据。

在上述史料的基础之上,本书拟从以下方面进行研究。

第一部分是大学响应政府号召服务国家、服务抗战。正如前文所述,尽管有着"战时教育向平时看"的基本方针,但战时学校的学科设置和发展方向与战时需求是紧密相关的,中央大学作为首都的重要学府,服务抗战所做的工作较为典型。本书在文科、理工科各选择了一个案例进行研究,理工科方面选取了中央大学航空工程系的创建与发展历程,中央大学航空工程系由国民党中央、国民政府和航空委员会一手创办,并受到主管部门高度关注,为培养航空工程人才做了重要贡献;文科方面选取了中央大学部分文科教师响应蒋介石号召编纂和参与评审《中国文化史》《中国哲学史》《中国艺术史》等书籍,为对外宣传中国历史文化提供译本,该计划最终未能执行,但是部分书刊成为之后相关教授留下的学术遗产。

第二部分是中央大学战时教育经费状况。在战时,教育经费一直是一个困扰教育当局、学校和广大师生的问题,大家普遍认可战时教育经费短缺、师生员工生活困难的事实,但具体经费数值等问题尚需厘清。本书对战时中央大学的经费情况进行了考察梳理,并以经常费为依据,进行了横向和纵向对比,以衡量中央大学经费在全国高校中的地位、在战时高等教育经费中的占比及战争后期通货膨胀情况等。从中可以窥见中央大学与当局关系的紧密程度和战时对教育的资源配置情况。

第三部分是学术管理方面的政学关系。战时教育部采取的重要措施是组织学术审议委员会承担国家最高学术机关的职责,随之而来的是统一教员待遇、进行学术评奖和部聘教授选任等工作。通过对中央大学参与学术审议委员会的人员、统一教员待遇的实施情况,以及获奖、部聘教授入选情况的分析,可以看出学术审议委员会的工作及其具体落实效果,并从这一侧面窥见战时学校的学术地位和研究成果状况。

第四部分是教学管理方面的政学关系。基于陈立夫对教育的观感和理念,国民政府教育部在全面抗战时期的教学上力求"统一"。本书选择了统一课程、毕业总考和学业竞试三个角度进行考察。统一课程是陈立夫上任后教育部经过筹划向全国高校推行的课程改革措施,其主要内容是统一全国各大学的公共必修科目、专业必修和选修科目,并引导学校开设服务抗战相关课程。这项改革的目的是提高大学的人才培养质量,但强行统一高校所有课程的做法引发了一些高校和学者的较大争议。毕业总考也是陈立夫为了检验学生的学业水平、督促学生于毕业时温习课业所推行的新制度,但由于推行仓促,遭到了学生的强烈反对,尽管该制度还是强行推行了下去,但在此问题上教育部的坚持与各校学生的反对体现了双方立场上的冲突。专科以上学校学生学业竞试则是 1940 年至 1945 年教育部为提高学生程度进行的全国性学业考察,但该制度最后频繁变更竞赛形式,并在后期大力掺入政治内容,最终以虎头蛇尾而告终,对学校竞赛成绩的考察也可以说明当时人才培养质量上的一些问题。本书通过这些教学管理政策在中央大学实施情况的考察,揭示了国民政府统一国内高等院校教学的努力所收到的成效,同时反映了教育行政权的边界、学校办学自主权的范围等问题。

第五部分是学生管理方面的政学关系。国民政府力图加强学校的"训育"工作,将训导处设置为高校法定机构组成部分,训导长位列学校"三长"之一,训导的力度空前加强。本书选取导师制、军训和政治仪式三个方面进行考察。导师制在教育部的设计中属于实施训导的主要载体,当局试图以学校在职教师兼任"导师"为训导主体,实施训育工作,但执行效果并不理想,导师参与意愿较低,制度形式大于内容。而实行军训和军事管理是蒋介石一直以来对大学的期待,抗战时期当局对军训进行了强化,中央大学为首批试验军训高校,但实施过程中也遇到了许多问题,场地和物资问题使军训的试验一再延宕,学生对军训的观感也甚为不佳。政治仪式是政权及其意识形态向下渗透的重要方式,以总理纪念周为代表的政治仪式将国民党的三民主义意识形态和对孙中山的个人信仰向学校推行,同时要求学校承担组织国民月会,向重庆沙磁区推行国民精神总动员运动的职责。从以上三个侧面可以考察国民党试图对学生实行的管制及其因应情况,并揭示其中的内在矛盾。

本书的创新之处,一是补充研究之缺憾与空白。本书所涉及的诸多选题学界之前有所提及,但教育施政举措的具体个案研究相对缺乏,故本书可以为相关教育政策的研究补充具体个案。二是完善战时中央大学历史的研究。目前关于中央大学史的研究较为丰富,但本书所述的诸多案例则较少被关注,这些既是中央大学与政府互动的重要环节,也可以为战时校史补充有意义的细节。三是探索"政学关系"的一个新的论述视角。本书在论述政府与大学关系时,继承与学习了前辈学人的研究,着重关注政府的政策制定及学校的因应,及在此过程中校方与政府的互动,这与传统的注重校长更迭、学生运动、党派与政治等"政学关系"的研究视角有所不同。

综上,本书在高层、主管部门和学校三个层次资料的支撑下,以中央大学为个案,以教育管控政策及其实施为视角,对战时大学与国家关系加以研究考察,并为战时中国高等教育的宏观图景补充有意义的历史细节。本书所指"战时",除特殊说明外,均指全面抗战时期(1937—1945 年);除涉及战时准备之部分外,主体研究对象均是战时内迁重庆的中央大学;图表以章为单位重新编号。接下来,本书将以史料为基础进行实证研究,以窥战时教育的图景。

第一章
中央大学参与服务抗战

　　大学与国家关系一直以来均为民国时期大学史研究的主要视角之一,相关论著层出不穷,过去学者的关注点多集中于政府对大学的管控、学生运动、校园党团等层面。然而,在全面抗战时期,大学主动参与或积极配合政府投入实用学科及与抗战需求相关的学科,以科学研究、人才培养等方式对抗战做出贡献的内容,也应该被视为战时大学与国家关系研究的组成部分。民国时期,国民政府将建设事业与学校的关系称为"建教合作"①,但除此之外,有些大学实用科学的发展已经超越了"合作"的层面,因国家需要而由政府一手兴办的学科和一手推动的工作不断出现。这样的工作有些直接服务于抗战,有些则间接助力战时工作、提升国家实力。按照通常情况,学科设置、研究方向本是学校自主的内容,但战时当局对学校办学的引导与干预是有利于抗战大局的。本章在理工科和文科中分别选取一个案例,即中央大学配合政府进行航空工程学科建设和参与文化宣传工作,对战时中央大学配合国家战略、服务战时需要的情况进行考察。

---

　　① 尤其是全面抗战爆发后,国民政府高度重视建教合作,1938 年成立了"中央建教合作委员会"推进之。具体资料可参见《三年来之建教合作》,1941 年 9 月,台北"中国国民党中央文化传播委员会党史馆"藏会议档案,案卷号 5.2/178。

第一节　中央大学航空工程系的创立与发展

　　航空工程在近现代国家交通和国防体系中占有举足轻重的地位,内忧外患的近代中国对航空工业发展的需求十分迫切。抗战全面爆发前,国民政府积极进行抗战准备,空军及航空工程受到重视,而战争全面爆发后,航空工程在参战和支援前线方面的作用更加凸显。在航空工程体系中,人才是最为宝贵的资源,本国航空人才的培养是非常重要的环节。在当时,国内航空人才极为稀缺,靠引进国外优秀人才和留住留学归国的高端人才以及培养底层技术人员不能满足要求。面对此种局面,建立相关院系、系统培养本土人才便是国内大学不得不做出的决定。中央大学作为当时位于首都的重要学府,在此项工作中被委以重任,从航空工程系创立伊始便是最主要的高校力量,并且贯穿抗战始终。关于此问题,一些学者在论及战时大学服务国家建设时有所提及,相关航空工程史著作亦曾涉及,但关于中央大学航空工程系的系统性研究尚属缺乏[①]。笔者认为,梳理中央大学航空学科的发展状况,在航空史研究领域,可以成为中国航空教育史研究的重要部分;在近代史领域,则可以成为近代大学服务国家需要、助力抗战大业的典型案例。研究大学与国家关系时,理应关注到大学在国家危难之际为挽救国家和民族所做的积极贡献。因此,本书将结合中国第二历史档案馆藏南京国民政府时期国立中央大学、教育部等档案史料对这一史实进行系统梳理和研究。

---

　　① 曾经提及此问题的作品主要有蒋宝麟:《民国时期中央大学的学术与政治(1927—1949)》,南京:南京大学出版社,2016年;牛力:《民国时期大学治理的北大与中大之争:以罗家伦与南高学者为中心》,《学海》2014年第6期;韩荣钧:《民国时期我国大学的航空学科建设》,《滨州学院学报》2018年第3期(此文为目前所见唯一以民国时期大学航空学科建设为主题的论文,内容较为宏观,然篇幅稍短,资料不够丰富)。此外,诸如姜长英编著:《中国航空史》,西安:西北工业大学出版社,1987年;姚峻主编:《中国航空史》,郑州:大象出版社,1998年,亦在"航空教育"等章节涉及此问题,但篇幅有限。

一、政府推动与中大航空工程学科的筹设

南京国民政府建立后,航空事业对于国家的重要性受到了蒋介石等政府要员的高度重视。"航空"二字为这段时间《蒋介石日记》中的高频词。1928—1937 年,蒋介石经常参与拟订航空计划,接见航空部门负责人,视察航空学校等机构,并亲自争取航空经费。例如1931 年 3 月 19 日上午,他前往中央大学参加航空学生毕业典礼时表示:"中国土地广大,非航空不能言交通与国防,及经济与文化尤赖于航空之发展也。"[①]这可以体现其对航空事业的重视程度。在蒋介石本人和当局的大力推动下,国民政府成立了航空委员会,使航空工业发展取得了一定成效。在积极准备抗战的背景下,航空建设作为战前国防、交通建设的重要部分被稳步推进[②]。

在推进航空工作的过程中,航空人才的培养是一个重要内容。其中不仅包括培养飞行员,而且包括培养航空工程技术人才。在这方面,20 世纪 30 年代军事委员会已经意识到此为"当务之急",并将资助国立大学发展航空工程系列入发展航空工程的计划[③]。虽然此前中央大学、北平大学、交通大学、湖南大学等学校在机械工程系开设了"航空工程"等与航空相关的课程,但对培养航空工程专业人才效果甚微。1933 年,在航空委员会任职的钱昌祚提议由政府补助在清华大学、武汉大学开办"航空学系讲座",为日后成立航空系进行准备[④],航空讲座计划自下一学年开始实施[⑤]。次年,在国立大学设立

---

① 蒋介石:《蒋介石日记》,1931 年 3 月 19 日,美国斯坦福大学胡佛研究所藏。

② 关于国民政府为抗战准备所进行的国防与交通建设的情况,可参见陈谦平:《试论抗战前国民政府的国防建设》《试论抗战前国民政府的交通建设》,载《民国对外关系史论》,北京:生活·读书·新知三联书店,2013 年,第 217—239 页。

③ 朱培德:《朱培德电呈军事委员会委员长蒋中正为发展航空工程计划书及审查意见》,1935 年 7 月,台北"国史馆"藏国民政府档案,典藏号 001 - 070006 - 00001 - 001。

④ 钱昌祚:《致国防设计委员会秘书厅建议书》,1933 年 10 月 13 日,载龙飞、张江义、熊勇、王志刚选辑:《20 世纪 30 年代初国防设计委员会资助大学发展航空教育史料选》,《民国档案》2016 年第 3 期,第 4—5 页。

⑤ 钱昌照:《致蒋介石函稿》,1933 年 12 月 11 日,载龙飞、张江义、熊勇、王志刚选辑:《20 世纪 30 年代初国防设计委员会资助大学发展航空教育史料选》,《民国档案》2016 年第 3 期,第 11 页。

航空工程系也迅速被提上议事日程。经研究考察，中央大学、交通大学、武汉大学三校被列为开设航空工程系之学校候选名单①，航空委员会等对三校之设备状况进行了调查与核实②。不久，蒋介石核定"即拟指令在国立中央大学、武汉大学、交通大学三校设立航空工程系"，并指示"中央大学第一年补助费30万元，武大、交大各五万元"③。该项计划正式进入实施阶段。

开办航空工程系，确实为因应国家之紧急需要，然而这个计划也确实面临着诸多困难。在首批拟定设立航空工程系的三所国立大学中，中央大学被寄予厚望，不仅名列首位，而且经费预算远远超过其他两校。尽管备受重视，中央大学的筹备工作也在1934年年底即已启动④，但仍面临着很多挑战。航空工程作为一门全新学科，相关方面的人才、设备基础基本为零，学校也没有兴建风洞等设备的场地。设备场地等问题在资金到位后均可展开，而人才选聘工作则难度更大。中央大学接到建设航空工程系的命令后迅速行动，聘请1923年在美国麻省理工学院获得硕士学位并在多家知名公司担任飞行器设计的罗荣安担任教授（航空工程系正式成立后担任系主任职务），同时积极引进在麻省理工学院获得硕士学位的伍荣林和在哥伦比亚大学获得博士学位的王守竞来校担任教授⑤。值得注意的是，中央大学在规划时还拟聘请意大利籍专家担任教授职务⑥，但蒋介石出于政治

① 《指定国立大学至少两校从速设立航空工程学系案》，1934年11月22日，中国第二历史档案馆藏南京国民政府时期教育部档案，全宗号5，案卷号2158。

② 钱昌祚、任国常：《调查三大学工学院设备报告书》，1935年1月17日，载龙锋、张江义、熊勇、王志刚选辑：《20世纪30年代初国防设计委员会资助大学发展航空教育史料选》，《民国档案》2016年第3期，第14—15页。

③ 蒋介石：《在国立大学设立航空工程系办法暨调查报告上的批示》，1935年3月6日，台北"国史馆"藏蒋中正文物，典藏号002-080200-00205-149。

④ 1934年11月30日中央大学即收到了教育部关于筹设航空工程系的发文，见《教育部训令·第2000号》，1934年11月30日，中国第二历史档案馆藏南京国民政府时期国立中央大学档案，全宗号648，案卷号816。

⑤ 钱昌祚：《在教育部、航空委员会、国防设计委员会联席会上的报告》，1935年8月5日，中国第二历史档案馆藏南京国民政府时期教育部档案，全宗号5，案卷号2158。

⑥ 《中央大学自动工程系计划》，1935年3月，中国第二历史档案馆藏南京国民政府时期教育部档案，全宗号5，案卷号2158。

考量,对此亲自干预,认为只聘用一国教授并不合适①,故该聘任计划未能成行,但他对航空工程系设置细节的关注程度可见一斑。

当然蒋介石对航空工程教育的重视还不止于此。由于国家对此方面人才有着强烈需求,在抗战进行中,其再次关注到国内航空工程系的设置问题,1942年和1943年两次指示教育部增设航空工程系,并亲自关注航空委员会与国内各大学合作问题②。教育部表示,增加航空工程系面临的最大问题是师资,国内已开航空工程系的学校师资尚缺,再增设较为困难。故指示中央大学、交通大学、西北工学院、西南联大等学校航空工程系开双班③,而1944年蒋介石接到空军提出的相关要求后④,直接下令全国国立大学工学院应普遍设立航空工程系⑤,教育部对此表示所有国立大学开设航空工程系在师资方面存在难度,但仍指示云南大学、四川大学、浙江大学等校自1944学年度增设该系,中山大学、中正大学自1945学年度增设⑥,并一再催促督办。可见战时国家对相关人才需求之迫切及蒋介石对此问题的关注程度。

在中央大学航空工程系筹备过程中,蒋介石和航空委员会、国防设计委员会一直起着主导作用,而非简单的"建教合作"关系。航空工程系的建设是为了培养航空工程人才,从而为国防和交通建设服务。从航空相关课程开设、航空系讲座设立到正式成立航空工程系,

---

① 蒋介石:《致罗家伦电》,1935年1月3日,台北"国史馆"藏蒋中正文物,典藏号002-070100-00038-054。

② 《蒋介石手令·侍秘甲8752号》,1942年11月9日,《蒋介石手令·侍秘20686号》,1934年12月18日,《蒋介石手令·侍参403号》,1943年4月7日,中国第二历史档案馆藏南京国民政府时期教育部档案,全宗号5(2),案卷号6。

③ 《教育部32年度工作总检讨·总裁手令研处情形》,1943年2月14日,中国第二历史档案馆藏南京国民政府时期教育部档案,全宗号5(2),案卷号6。

④ 《空军第五次干部会议重要提案报告表》,1944年6月,台北"国史馆"藏国民政府档案,典藏号001-091000-00002-001。

⑤ 《蒋介石手令·侍91号》,1944年6月11日,台北"国史馆"藏国民政府档案,典藏号001-091000-00002-001。

⑥ 《教育部呈蒋介石文》,1944年7月29日,台北"国史馆"藏国民政府档案,典藏号001-091000-00002-001。

政府有序推进航空工程教育,中央大学成为其中最为重要的实行机构。在国家的大力投入下,中央大学航空工程系筹备较为顺利,为其之后顺利运行奠定了基础。

二、紧跟需求:中央大学航空工程系的开办与教学工作

在获得航空委员会首批拨付款后,中央大学航空工程系开始了运作。1935—1945年,从抗战准备到全面抗战爆发,从南京到重庆,即使在十分艰苦的情况下,中大航空工程系在培养航空工程人才方面一直积极发挥作用,政府层面一直也对其寄予厚望,并予以大力支持。

中央大学航空工程系成立初期出于保密的需要,暂时定名为"自动工程系",为"速成与长期同时并重",采用本科培养与专班教学并行的培养体系①。因刚刚开办时,短期内无法直接开设本科班,为快速培养具备基本知识技能的航空工程技术人才,中央大学决定成立"机械特别研究班"(时人简称其为"机特班"或"机械特别班")。该班招收毕业于国立大学或已立案之私立大学工学院或独立工学院的学生②,学制为一年半,分为四个学期(后为配合校历改为三个学期)③,入学时除测试党义、国文、英文、数学等公共科目外,还考察机动学及机械设计原理、结构学、热力工程、应用力学、工程材料等机械工程专业课程,计划名额为30人,每学期学费十元,但入学学生享有每生360元的高额津贴④。相比其他院系,"机特班"学生享受相对优厚的待遇,入住新建的学生宿舍,两人一间,相对舒适⑤。第一届机械特别

---

① 《中央大学自动工程系计划》,1935年3月,中国第二历史档案馆藏南京国民政府时期教育部档案,全宗号5,案卷号2158。

② 《中央大学机械特别研究班招生简章》,1935年6月,中国第二历史档案馆藏南京国民政府时期国立中央大学档案,全宗号648,案卷号2904。

③ 《中央大学工学院致学校函》,1937年6月5日,中国第二历史档案馆藏南京国民政府时期国立中央大学档案,全宗号648,案卷号817。

④ 《中央大学机械特别研究班招生简章》,1935年6月,中国第二历史档案馆藏南京国民政府时期国立中央大学档案,全宗号648,案卷号2904。

⑤ 李耀滋:《有启发而自由从中国私塾到美国发明家、企业家、院士的北京人》,北京:中国青年出版社,2003年,第41页。

研究班最终招生 25 名①，新生于 1935 年 8 月入学受训。

　　课程学习是学生获取知识的主要途径。通过对航空工程系及"机特班"课程的分析，可以窥得航空工程系的教学培养概况，对其人才发展的方向有所把握。机械特别研究班的学生分为"原动组"和"结构组"（表一中的第二部分题为"机械组"，原档案如此），其培养体系如表所示。

表一　中央大学机械特别研究班课程计划

原动组

课程名称	学分	学时	课程名称	学分	学时
第一学期			第二学期		
航空学	3	3	航空学	3	3
高等热力学	3	3	循环分析	3	3
航空引擎	3	3	机械动力学	3	3
机械动力学	3	3	滑翔学	3	2＋3＊
燃料学	3	2＋3＊	制造引擎材料	4	3＋3＊
制造引擎材料	4	3＋3＊	高等电学	3	3
第三学期			第四学期		
引擎设计	5	2＋9＊	引擎设计	5	2＋9＊
引擎附件	3	3	引擎附件	3	3
引擎试验	2	1＋3＊	引擎试验	2	1＋3＊
制造法及试验	3	3	制造法及试验	3	3
弹性力学	3	3	弹性力学	3	3
制造引擎材料	4	3＋3＊	飞行器	2	2
			引擎管理	2	2

---

　　①　《中央大学工学院致学校函》，1937 年 6 月 5 日，中国第二历史档案馆藏南京国民政府时期国立中央大学档案，全宗号 648，案卷号 817。

（续表）

机械组

课程名称	学分	学时	课程名称	学分	学时
第一学期			第二学期		
理论力学	4	4	理论力学	4	4
普通自动工程	2	2	应用气体力学	3	3
结构学	4	4	结构学	4	4
结构设计	1	3*	结构设计	3	1+6*
金相学	4	3+3*	气体试验	3	1+4*
自动引擎	3	3	结构材料	2	2
气象学	2	2			
第三学期			第四学期		
理论力学	4	4	理论力学	4	4
结构学	4	4	结构学	4	4
结构设计	3	1+6*	结构设计	3	1+3*
制造设备	3	3	结构试验	2	2
推进螺旋	4	3+3*	浮箱	2	2
航空仪器	2	2	飞行场	2	2
			飞船	2	2

资料来源：《中央大学自动工程系研究班课程计划书》，1935 年，中国第二历史档案馆藏南京国民政府时期教育部档案，全宗号 5，案卷号 2158。

注：学时数后标＊者为实验教学，未标＊者为授课。飞船意为如今所说的水上飞机。

　　由以上课程计划可以看出，机械特别研究班的课程设计极具针对性和实用性，大多是实用类的课程教学，原动组直接针对飞机引擎，结构组则相对全面地涉及航空及航空器的各个领域。为达到实用目的，实验教学在教学中占比很大，中央大学还安排"机特班"学员前往南昌飞机制造厂等单位进行暑期实习①，这反映出机械特别研究

————————

①　《工学院致中央大学函》，1937 年 6 月 5 日，中国第二历史档案馆藏南京国民政府时期国立中央大学档案，全宗号 648，案卷号 817。

班教学的实用属性，即以速成的方式培养国家所需的航空工程人才。该班从 1935 年 8 月开始第一届招生，到 1940 年因航空委员会停止经济补助而停办①，其间课程体系大体得以维持，机械特别研究班的生源多是毕业于国内较有实力的高等院校且具有工科学习背景的大学生，虽然每届招生人数均不多，但都是在机械工程学科毕业的基础上专门培养的实用人才，可以迅速走向岗位，从事航空工程工作，以满足国家的国防需求。

相比而言，航空工程系的本科生培养在 1937 年才启动，该专业教学从二年级起步，主要选拔来自工学院其他专业的一年级学生。相比机械特别研究班，本科的培养周期更长，课程体系相对完善。

表二　中央大学航空工程系课程计划(本科生二年级起)

课程类别	课程名称
必修课（授课）	应用力学、工程材料、机动学、整机图、积分方程、材料力学、金相学、热工学、气象学、工业经济、机械设计原理、内燃机、热工学、推进螺旋、专题研究、汽车学
必修课（实验实习）	经验计划、金工、木工、高等机械画、机工、机械设计值图、材料试验、金工试验、热工试验、工厂设备
选修课（机架组）	理论气体力学、结构学、航空气体力学、结构计划、飞机结构、飞机试验、飞机设计、航空仪器、飞船
选修课（原动组）	电工学、高等机构学、航空学、飞机引擎、飞机引擎试验、制造法及设备、高等应用力学、飞机引擎设计、引擎原理

资料来源：《中央大学自动工程系研究班课程计划书》，1935 年，中国第二历史档案馆藏南京国民政府时期教育部档案，全宗号 5，案卷号 2158。

航空工程系的本科教育体系较为完备，理论与实践并重。在一年级工学院通修工科公共必修课程的基础上，系统对航空工程相关理论进行学习，并辅之以一定数量的实验环节。三年级后分为两个专业方向，其一为原动组，主要学习发动机（引擎）知识，这一点与机

---

① 《航空委员会致中央大学函》，1940 年 2 月 9 日，中国第二历史档案馆藏南京国民政府时期国立中央大学档案，全宗号 648，案卷号 4664。

械特别研究班类似;其二为针对飞机整体的机架组。相比"机特班",航空工程系本科学习内容更加全面,尤其是机架组,不仅涉及飞机修理技术,而且涉及飞机设计与制造,这对于培养相对高级的航空工程人才、推动航空工程长远发展来说大有帮助。

　　除机械特别研究班和航空工程系本科教学之外,为提高现有航空技术人员的技能,中央大学航空工程系还受航空委员会委托创办了航空专修班、航训班等临时的培训班。其中,航空工程专修班针对高中毕业后于航空机构工作之专业技术人员,按照计划修业期间为50—60周,每周上课不超过30课时,学习期间仍在原单位领取薪资[①]。该班开设后学生报名踊跃,航空委员会等相关部门积极派遣学员前来学习,修业完成后全部在航空委员会及附属工厂一线工作[②]。虽然中央大学愿意一直代办专修班[③],但由于学员所在原单位一直人才紧缺,培训不得不让位于原有工作,频繁发生学员被临时抽调回原单位或派往前线工作的情形,故专修班于1941年起停办[④]。

　　对于航空工程系而言,教师是极为宝贵的资源。在抗战期间,教师流动性较大,但中大航空工程系仍维持着相对强大的师资队伍。

表三　1943年中央大学航空工程系专任教员概况(讲师及以上)

教师姓名	职称职务	年龄	入校时间	最终学历
罗荣安	教授兼系主任	50	1934	麻省理工硕士
张创	教授	38	1939	英国(具体不详)
李登科	教授	36	1943	伦敦大学硕士

---

　　① 《航空委员会致中央大学函》,1928年8月23日,中国第二历史档案馆藏南京国民政府时期国立中央大学档案,全宗号648,案卷号817。

　　② 《中央大学航空工程系调查表》,1942年,中国第二历史档案馆藏南京国民政府时期国立中央大学档案,全宗号648,案卷号4664。

　　③ 《中央大学致航空委员会函》,1941年2月3日,中国第二历史档案馆藏南京国民政府时期国立中央大学档案,全宗号648,案卷号4664。

　　④ 《航空委员会复中央大学函》,1941年3月8日,中国第二历史档案馆藏南京国民政府时期国立中央大学档案,全宗号648,案卷号4664。

（续表）

教师姓名	职称职务	年龄	入校时间	最终学历
柏实义	教授	33	1940	加州理工博士
黄玉珊	教授	29	1940	斯坦福大学博士
陈百屏	副教授	38	1937	中大机特班
陈克宣	讲师	33	1937	浙江大学
宋懿昌	讲师	28	1940	伦敦大学博士

资料来源：《中央大学教职员名录》，1943年，中国第二历史档案馆藏南京国民政府时期国立中央大学档案，全宗号648，案卷号1178。

　　上表反映的是中央大学航空工程系1943年的教师状况，这个时候学校情况相对稳定，学科门类及规模均位居国内高校前列，诸多学科达到鼎盛水平。此时航空工程系教师数量虽与学校整体教师数量相比并不算高，但呈普遍年轻化特点，且大多自海外留学归来，具有良好教育背景。

　　在学生回忆中，航空工程系的教师对他们影响甚大。后成为美国科学院院士的第一届机械特别研究班毕业生李耀滋在回忆中提及在中大求学期间的学习氛围，以及罗荣安、伍荣林、陆志鸿、王守竞等老师的授课风格及影响①。航空工程系29级校友程宝蕖等回忆了系主任罗荣安对学生从课堂到实习等环节无微不至的关心，并指出众多学生从中受益匪浅②。同为29级校友的丁钊回顾了主讲发动机课程的李登科教授治学严谨，勤勉尽责，中大西迁重庆时期经常遭遇空袭，患有严重疾病的李登科教授每次躲进防空洞时都携带文稿及打

---

　　① 李耀滋：《有启发而自由从中国私塾到美国发明家、企业家、院士的北京人》，北京：中国青年出版社，2003年，第41—44页。

　　② 程宝蕖、邓宗彦：《中国航空工程教育的开拓者罗荣安教授》，载中央大学南京校友会、中央大学校友文选编纂委员会编：《南雍骊珠中央大学名师传略》，南京：南京大学出版社，2004年，第499—500页。

字机,可见其对科研的看重①。这些名师的言传身教成为留给广大学生的宝贵财富。

开班后数年时间内,中央大学航空工程系迅速形成了"本科学生培养＋本科毕业生集中训练＋在职培训"相结合的教学体系,既可以系统化培养航空工程专门人才,又可以短期培训航空领域急需的技术人员。其课程设计多贴近战时实际需求,具有较强的实用色彩,并拥有相对年轻而高学历的师资队伍。随着全面抗战爆发和战局的发展,航空工程系的人才培养体系也在不断调试。这种兼顾短期需求和长期目标的教学体系既保持了高水平大学的特色,也服务了国家的需要。

三、投入与产出:政府对中大航空工程系的经费补助与该系的办学成效

与其他院系不同,中大航空工程系从设置伊始即明确由政府(航空委员会)负责补助运行。如前文所述,在最早筹设航空工程系的三所学校中,中央大学获得的资助额度远大于武汉大学、交通大学,此后政府的经费支持大体如此持续。

表四　中央大学航空工程系年度补助情况

年度	1935	1936	1937	1938	1939	1940	1941	1942	1943	1944
金额(万元)	30	10	9	5	9	暂停补助	暂停补助	4	8	8＋15

资料来源:中国第二历史档案馆藏南京国民政府时期国立中央大学档案,全宗号648,案卷号4664,465;中国第二历史档案馆藏南京国民政府时期教育部档案,全宗号5,案卷号2158。

注:"年度"指拨款的财政年度,并非实际到账年份,尤其到后期,拨款时间往往晚于年度的数字。1939年之前均由航空委员会补助,1940年航空委员会因经费紧张暂停补助,1942年中央大学向中国滑翔机协会申请到4万元补助用于建设风洞,1943年起航空委员会恢复年度补助8万元,1944年起交通部年度补助15万元。

---

① 丁钊:《著名航空发动机专家李登科教授》,载中央大学南京校友会、中央大学校友文选编纂委员会编:《南雍骊珠中央大学名师传略续编》,南京:南京大学出版社,2004年,第352—356页。

从上表可看出,1935—1944 年,中央大学航空工程系共从航空委员会领取补助款 79 万元,这远远超过其他院系在学校经常费预算中应当被分配的金额。鉴于航空工程系的设置为国家所急需,且零基础起步,耗资较大,政府单独拨款补助其建设与发展属情理之中。在抗战大背景下,政府财政较为困难,而中央大学航空工程系的相关补助大多数年份仍在维持,中断的两年中央大学也可以通过项目申报的形式向政府申领经费,这使得航空工程系的发展有相对充足的资金保障。

而关于经费之使用,下表可窥得其结构:

表五　中央大学航空工程系航空委员会补助使用情况
(1935 年 7 月至 1938 年 2 月)

科目	金额(元)	占比
薪俸	46 929.03	21.81%
学院津贴	14 890	6.92%
校工工资	5 725.19	2.66%
设备	52 139.6	24.23%
图书	11 511.36	5.35%
风洞	75 000	34.85%
杂项	90 09.5	4.19%

资料来源:《中央大学航空工程系航委会补助收支情况》,1938 年 3 月 12 日,中国第二历史档案馆藏南京国民政府时期国立中央大学档案,全宗号 648,案卷号 4664。

由上表可知,设备费为航空工程系最主要的支出项目,而在硬件设施方面,中大航空工程系则更是受到了国民政府的"照顾"。在航空工程系开设之前,国民政府教育部、航空委员会、国防设计委员会即已对中央大学工学院的设备情况进行了详细调查。1935 年初,中央大学在收到政府补助前,既已自行拨付学校经常费五万元购置机械、燃料等实验所需设备,并向航空委员会求借设备以免重复采购[①]。

---

① 《中央大学自动工程系计划》,1935 年 3 月,中国第二历史档案馆藏南京国民政府时期教育部档案,全宗号 5,案卷号 2158。

为安置风洞等大型设备，在国民政府教育部、内政部的协助下，中央大学很快完成了航空工程系建筑选址和征地工作，临时厂屋于1935年6月开工建设，永久建筑亦于同年11月选定中华门外进行建造①。作为航空工程的必需设备，风洞很快建设完成，而金木土墙结构试验设备、引擎实验设备等也于1937年夏天前购置完毕②。除此之外，中央大学还多次向航空委员会等单位索要金属薄板等材料，或请求对其在外国采购设备提供帮助，甚至曾直接向军方索要航空燃油③，航空委员会也经常将意大利等西方国家所赠之航空设备转赠给中央大学进行研究④。学校与政府在设备方面保持着良好的合作。

但是很快全面抗战爆发，被政府和学校苦心经营的航空工程系不得不随着中央大学西迁重庆，原有厂屋和大型设备不得不放弃，当时国内高校中最为先进的五尺风洞也未能迁出⑤。中大师生只携带了风洞天平、柴油原动机等设备前往重庆⑥，很多工作不得不从头再来。1938—1941年，中央大学在重庆开始兴建木壳风洞。在艰难的环境中，航空工程系的设备逐步完善，为人才培养提供了保障。

在政府的大力支持下，中央大学航空工程系的办学取得了显著成效。当时国内高校中，除中央大学外，还有交通大学、武汉大学、北洋工学院、西南联大等高校开办航空工程系。相比其他高校，中央大学的航空工程系最受政府重视，投入最大，自然也取得了最佳效果。

---

① 《中央大学致航空委员会函》，1935年11月19日，中国第二历史档案馆藏南京国民政府时期国立中央大学档案，全宗号648，案卷号816。

② 《中央大学航空工程系航空研究班报告》，1937年6月，中国第二历史档案馆藏南京国民政府时期国立中央大学档案，全宗号648，案卷号817。

③ 《空军总指挥部致中央大学函》，1941年5月29日，中国第二历史档案馆藏南京国民政府时期国立中央大学档案，全宗号648，案卷号4664。

④ 《中央大学与航空委员会往来函》，1936年，中国第二历史档案馆藏南京国民政府时期国立中央大学档案，全宗号648，案卷号5584。

⑤ 《中央大学致函教育部关于要求向日方索赔中央大学航空工程系风洞损失的函》，1948年9月13日，中国第二历史档案馆藏南京国民政府时期国立中央大学档案，全宗号648，案卷号5874。

⑥ 《中央大学航空工程系调查表》，1938年10月，中国第二历史档案馆藏南京国民政府时期国立中央大学档案，全宗号648，案卷号817。

　　如前文所述,作为国家急需的专业,航空工程系最主要的使命是培养航空所需人才。在中央大学该系的培养体系中,机械特别研究班的学生虽修业期较短,但因入学便已具备相关学科大学毕业水平,通过培训后都在专业领域成为领航者。第一届"机特班"毕业后出国的毕业生柏实义 1935 年毕业于中央大学工学院电机系,从中央大学"机特班"毕业后赴美国麻省理工学院修读空气动力学,1938 年升入加州理工学院攻读博士学位,1940 年毕业后回母校航空工程系任教,1943 年接替罗荣安担任航空工程系主任,1947 年赴美,后曾当选台湾"中央研究院"院士①。李耀滋则主攻发动机,从麻省理工学院毕业后回国创办发动机制造厂,后在美国任教,曾荣膺美国科学院院士。黄玉珊是第五届中英庚款留学生,在英国伦敦大学、美国斯坦福大学分别获得了硕士、博士学位,1940 年回中大航空工程系担任教授,1947 年任系主任,中华人民共和国成立后随院系调整最终任教于西北工业大学。"机特班"学员中,有"院士"头衔的就有 7 人,除柏实义、李耀滋外,还有中国科学院院士、中国工程院院士陆元九,中国科学院外籍院士冯元桢,台湾地区"中研院"院士沈申甫,中国工程院院士陆孝彭,中国科学院院士林同骥②。

　　航空工程系各种班次的毕业生大都投身航空事业为国服务。"机特班"第一届毕业生 25 人,第二届毕业生 7 人,除二人留校,三人出国,其余均于航空委员会及其附属单位服务。截至 1942 年,毕业的本科生共 58 人,其中 30 人就职于航空委员会所属工厂,6 人成为留美空军学生③,航空工程专修班("航专班")14 名毕业生、"航训班"

　　①　相关经历总结自柏实义:《校庆欢腾中忆同窗黄玉珊教授》,载《黄玉珊教授纪念专集》,西安:西北工业大学出版社,1991 年,第 13—14 页;邓宗彦:《著名空气动力学家柏实义教授》,载中央大学南京校友会、中央大学校友文选编纂委员会编:《南雍骊珠中央大学名师传略》,南京:南京大学出版社,2004 年,第 499—500 页。
　　②　中央大学南京校友会、中央大学校友文选编纂委员会编:《南雍骊珠中央大学名师传略》,南京:南京大学出版社,2004 年,第 497 页。
　　③　《中央大学致教育部函》,1942 年 2 月 27 日。中国第二历史档案馆藏南京国民政府时期国立中央大学档案,全宗号 648,案卷号 3008。

50名毕业生全部就职于航空委员会及其附属工厂①。而诸多服务于航空委员会的学生均办理了入伍手续，成为中国空军的一员②。

虽然航空工程系的主要职责在于教学和培养人才，但中大航空工程系在科研方面也承担了一些政府委托的研究任务。如1938年航空委员会委托中大航空工程系研究日本96式驱逐机机翼切形图③，1940年中央大学亦承担了涂布油研究工作并获得了三万余元补助④。此外，中央大学还与交通部、中国滑翔机制造厂等单位建立了密切的合作关系，在派遣学生前往制造厂、修理厂实习的同时，也接纳航空机械学校等单位人员来校实习，与其共同进步⑤。

四、超越"建教合作"——战时大学的服务国家使命

中央大学航空工程系是因应国家和国防的需求而产生的，在同时开办的诸多航空工程系之中最受重视，从筹备到开办到运行，政府对其予以高度关注和重点扶持，在经费、设备、学生实习与就业等方面大力协助。而中大航空工程系也紧紧围绕国家需要，开设针对需求的课程，多种班次结合为国家有关部门输送所需人才，并配合军方进行研究以供前线使用。所培养的人才大都服务于空军及相关工厂，优秀者出国深造，成绩卓越。可以说这是抗战时期中央大学服务国家需要的典型案例。

抗战时期，国民政府对大学采取了一系列加强管控的措施，包括强化三民主义教育、推行训导、强化党团校园活动、人事与教职员管控等，但利用大学资源发展实用科学、研究国防、输送紧缺人才、支援

---

① 《中央大学航空工程系调查表》，1942年，中国第二历史档案馆藏南京国民政府时期国立中央大学档案，全宗号648，案卷号4664。

② 《航空委员会致中央大学函》，1943年4月17日，中国第二历史档案馆藏南京国民政府时期国立中央大学档案，全宗号648，案卷号3008。

③ 《航空委员会致中央大学函》，1938年8月9日，中国第二历史档案馆藏南京国民政府时期国立中央大学档案，全宗号648，案卷号817。

④ 《涂布油研究经费预算》，1940年4月25日，中国第二历史档案馆藏南京国民政府时期国立中央大学档案，全宗号648，案卷号4665。

⑤ 《航空委员会航空机械学校致函中央大学》，1938年6月11日，中国第二历史档案馆藏南京国民政府时期国立中央大学档案，全宗号648，案卷号2334。

前线等亦是大学与国家关系的组成部分。平时,从事教学、培养人才、进行科学研究;战时,举校西迁、助力国防、服务抗战,如此种种皆为大学所承担的国家使命。在此背景下,大学与政府既可以进行"建教合作",为国家提供发展和建设所需的各种人才,又可以在政府的主导下创办实用科系,进行国家所需要的研究,培养国家所需要的人才。中央大学航空工程系从筹办到运行都是在国民政府、航空委员会等机构的主导之下完成的,此案例可以为我们解读战时大学与国家关系提供一个新的视角。此类政府主导的大学专项工作还有许多,对这些案例的进一步研究可为我们补全战时大后方教育史的拼图,呈现战时教育的另一面相。

第二节　中央大学与战时对外文化宣传

全面抗战时期,政府携举国高等文教机构内迁西南,中华文化得以弦歌不辍。在此期间,尽管政府着力发展的是"实科",文、法、商等非战时实用学科的招生名额受到压缩①,但政府也一直对中国文化的研究与弘扬予以重视,各国文化的交流仍在推进②。文化界也坚持自己的职责与使命,从事学术研究和创作。

1938 年 3 月 1 日,中央大学校务会议及战时教育训练委员会常务联席会议决议"在正常课程之中,多开有关战事教程"。经院长同系主任决定,史学系新开课程有金毓黻主讲的"东北民族史",续开课程有缪凤林主讲的"中国民族文化史"、郭廷以主讲的"中国近代史"和"中国现代史"、沈刚伯主讲的"西洋现代史"③。为使战时教育服务

---

① 关于发展实科、限制文法商科的相关统计可参见《全国高等教育概况》,1939 年 3 月。台北"中国国民党中央文化传播委员会党史馆"藏一般档案,档案号 504/172。

② 《行政院附属机关 28 年度上半年工作总检讨报告》,1939 年,台北"中国国民党中央文化传播委员会党史馆"藏一般档案,档案号 506/55.1。

③ 《中央大学与各学院往来函》,档号:648 - 2278,中国第二历史档案馆藏南京国民政府时期国立中央大学档案,1938 年 6 月。

抗战,在国民党中央的批准下①,国民政府教育部要求各校开设"战时教程",并要求各校"斟酌人才、设备及社会需要,增加有关抗战建国之课程"。其中,文学一科要求开设"民族文学、抗战史料"课程②。早在 1938 年 11 月 7 日,朱希祖就同罗家伦校长议设史学研究会,专拨经费搜辑抗战史料,同金毓黻商谈抗战史料搜辑办法③,体现了中大史学系人才培养上承担使命、服务国家的一面。

随着太平洋战争的爆发,中外交流频繁,在与盟国进行军事合作的同时,教育文化方面的交流也恢复展开。蒋介石对中外文化交流予以关注,要求出版《中国文化史》等书便是典型案例。目前已经在中国第二历史档案馆的教育部全宗中发现与该工作相关的档案资料,但并未发现与此有关的学术研究成果。在编写工作中,中央大学的教授或参与写作,或进行评阅,发挥了重要作用。本部分拟以这次蒋介石"钦定"的对外宣传和出版项目为研究对象,对其过程及相关作品的后续流变进行探讨,以作为大学文科学者服务战时工作的一个考察案例。该项工作并未直接对抗战产生助力作用,但这种有利于提高中华文化影响力的外译工作也是战时大学服务国家战略的组成部分,其产生的成果使诸多精品流传后世。

一、出版计划的提出

1942 年 12 月 22 日,蒋介石向教育部发布了机密甲 7333 号手令,其内容为:"对于《中国文化史》《中国哲学史》《中国艺术史》三书,希即编出英文小册,每册长约 10 万字左右,或择现有之简短名著古书译成英文,以便对外宣传也。"④

蒋介石本人对中华文化较为了解,且对其重要性是有一定思考

---

① 《国民党五届六中全会教育报告》,档号:5(2)-319,中国第二历史档案馆藏南京国民政府时期教育部档案,1939 年 1 月 10 日。

② 《教育部令·实施战时教育》,档号:648-2303,中国第二历史档案馆藏南京国民政府时期国立中央大学档案,1939 年 8 月 6 日。

③ 朱希祖:《朱希祖日记》中册,朱元曙、朱乐川整理,北京:中华书局,2012 年,第 945 页。

④ 蒋介石:《手令·机密甲字第 7333 号》,1942 年 12 月 22 日,中国第二历史档案馆藏南京国民政府时期教育部档案,全宗号 5(2),案卷号 474。

的,对中国古代的传统文化也较为看重。《蒋介石日记》中有多处对中国古代经典的引用。早在 1937 年,他便在日记中写道:"孔子在中华民族之地位,应为伦理思想之正宗与政治哲学之鼻祖……"①1942年,他在准备"七七文告"时认为:"以中国传统哲学伦理为主,发扬中国固有文化,恢复国家固有地位,以解放亚洲民族……"②1943 及 1944 年,他曾两次命令国民政府教育部"研究唐代文化"③。为此,国民政府教育部专门拨款六万元加以推进④。可见他对中华文化确有关注。而对学术著作进行翻译引进和外译推广也是国民党中央的部署⑤。他于此时发布上述手令,思考的是编写和翻译关于中国文化、哲学、艺术方面的书籍,以实现对外宣传的目的。

　　国民政府教育部在收到指令后迅速开展工作。该工作被交由其下辖的国立编译馆完成。按照《修正国立编译馆组织条例》,该馆"隶属教育部,掌理教科图书及学术文化书籍之编译事务",有编译"关于学术上之名粹"图书之职责⑥。教育部明令国立编译馆四个月内完成编写人员遴选工作⑦。在提出要求的同时,教育部也对编纂图书工作提供了经费保障,拨款 9.8 万元充当编写图书的稿费⑧。

　　这项文化外宣工作首先需要有供翻译的中文版著作,蒋介石的指示表明可以选择重新编写,也可以选择使用现有名著,编译馆最终选择了前者,并迅速联系国内相关领域的知名专家承担编写工作。

---

①　蒋介石:《蒋中正日记(手稿本)》,1937 年 4 月 18 日,美国斯坦福大学胡佛研究所藏。

②　蒋介石:《蒋中正日记(手稿本)》,1942 年 6 月 22 日,美国斯坦福大学胡佛研究所藏。

③　蒋介石:《手令·机密二字第 2631 号》,1943 年 6 月 4 日,中国第二历史档案馆藏南京国民政府时期教育部档案,全宗号 5(2),案卷号 6。

④　《三十二年度教育部工作总检讨》,1944 年,中国第二历史档案馆藏南京国民政府时期教育部档案,全宗号 5(2),案卷号 6。

⑤　《国民党五届三中全会记录》,1937 年 2 月 19 日,台北"中国国民党中央文化传播委员会党史馆"藏会议档案,档案号 52/157。

⑥　《国民政府令第 3808 号·修正国立编译馆组织条例》,1941 年 6 月 9 日,台北"国史馆"藏国民政府档案,典藏号 001 - 012071 - 00298 - 029。

⑦　《教育部致国立编译馆函》,1942 年 12 月 31 日,中国第二历史档案馆藏南京国民政府时期教育部档案,全宗号 5(2),案卷号 474。

⑧　《国立编译馆呈》,1943 年 3 月 31 日,中国第二历史档案馆藏南京国民政府时期教育部档案,全宗号 5(2),案卷号 474。

编写人员很快得以确定:史学家钱穆负责编写《中国文化史》;唐君毅、冯友兰负责编写《中国哲学史》(各写一册);《中国艺术史》由多人共同编写,梁思成负责建筑部分,傅抱石负责工艺绘画部分,国立编译馆的社会组负责戏剧部分[1]。

尽管教育部一再督促尽快交稿,并要求中文版须于1943年8月之前完成,但这项工作毕竟涉及人员众多,撰写进度未能符合教育部的预期。1944年,国立编译馆才陆续收到了相关书稿,并通过教育部报送蒋介石[2],蒋介石阅后指示"经审定后发行"[3],并将原稿退还教育部。

按照蒋介石的"审定"要求,教育部又另行组织专家对中文版著作进行审查,所邀请的专家均为国内学界名流,撰写的许多意见有批评性及否定性意见,并为每位评审人支付了2 000元审稿费,具体情况如下表:

表六 《中国文化史》等书编写项目编审人员统计表

书名(审查时)	作者	审查人
中国文化史概论	钱穆	柳诒徵 *
中国哲学史略(两册)	唐君毅 *	张君劢
中国哲学之精神	冯友兰	吴稚晖
中国艺术史建筑篇(两册,另附图片)	梁思成	茅以升 *
中国戏剧史	国立编译馆社会组	赵太侔
中国之工艺	傅抱石 *	马衡
中国之绘画	傅抱石 *	吕凤子

资料来源:国立编译馆:《编审情况表》,1944年8月10日,中国第二历史档案馆藏南京国民政府时期教育部档案,全宗号5(2),案卷号474。

注:标注 * 者为中央大学在职教师或兼职教师。

---

① 《国立编译馆致教育部函》,1943年2月11日,中国第二历史档案馆藏南京国民政府时期教育部档案,全宗号5(2),案卷号474。

② 《教育部致蒋介石函》,1944年6月23日,中国第二历史档案馆藏南京国民政府时期教育部档案,全宗号5(2),案卷号474。

③ 蒋介石:《手令·侍秘字第23378号》,1944年7月15日,中国第二历史档案馆藏南京国民政府时期教育部档案,全宗号5(2),案卷号474。

然而,中文版工作完毕之后,全面抗战已接近尾声,并未见原定的外译工作的跟进记载,这一"对外宣传"工程未见下文,其遗产便是应蒋介石要求撰写的七种中国专题史学术专著。

综合以上的论述可以看出,蒋介石对于中国文化确实较为关注和重视,而且在国际格局发生变化的情况之下,他将中华文化的对外传播作为对外文化交流的重要内容加以推进。对于相关图书的编写过程,蒋介石也予以跟进关注。虽未见其在"对外宣传"中取得效果,但参与编写工作的人员均为国内相关领域的知名专家,其作品成为相应领域内的标志性学术成果。

二、相关书稿的版本流传与演变

此次编写工作共有成果七种九册,因所有作者在其相关作品前言、后记等部分及之后流传的作者忆述史料中均未见与本次编写工作相关的记载,故只能依据现有著作及当时留存之部分审查报告进行版本推断。

在此计划中,钱穆负责编写蒋介石首先提及的《中国文化史》一书。此时的钱穆在史学界的地位自然不必赘述,他正辗转于西南多所大学担任教职,同时与官方有着较为密切的关系。他曾于 1942 年被蒋介石两次召见[1],其中 6 月 22 日应邀与蒋介石谈话一小时左右,并与蒋共进午餐,谈话主题为"宋明理学"[2]。蒋称赞钱穆是"对中国历史与哲学有研究者也"[3]。次年,钱穆应邀为中央训练团党政高级训练班做主题为"中国文化传统之演进"的教务报告[4]。可见其地位受到蒋介石和政府高层的高度肯定。

而查遍目前钱穆存世著作,并无以《中国文化史概论》为书名者,

---

① 韩复智:《钱穆先生学术年谱　卷三》,北京:中央编译出版社,2012 年,第 835 页。

② 《蒋中正与钱穆讨论宋明理学儒家思想等谈话纪要》,1942 年 6 月 22 日,台北"国史馆"藏蒋中正文物,典藏号 002－080114－00018－009。

③ 《蒋中正档案·事略稿本》,1942 年 6 月 22 日,台北"国史馆"藏蒋中正文物,典藏号 002－060100－00165－022。

④ 《中央训练团党政高级训练班开课后三周教务报告》,1943 年,台北:"国史馆"蒋中正文物,典藏号 002－080300－00047－004。

名称较为类似的是 1948 年出版发行的《中国文化史导论》。作者在该书序言中说,该书的下笔"是民国三十年间事"①,在该书修订版序中也指出:"本书写于民国三十年中日抗战时期,为余写成《国史大纲》后,第一部进而讨论中国文化史有系统之著作。"②据此可推定该书成书于民国三十年前后,作者所言的"民国三十年间"及"民国三十年中日战争期间"均不似确指。在本书的"补跋"中,钱穆记载,其于 1987 年"整理旧稿时,获此四十年前笔记",而笔记的开头即"本书成稿后五年……"③可见本书成稿时间约为 1942 年,与前文所述之时间较为贴近。

在时间上可以作为另外一处旁证的是从 1943 年 6 月起,《思想与时代》杂志开始刊发钱穆撰写的一系列关于中国文化的文章。这些文章后来都成为《中国文化史导论》书中的章节,见下表:

表七　《中国文化史导论》与《思想与时代》篇目对照表

《思想与时代》刊发期号	刊发文章名	《中国文化史导论》章节号	章节名称
1943 年 6 月第 23 期	古代观念与古代生活	第 3 章	古代观念与古代生活
1943 年 9 月第 26 期	古代学术与古代文字	第 4 章	古代学术与古代文字
1943 年 10 月第 27 期	从秦始皇到汉武帝	第 5 章	文治政府之创建
1943 年 11 月第 28 期	新社会与新经济	第 6 章	社会主义与经济政策
1943 年 12 月第 29 期	新民族与新宗教之再融合	第 7 章	新民族与新宗教之再融合

① 钱穆:《弁言》,1948 年 5 月 29 日,见钱穆:《中国文化史导论》,北京:商务印书馆,1994 年,第 7 页。

② 钱穆:《修订版序》,1987 年,见钱穆:《中国文化史导论》,北京:商务印书馆,1994 年,第 1 页。

③ 钱穆:《补跋》,1987 年,见钱穆:《中国文化史导论》,北京:商务印书馆,1994 年,第 1 页。

（续表）

《思想与时代》刊发期号	刊发文章名	《中国文化史导论》章节号	章节名称
1944 年 1 月第 30 期	个性伸展与文艺高潮	第 8 章	文艺美术与个性伸展
1944 年 2 月第 31 期	宋以下中国文化之趋势	第 9 章	宗教再澄清、民族再融合与社会文化之再普及与再深入
1944 年 3 月第 32 期	东西接触与中国文化之趋向	第 10 章	中西接触与文化更新

资料来源：《思想与时代》月刊，1943 年至 1944 年；钱穆：《中国文化史导论》，北京：商务印书馆，1994 年。

　　由上表可以看出，《思想与时代》月刊在 1943 至 1944 年连续刊载了钱穆有关文化史的系列文章，而无论从内容上还是从顺序上，该系列文章与《中国文化史导论》的篇章设置都较为相关，因此《中国文化史导论》主要篇目的成文时间应大约在 1943 至 1944 年。

　　除上述证据之外，柳诒徵应邀为钱穆撰写的《〈中国文化史概论〉审查报告》也为判定该书是否即现在流传的《中国文化史导论》提供了线索。除称赞钱穆"治史功力，人所共知，其超越并世作家者，在其哲学之理解，文学之天才"，"比勘中西，独具要领，指出中国文化干流、民族特性，由地理气候环境自始即与西方不同……其行文之超越处：能写出史实内蕴与其历累曲折之故，发前人所未言，俾尽人以易解，为史学杰出之名著"外，柳诒徵在报告中为该书提出了两条细节上的意见。其一是"如第四章注称尧典为战国以下之作品"，柳诒徵批注："孟子也，非尧典。"其二是"第八章：乡土伦理（忠）"，柳诒徵批注："此语未知所奉。"①这两处建议在目前可见的《中国文化史导论》中均可找到对应位置。该书第四章有"《尚书》里保留着不到二十篇

---

　　①　柳诒徵：《〈中国文化史概论〉审查报告》，1944 年 9 月 17 日，中国第二历史档案馆藏南京国民政府时期教育部档案，全宗号 5(2)，案卷号 474。

商、周两代重要的政治文件。(《尚书》分今、古文两种本子,古文《尚书》出后人编纂与伪造。即今文《尚书》亦不尽可信,如《尧典》《禹贡》等,大概尽是战国时代人之作品。)"[①],第八章有"再从此渗透到中国人传统的家族宗教(孝)与乡土伦理(忠),若依近代术语说之,'孝'的观念起于'血缘团体','忠'的观念起于'地域团体'"[②]将柳诒徵的总体评价、修改意见与原文进行对照,加之前文的时间界定,可以说明《中国文化史导论》一书基本与 1944 年钱穆向国立编译馆提供的《中国文化史概论》书稿是同一本。当然,钱穆极有可能是在此之前已撰写该书全部或部分书稿,在国立编译馆约稿后予以提供,也可能是在国立编译馆约稿后开始进行撰写工作,但此书稿曾提交给国立编译馆以完成"对外宣传"项目是确定无疑的。

《中国文化史导论》一书是钱穆在抗战时期继《国史大纲》后推出的又一部力作,该书较为系统地阐述了钱穆对中国文化史的观点。正如许多学者所指出的那样,本书的可贵之处在于不仅仅针对中国文化进行论述,也论及中西文化的差异问题。这体现了钱穆作为一名国学学者对西方文化的关注及对中西文化的深入思考。该书虽篇幅不长,但仍被视为钱穆先生的重要代表作,对日后的中国史研究产生了重大影响。

《中国哲学史》也是蒋介石要求编纂的三本小册子之一,国立编译馆同时邀请了唐君毅、冯友兰两位知名学者分别编纂一册。在交稿时,唐君毅所著的成果名为《中国哲学史略》,冯友兰所著的成果名为《中国哲学之精神》。

冯友兰现存著作目录中,确有《新原道·中国哲学之精神》一册名称与此相关,该书篇幅也不算不长,1945 年 4 月由重庆商务印书馆出版,出版时命名为《新原道》,又名《中国哲学之精神》。作者的《自

---

①　钱穆:《古代学术与古代文字》,载钱穆:《中国文化史导论》,北京:商务印书馆,1994 年,第 65 页。

②　钱穆:《文艺美术与个性发展》,载钱穆:《中国文化史导论》,北京:商务印书馆,1994 年,第 162 页。

序》落款处载明完成于民国三十三年六月,并且指出曾由英国友人协助翻译成英文,在伦敦出版①。从该书的成书时间及书名可以判断,该书即提交给国立编译馆的书稿。

《新原道·中国哲学之精神》作为冯友兰先生"贞元六书"(《新理学》《新事论》《新世训》《新原人》《新原道》《新知言》)之一,已经受到哲学史学界的充分重视。该书对古代中国重要哲学流派进行了分析,是冯友兰哲学史著作体系中的重要组成部分。

相对而言,当时任教于国立中央大学的唐君毅编写的《中国哲学史略》(共两册)的线索更难寻找。唐君毅现存哲学著作中并无与之名称相近者,而从张君劢为其撰写的审查报告中可以窥得该书的一些基本情况:

> 此书之写成,富于自出心裁。如道德批评之流行,道德理想之自觉。中和文化理想之自觉三段。皆著者从中国思想之特点出发,为前人所未道。及孔子、老子、墨子、孟子、庄子、荀子各章,亦极得六家精粹。视胡氏冯氏哲学史自有进步。
>
> 据来示所云将译成英文,以宣扬与国外,则尤其应注意之处。欧美人著哲学史,常将各家学说贯穿胸中之后,以自己之文词,写古人之思想。文章起伏如行云流水,而我国此模仿西方而有哲学史以来,每以古人成句充斥每节,每句之下略加以解释而已。唯其用原著者之成句太多,而以自己此句写史中人物之思想太少。读之者得其中之一大堆引语,而各家之所以为各家,与各家中甲乙丙丁质可以互为比较者,每位能加以注意,因而西人每批评我国人所著之哲学史,谓之为成语之堆积。此书既为宣扬本国文化之书,务请贵会商诸著者,对于成语之可改为自己语者,尽量加多。

---

① 冯友兰:《自序》,1944年6月,载冯友兰:《新原道·中国哲学之精神》,上海:商务印书馆,1945年,第1页。

全书共 15 章,宋明以后不过两章。对于宋明以后各家之学说,未能大家发挥,上古与近古不免而不相称。近代新儒家之思想,视孔孟严密处甚多。自可分若干章,以阐发之。此书既为哲学,则与思想演变之关键,宜多着墨。如佛教出来时中国之反应与其逐渐接受之故,是不可忽略,即及高僧所译之书,宜择要列举原名。中国自创各宗为我国人对于思想之纳吐,尤可表现我国人之创造力,不妨多加说明。即宋明儒者自受佛教影响后,提出心性理气天人等,以为是其学说之基本概念,此为彼等之方法与系统所在,亦应为之表彰。阳明及其后之反王运动之由来,文中所述亦嫌太略,东西文化接触一段一页了之,亦令西人读之者难以琢磨。最后,哲学史之译文最为不易,但诧之能写英文之人非必能译成文词流畅而意义正确之哲学书。此尤不可不慎选其人,以从事之者也。①

从中可看出,张君劢对该书的评价较高,从其中可以窥得,此书共 15 章,其中对于中国古代思想家孔子、老子、墨子、孟子、庄子、荀子等单独列章叙述,最后两章内容介绍宋明之后的哲学,且书中贯穿了道德批评之流行,道德理想之自觉,中和文化理想之自觉等主旨思想。而就缺点方面,张君劢认为其叙述手段过于传统,不符合欧美人撰写和阅读哲学史的习惯。从此可见,张君劢对唐君毅的著作本身之内容并无批评意见。

但就唐君毅现存著作而言,并无结构或篇目上符合此特点者,但其关于中国哲学之论述,既散见于大量文章之中,后又整理出版了《中国哲学原论》丛书,该丛书对以上所涉及的内容均有更加深入的叙述。故原版的《中国哲学史略》可能并未直接发行,但其相关成果为唐君毅之后的著作提供了基础。不过,这两卷系统性论述中国古

---

① 张君劢:《〈中国哲学史略〉审查报告》,1944 年 9 月,中国第二历史档案馆藏南京国民政府时期教育部档案,全宗号 5(2),案卷号 474。

代哲学史的著作未面世,不得不说是一件憾事。

《中国建筑史》(两册)的版本也较容易确定。目前可见的梁思成所著《中国建筑史》的书籍后记中注明:"这部《建筑史》是抗日战争期间在四川南溪县李庄时所写。"①可见该书很有可能就是在当时应要求所撰写的《中国建筑史》基础上出版的。1953年,该书准备作为讲义交付油印时,梁思成认为书中一些论述与当时的政治环境不符,所以不想公开发行。但到1955年时,该书被教育部教材编审处编印,后经多次修改再版,流传至今。该书以时间为序,叙述了从上古至明清中国的建筑发展史,虽经多次修改再版,原结构并无较大变动。该书的一大特色是对建筑图片之重视,梁思成一再强调"见"对于造型美术研究的重要性②,因此该书在送交国立编译馆时便附有图片百余幅,这也为其后出版的《图像中国建筑史》提供了素材。因原《中国建筑史》交付的时候即已注明另附图片若干卷③,故这也可以作为该书版本考证的一个依据。

时任国立中央大学教授傅抱石先生在此次编写任务中负责《中国之绘画》和《中国之工艺》两册。现存傅抱石关于绘画史的著作主要是其1931年出版之《中国绘画变迁史纲》,而与上述《中国之绘画》名称相似之成果为《中国古代绘画之研究》,目前所见之版本根据手稿本整理,有记载言其"1940年11月8日撰成"④。该稿分"中华民族文化的原始形成""美术史上的分期问题""绘画的起源问题""殷周及其以前的绘画""面目一新的秦代""道家思想盛行和外来影响并发的汉代"六部分⑤,从目录可见现存稿并未完成,仅写到汉代,但其目

---

① 梁思成:《油印本付印前言》,1954年1月,载梁思成:《中国建筑史》,中华人民共和国高等教育部教材编审处1955年编印,第1页。

② 林洙:《〈中国建筑史〉增补版前言》,2009年5月,载梁思成:《中国建筑史》,北京:生活·读书·新知三联书店,2011年,第3页。

③ 国立编译馆:《编审情况表》,1944年8月10日,中国第二历史档案馆藏南京国民政府时期教育部档案,全宗号5(2),案卷号474。

④ 叶宗镐:《傅抱石年谱》,上海:上海书画出版社,2012年,第66页。

⑤ 傅抱石:《傅抱石论艺》,上海:上海书画出版社,2010年,第127—152页。

的是系统梳理历代绘画,是对其《中国绘画变迁史纲》的发展,鉴于时间相近,很可能与为国立编译馆撰写的《中国之绘画》有相关性。其另一部《中国之工艺》一书,分玉器、铜器、陶瓷、漆器、铁器五专题,但为其撰写审查报告的北京大学教授马衡对此评价不甚正面①,其流传亦不可考。

小 结

抗日战争后期,随着国际格局的变化,蒋介石及国民政府逐步意识到对外文化宣传的重要性,推动了一系列对外文化宣传工作的开展,本书所论述的《中国文化史》等图书的编写工作便是其中一例,可见虽然此时中国所处国际地位并不甚高,但蒋介石对中华文化保持着信仰,并抱有相当的自信。此项工作亦为蒋介石本人"大中华文化观"的重要体现。中央大学相关教师对该计划有较为深度的参与,包括中文稿的撰写和审查。该项"对外文化宣传"工作最终所形成的宣传效果因资料缺失,无从考证,但其形成的部分成果,有的为流传至今之学术精品著作,有的为相关学者日后研究及成果的基础,从此角度说,该项工程对于中国相关学科学术史具有一定意义,也是对中国传统文化研究的贡献。在今天我们回顾此段历史,不仅可以梳理该项工作为我们留下的宝贵的学术遗产,而且可以看出当时教育界为文化宣传所做的积极努力。

本章所述的两个案例分别选取理工科和文科服务抗战与战时参与。其实除此之外,土木工程、水利工程、医学、国际问题研究、边政研究等与战时国家所需业务息息相关的学科上,中央大学相关学院科系均有一定参与和贡献,同时在战时宣传、战时服务、青年从军和

① 马衡:《〈中国之工艺〉审查报告》,1944年9月,中国第二历史档案馆藏南京国民政府时期教育部档案,全宗号5(2),案卷号474。

"建教合作"方面中央大学亦参与其中。国家对抗战的参与并非直接军事教育或者直接参军,而是通过自身的努力为抗战大业进行助力,各大学师生并未直接上战场与敌人拼杀,但尽自己的努力为抗战进行贡献也是爱国精神的重要体现。这既是政府要求的结果,也是学校师生的国家使命感使然,这种积极服务国家的办学方式也是罗家伦校长任内所大力提倡的。在考察战时大学与国家关系的过程中,笔者认为,各高校对服务国家、服务抗战所做的努力和贡献也应被考虑在内,而关于战时大学服务国家的细节还有待深入研究和发掘。

第二章

战时中央大学经费研究

在任何年代，充足的经费都是大学得以正常运转的重要基础，离开充足的经费，大学的教学、研究和运作便无从谈起。而在近代中国，教育经费作为教育事业所面临的主要问题之一，一直困扰着国民政府、教育部和学校，其中既包括教育经费的数量，也包括教育经费的来源和结构，以及经费的分配和支出问题，同时还涉及与经费息息相关的师生员工生活、学校的校产设备等问题。在战时，国立大学的经费分配属于中央政府的职权，经费与"政学关系"密不可分，受到与政府关系密切程度的影响，成为政府管控、调节各校的手段。而与之相对，学校也高度依赖政府的拨款，以维系其生存和发展。在经费问题上，校方与政府形成了政府管控与校方依赖的双重关系。

但由于经费问题所涉及的账目、表格等资料繁杂琐碎，梳理困难，且涉及民国时期财政领域的财经术语和专业知识，对大学经费进行系统性专门研究的成果数量并不太多。而具体到中央大学，许小青曾经对南京国民政府成立初期中央大学的"维护学校经费运动"进行了研究①，蒋宝麟则对20世纪30年代初期中央大学经费"国立化"进行了探讨②。

---

① 许小青：《政局与学府：从东南大学到中央大学（1919—1937）》，北京：中国社会科学出版社，2009年，第146—159页。

② 蒋宝麟：《财政格局与大学"再国立化"：以抗战前中央大学经费问题为例》，《历史研究》2012年第2期，第83—100页。

亦有学位论文的部分章节对此进行了论述①。然而到了全面抗战期间，大量国家经费被用于军事，由此用于大学的经费非常紧张，虽然政府已经全力保障教育经费尽量正常拨付，但各内迁高校大都艰难运作，此时之大学经费状况尚需系统研究与梳理。同时，国立大学经费主要来源于政府拨款，考察国立大学的经费并进行相应比较亦可观察出其与政府关系的基本情况。本书拟以中央大学为例，通过梳理其1937—1945年的经费状况，在厘清事实的基础上体察财经视角下大学与政府之关系。

第一节　中央大学经常费预算情况

在当时的财政预算体系之下，由财政拨款的公立单位预算通常分为"经常费"与"临时费"两种，此分类为国际通用的财经术语，并非民国法律所明文规定或区分，按照财经著作的说法，二者的区分虽本为时段计（常年的为经常费，短期的为临时费，但亦有其他说法②），且这种分类在现今中国大陆的财政用语中已不存在，但其执行上，"经常费"与"临时费"有些类似于现代财政术语中的"基本支出"和"项目支出"③。经常费按照年度申报与拨付，而临时费则时间不定，拨付频繁，故全面考察某一规模较大的公立学校的临时费几乎难以操作。因此本书以经常费为视角进行考察。

在全面抗战爆发之前，中央大学每年之经常费预算数大抵维持在相对稳定的状态。自"再国立化"完成之后，学校的经费由中央拨付，年度经常费通常稳定在150万元至200万元（货币为法币，下

---

①　如周吟霜：《战时中央大学内部治理体系研究》，南京大学硕士学位论文，2018年，第71—90页。

②　可参见高叔康编著：《经济学新词典》，台北：三民书局股份有限公司，1985年，第272—273页。

③　但按照现在的财经制度，即使是项目支出，通常也应按照单位编列于年度预算之中，而当时的临时费则经常临时追加，并不严格按照年度预算执行。

同),其支出除日常费用外,还包括牙医院、游泳池等的建设和图书、仪器、化学药剂等的采购①。经常费一旦不敷开支,中央大学亦可向上级申请临时费予以弥补,虽经费谈不上非常充裕,但大抵可以满足基本需求。

但随着抗战的全面爆发,高等院校陆续西迁,国家财政状况面临着相当困难的局面。内迁伊始,高校经费不得不"打折"拨付,但随着战局稳定及对教育的重视程度加强,此后之经常费有一定的增长和追加,在恶性通货膨胀发生后,经费更是不得不大幅增长,以应对不断暴涨的物价水平。

表一　全面抗战期间中央大学历年经常费预算情况

年份	1937	1938	1939	1940	1941	1942	1943	1944	1945
预算数额(万元)	172	171.5	120.4	125.7	243.220 2	401.286 3	663.552 2	1 255.623 9	2 584.08

资料来源:中国第二历史档案馆藏南京国民政府时期教育部档案战时各年度预算、概算表格,全宗号5(2),案卷号355,34,354,37,368,30(3),388(2),389。部分数据参考了该馆藏南京国民政府时期国防最高委员会档案。

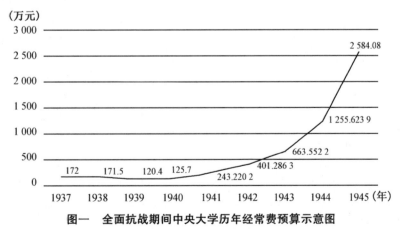

图一　全面抗战期间中央大学历年经常费预算示意图

资料来源:同表一。

---

① 《国立中央大学概况》,载《国立中央大学十周年纪念册》,1937年,中国第二历史档案馆藏南京国民政府时期国立中央大学档案,全宗号648,案卷号751。

上图中除 1938 年预算数根据半年度数值推算而得之外，其余均源自教育部的官方预算统计资料。图中可见经费最困难的是 1939年，当年的经费按照此前标准经常费 172 万元"打七折"发放，但在此之后局面有所改善。仅从经常费预算数上来看，此后经费大幅增长，这首先是通货膨胀造成的货币贬值缘故，其次也有政府对教育经费保障程度提高的原因。

第二节　与其他高校经常费预算的比较

以上为中央大学战时历年经常费预算在数量上的变化情况，而国立高校的经费是由当局分配的，和其他国内主要高校相比则可以看出中央大学经费数的相对高低。限于篇幅，下文选择了三个典型年份对比当时国内部分主要国立高校（由中央/教育部承担经费）的经常费预算数额。

表二　1937 年部分主要国立高校预算统计表

校名	经常费预算数额（万元）	相对比值
中央大学	172	0.888 429 752
中央政治学校	113.911	0.588 384 298
浙江大学	78.909 3	0.407 589 36
武汉大学	99.71	0.515 030 992
厦门大学	29	0.149 793 388
中山大学	193.6	1
北京大学	94	0.485 537 19
清华大学	120	0.619 834 711
四川大学	70.397 6	0.363 623 967
同济大学	75.4	0.389 462 81
湖南大学	53.6	0.276 859 504
暨南大学	63.066 4	0.325 756 198

（续表）

校名	经常费预算数额(万元)	相对比值
山东大学	55.278 2	0.285 527 893
北平大学	143.711	0.742 307 851
北平师范学院	89.771 2	0.463 694 215
北平工学院	34.1	0.176 136 364

资料来源:《中华民国二十六年度普通国家岁出总预算数目表(教育文化经常费)》,1938年整理,中国第二历史档案馆藏南京国民政府时期教育部档案,全宗号5(2),案卷号355。

注:1　相对比值为笔者为直观比较经费分配情况的算法,即该校经费与当年经费最多之学校的比值。

2　表中国立北京大学、国立清华大学在全面抗战爆发后与私立南开大学组为长沙临时大学,后在昆明组成国立西南联合大学;北平大学、北平师范学院和北平工学院组成西安临时大学,后改为西北联合大学。

3　中央政治学校虽直接隶属于国民党中央,但其预算一直列在教育部高等教育门类之下,为比较起见,本表及之后各表有涉及该校的均列入。

上表数据为1937年预算数目,编列时全面抗战尚未爆发,从中可见战前各高校经费的大致分配情况。当时教育部统计共有高等院校94所,经费总数为29 809 291元[①]。中山大学、中央大学两校规模较大,且与政府关系密切,经费数也位居国内高校前两名。经费数额虽然与学校规模、学科结构等许多因素相关,理论上大型综合性高校经费数量应该较多,但中央大学、中山大学两校的经费数倍于其他综合性大学,可见其无论从规模还是从政府重视程度上均远高于其他国立高校,在资源配置方面确实占据了重要地位。而当年中央政府的总岁出预算为100 064.949 6万元,其中教育文化支出为4 293.436 8万元,约占岁出总额的4.29%,中央大学的经费预算占教育文化预算的比重约为4.01%[②]。这也可以代表战前正常的经费比例情况。

---

① 《全国高等教育概况》,1939年3月,台北"中国国民党中央文化传播委员会党史馆"藏一般档案,档案号504/172。

② 国民政府主计处编:《中华民国二十六年度国家普通岁入岁出总预算》,1937年7月1日,台北"国史馆"藏"司法院"档案,典藏号015-030400-0056。

　　而再以图一中经费数额由低转高的重要年份——1942年为例，可观察到抗战中期经费预算的分配情况。

表三　1942年部分主要国立高校预算统计表

学校名称	经常费预算数额（万元）	相对比值
中央大学	401.386 3	0.573 409
中央政治学校	700	1
中山大学	367.005 9	0.524 294 143
西南联合大学	371.444 4	0.530 634 857
同济大学	141.475 2	0.202 107 429
武汉大学	183.036 6	0.261 480 857
暨南大学	104.471 2	0.149 244 571
西北大学	104.109 6	0.148 728
厦门大学	88.739 1	0.126 770 143
四川大学	187.304 6	0.267 578
东北大学	72.385 8	0.103 408 286
浙江大学	205.668 1	0.293 811 571
湖南大学	203.413 4	0.290 590 571
复旦大学	120	0.171 428 571
广西大学	168.616 5	0.240 880 714
云南大学	145.219 4	0.207 456 286
中正大学	99.516	0.142 165 714
山东大学保管处	2.116 8	0.003 024
国立师范学院	88.536	0.126 48

　　资料来源：《中华民国三十一年度教育部经费预算表》，1942年，中国第二历史档案馆藏南京国民政府时期教育部档案，全宗号5(2)，案卷号364。

　　由上表可以看出，此时随着抗战局势的演变，国内高校的结构较前已经发生了重大变化。国民党直属中央政治学校的职能并非高等教育，但此时经费已遥遥领先于其他国立高等院校。而在真正的国立高等院校当中，中央大学经费数量最多。在1937年（表二）的预算数据中,北京大学、清华大学预算之和为 214 万元,再加上私立南开大学的经费,当年三校之和必然大幅超过中央大学,而 1942 年三校合并组成的国立西南联合大学的经费数则稍小于中央大学所得经费。同样是"联合大学"的比较,1937 年北平大学、北平师范大学的经费之和亦超过中央大学许多,而到了 1942 年,在经历了政治风潮之后,由上述二校演变而来的西北大学之经费则仅为中央大学的约四分之一。战时一些私立、省立院校改为国立,并新设了多所国立的师范学院和专科学校,由中央政府负担经费的学校数量有所增加,但不能因此挤占原有高校的经费额度,故用于高等教育的总体支出势必大幅增加,同时物价也是促使经费增长的原因之一。1942 年中央政府的总预算岁出金额为 595 740.970 0 万元,教育文化支出为 36 588.498 1 万元,约占总预算比重为 6.14%,中央大学经常费支出占教育文化类经常费支出的比例约为 1.1%[①]。

　　而在抗战即将结束的 1945 年,恶性通货膨胀加剧,物价不断飞涨,原有经费数额已经远远无法满足学校的支出需求,经费数额在此时与前些年相比则呈现倍数增长。

表四　1945 年部分主要国立高校预算统计表

学校	经常费预算数额(万元)	相对比值
中央大学	2 584.08	0.556 177 816
中央政治学校	4 646.14	1
中山大学	1 814.32	0.390 500 501
中正大学	651.78	0.140 284 193
交通大学	932	0.200 596 624
英士大学	571.59	0.123 024 704
暨南大学	458.61	0.098 707 744

---

　　① 计算依据为《中华民国三十一年度国家岁出总预算表》,1942 年,载中国第二历史档案馆编:《中华民国史档案资料汇编·第五辑·第二编·财政经济(一)》,南京:江苏古籍出版社,1997 年,第 224—225 页。

学校	经常费预算数额（万元）	相对比值
西南联合大学	2 137.77	0.460 117 431
西北大学	535.95	0.115 353 821
武汉大学	997.2	0.214 629 779
厦门大学	506.83	0.109 086 252
四川大学	1 250.37	0.269 120 173
云南大学	1 117.3	0.240 479 193
广西大学	957.62	0.206 110 879
贵州大学	901.26	0.193 980 379
湖南大学	679.7	0.146 293 482
河南大学	470.5	0.101 266 858
山西大学	280	0.060 265 08
重庆大学	715.5	0.153 998 803
同济大学	782.22	0.168 359 111
复旦大学	700.6	0.150 791 84
国立师范学院	557.72	0.120 039 431

资料来源：《中华民国三十四年度国家总预算岁出分表》，1945 年，中国第二历史档案馆藏南京国民政府时期教育部档案，全宗号 5(2)，案卷号 389。

　　由上表可见，中央政治学校继续占据最多的高等教育经费支出，中央大学此时仍然位列其他各国立高校预算金额之首，西南联大、中山大学紧随其后，三校合并的西南联大经费此时仍未超过中央大学，同为"联合大学"的西北大学经费数相对比值约下降到了中央大学的五分之一。四川大学、云南大学等大后方原有高校的经费相对而言有所上升。此时由中央承担经费的高校数量仍在增加，由于通货膨胀，各校经费数额均大幅上升，中央大学的预算数额比三年前增长了六倍有余。1945 年的中央政府总预算岁出 26 384 413.890 0 万元，其中教育部主管支出为 790 421.500 0 万元（科目调整，即原教育文化支出），占比约为 3%，中央大学经常费预算占教育部主管支出经常费比值约为 0.33%[①]。

应该说,年度经常费预算数可以在一定程度上反映教育部的资源配置情况,虽然经常费预算与实际拨款数额并不完全对应,且有相当数量的临时费列支,但政府拨款的计划与政学关系、学校规模、学科分布等因素具有相关性。中央大学作为首都的主要高校,与政府关系密切,学校规模庞大,学科齐全,多种因素之下,该校经费一直处于国立大学之前列,大多数年份更是居首。而学校经费状况亦反映了国家财政局面的变化,以及对高等教育投资的重视程度。

第三节　宏观比较:总预算与物价

从数值上观察中央大学的经费预算仅可得出数值的增减变化,而国家预算的总体情况、物价对于理解学校经费预算也有着参考意义。

表五　全面抗战时期国家总预算岁出总额变化情况表

年份	1937	1938	1939	1940	1941
岁出金额(万元)	100 064.949 6	85 641.270 0	170 551.287 9	248 807.468 5	460 960.174 1

年份	1942	1943	1944	1945
岁出金额(万元)	595 740.970 0	3 623 641.400 0	6 590 707.036 5	26 384 413.890 0

资料来源:国民政府主计处编,《中华民国二十六年度国家普通岁入岁出总预算案》,1937 年 7 月 1 日,台北"国史馆"藏"司法院"档案,典藏号 015－030400－0056;国民政府主计处编,《中华民国二十七年度国家普通岁出总预算案》,1938 年,台北"国史馆"藏"司法院"档案,典藏号 015－050400－0057;国民政府主计处编,《中华民国二十八年度国家普通岁出总预算案》,1939 年,台北"国史馆"藏"司法院"档案,典藏号 015－030400－0058;国民政府主计处编,《中华民国二十九年度政府岁出总预算案》,1940 年,台北"国史馆"藏"司法

---

① 国民政府主计处编:《中华民国三十四年度国家总预算》,1945 年,台北"国史馆"藏"司法院"档案,典藏号 015－030400－0111。

院"档案,典藏号 015 - 030400 - 0059;国民政府主计处编,《中华民国三十年度政府岁出总预算案》,1941 年,台北"国史馆"藏"司法院"档案,典藏号 015 - 030400 - 0060;《中华民国三十一年度国家岁出总预算表》,1942 年,载中国第二历史档案馆编,《中华民国史档案资料汇编・第五辑・第二编・财政经济(一)》,南京:江苏古籍出版社,1997 年,第 224—225 页;《国家岁入岁出总预算(二十五七月至三十二年)》,《工业经济参考资料》1945 年第 9 期,第 29—30 页;国民政府主计处编,《中华民国三十三年度政府岁出总预算案》,1944 年,台北"国史馆"藏"司法院"档案,典藏号 015 - 030400 - 0065;国民政府主计处编,《中华民国三十四年度国家总预算案》,1945 年,台北"国史馆"藏"司法院"档案,典藏号 015 - 030400 - 0111。

（万元）

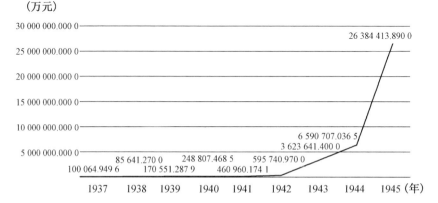

图二　全面抗战时期国家总预算岁出总额变化情况图

资料来源:同表五。

从上图可以窥见政府的总预算岁出的变化情形,在全面抗战爆发伊始,政府财政稍有缩紧,但其后经济状况有所缓和。影响总预算数额增加的因素不仅有经费投入,而且包括通货膨胀引发的物价上涨。

从教育经费看,其变化情况见下表:

表六　全面抗战时期国家教育预算支出总额变化情况

年份	1937	1938	1939	1940	1941
教育经费金额（万元）	4 293.436 8	1 820.953 2	4 040.992 8	6 046.889 2	13 634.617 6
教育经费占总预算比	4.01%	2.12%	2.37%	2.43%	2.96%

（续表）

年份	1942	1943	1944	1945
教育经费金额（万元）	36 588.498 1	6 512.140 0	246 220.446 8	790 421.500 0
教育经费占总预算比	6.14%	1.8%	3.74%	3%

资料来源：同表五。

注：教育经费为总预算表格中的"教育文化支出"或"教育部主管支出"（不同年份科目类别有所不同）的总额数字，包括经常费与临时费。

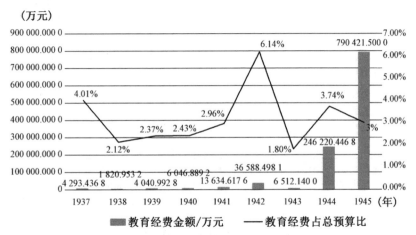

图三 全面抗战时期国家教育预算支出总额变化情况

资料来源：同表六。

从以上两幅图表可见，战时教育经费金额总体虽大幅上涨，但大多数年份教育经费占总预算的比值低于战前，这表明战争导致了教育经费的总体拮据。但相对而言，战时教育经费支出比重仍维持在稳定状态，说明此时的教育支出还是可以基本保证的。这与战时陈立夫为首的教育部积极争取蒋介石的关照有较大关联①。

---

① 蒋介石经常指示增加教育经费，如1942年其下令增加教育经费百分比，并要求当时的行政院执行。参见《蒋介石手令·侍秘字第18618号》，1942年8月19日，中国第二历史档案馆藏南京国民政府时期教育部档案，全宗号5(2)，案卷号680。

以上是国家财政和教育类经费的基本情况,而具体到本书所论述的中央大学,笔者所比较的是中央大学经常费占教育类经常费的比重:

表七　中央大学经常费与教育类经常费对比表

年份	1937	1938	1939	1940	1941
中央大学经常费数额（万元）	172	171.5	120.4	125.7	243.220 2
教育类经常费数额（万元）	4 293.436 8	1 795.790 9	3 608.414 2	5 112.273 2	2 530.169 4
占比	4%	9.55%	3.34%	2.46%	9.6%
年份	1942	1943	1944	1945	
中央大学经常费数额（万元）	401.286 3	663.552 2	1 255.623 9	2 584.08	
教育类经常费数额（万元）	23 987.462 3	暂缺	64 899.273 5	96 006.16	
占比	1.67%	暂缺	1.93%	2.69%	

资料来源:中国第二历史档案馆藏南京国民政府时期教育部档案中相关预算及概算表格,全宗号5(2),案卷号355,34,354,37,368,30(3),388(2),389;国民政府主计处编,《中华民国二十六年度国家普通岁入岁出总预算案》,1937年7月1日,台北"国史馆"藏"司法院"档案,典藏号015－030400－0056;国民政府主计处编,《中华民国二十七年度国家普通岁出总预算案》,1938年,台北"国史馆"藏"司法院"档案,典藏号015－050400－0057;国民政府主计处编,《中华民国二十八年度国家普通岁出总预算案》,1939年,台北"国史馆"藏"司法院"档案,典藏号015－030400－0058;国民政府主计处编,《中华民国二十九年度政府岁出总预算案》,1940年,台北"国史馆"藏"司法院"档案,典藏号015－030400－0059;国民政府主计处编,《中华民国三十年度政府岁出总预算案》,1941年,台北"国史馆"藏"司法院"档案,典藏号015－030400－0060;《中华民国三十一年度国家岁出总预算表》,1942年,载中国第二历史档案馆编,《中华民国史档案资料汇编·第五辑·第二编·财政经济(一)》,南京:江苏古籍出版社,1997年,第224—225页;国民政府主计处编,《中华民国三十三年度政府岁出总预算案》,1944年,台北"国史馆"藏"司法院"档案,典藏号015－030400－0065;国民政府主计处编,《中华民国三十四年度国家总预算案》,1945年,台北"国史馆"藏"司法院"档案,典藏号015－030400－0111。

注:为了统一计算口径,只比较经常费收支。

由上表可看出,中央大学经常费占教育类经常费的比重在战时波动幅度较大,但基本稳定在 1.5% 以上,最多时甚至高达近 10%,这既可以说明在当时中央大学对于全国教育的重要性,也可以说明当时教育支出的分配中,中央大学还是得到了明显的"照顾"。

而除与政府关系的密切程度之外,与中央大学经费占教育经费比值相关的另一因素是由中央政府(即教育部)承担经费的国立学校的数量。战前由教育部承担经费的高校数量并不多,但全面抗战爆发后,大量省立、私立高校改为国立,而且按照政府鼓励师范教育和各种专修科教育的政策,不仅许多原有省立、私立大学的经费开始由教育部承担,而且新设的诸多师范学院、技艺专修学校等亦占据了相当数量的中央经费。如 1937 年预算中由教育部承担经费的专科以上学校有 35 所①,而 1945 年则多达 63 所②。由教育部承担经费的高校数量的增加亦导致后期中大经费数量占比有所下滑。

除此之外,观察经费的另一视角是物价。众所周知,抗战后期发生了恶性通货膨胀,物价暴涨,这也是以上折线图后期强势上扬的主要原因。

表八　1938—1945 年战时中国物价指数(以 1937 年 1—6 月为 100 计算)

年代	全国物价指数	重庆地区物价指数
1938	131	126
1939	220	220
1940	513	569
1941	1 296	1 576
1942	3 900	4 408
1943	12 541	13 298
1944	43 197	43 050
1945	163 160	156 195

资料来源:张公权:《中国通货膨胀史 1937—1949》,杨志信译,北京:文史资料出版社,1986 年,第 242 页。

---

① 《二十六年度普通国家岁出总预算数目表(教育文化经常费)》。1938 年整理,中国第二历史档案馆藏南京国民政府时期教育部档案,全宗号 5(2),案卷号 355。
② 《中华民国三十四年度国家总预算岁出分表》,1945 年,中国第二历史档案馆藏南京国民政府时期教育部档案,全宗号 5(2),案卷号 389。

按照上表的统计结果,整个全面抗战期间,物价均在上涨,而涨幅以1942年以后为甚,重庆地区的物价情况与全国的趋势基本契合。但与此相应年份拨付的学校经费则明显无法赶上物价的涨幅,这也说明虽然经费在逐年增加甚至暴增,但学校经费对应的支付能力、教职员工的生活水平均较低。在物价暴涨的情况下,学校和教职员工都面临经济困难。对此问题,有学者曾统计过教育经费与物价上涨之关系,如下表:

表九　战时通货膨胀下物价指数与教育经费成长之比较(1937—1945)

年月	物价增加率	名目教育经费成长率	实际教育经费成长率
1937年7月	1	1	1
1937年12月	1.2	—	—
1938年6月	1.4	0.5	0.537
1938年12月	1.8	—	—
1939年6月	2.3	1.19	0.517
1939年12月	3.2	—	—
1940年6月	4.9	3.3	0.573
1940年12月	7.2	—	—
1941年6月	11	4.8	0.436
1941年12月	20	—	—
1942年6月	36	14	0.389
1942年12月	66	—	—
1943年6月	132	32	0.248
1943年12月	228	—	—
1944年6月	466	105.3	0.226
1944年12月	755	—	—
1945年6月	2 167	623.3	0.288
1945年12月	2 491	—	—

资料来源:胡国台:《抗战时期教育经费与高等教育品质:1937—1945》,《"中研院"近代史研究所集刊》1990年6月总第19期,第453页;教育经费数据源自Arthur N. Young, *China's Wartime Finance and Inflation 1937—1945* (Cambridge, Massachusetts:Harvard University Press, 1965) p.16。

注:"—"表示资料不详。

该统计虽然与前文所引用的数据来源有些不同,但展现了通货膨胀背景下教育经费的紧张局面,而且随着通货膨胀的加剧,教育经费对应的实际购买力水平是在持续下降的。该组数据所呈现的严峻形势也是战时教职员工、学生、学校和教育当局的棘手难题。

第四节　支出与追加：经费的支出结构与欠缺

上述讨论的预算分配仅限年度经常费预算层面,而具体到预算的执行,除前文所述全面抗战前期曾对预算"打折"拨付外,后期经常费、临时费亦常常追加。基于此,考察学校支出结构有利于全面了解战时学校的经费使用状况。

以民国二十八年度(1939年)下半年(8—12月)支出为例：

表十　1939年下半年中央大学经费支出表

项目	子项目	金额(万元)	占比
俸给费 37.414 984 万元 (50.72%)	俸薪	33.440 294	45.34%
	工资	3.642 22	4.94%
	警饷	0.332 47	0.45%
办公费 10.543 864 万元 (14.29%)	文具	0.665 948	0.90%
	邮电	0.226 697	0.31%
	消耗	4.883 123	6.62%
	印刷	2.297 215	3.11%
	租赋	0.133 44	0.18%
	修缮	1.091 627	1.48%
	旅运	0.278 79	0.38%
	交通	0.309 832	0.42%
	杂支	0.657 192	0.89%
购置费 3.618 532 万元 (4.91)	器具	3.370 702	4.57%
	服装械弹	0.123 13	0.17%
	舟车牲畜	0.124 7	0.17%

（续表）

项目	子项目	金额(万元)	占比
营造费 3.719 802 万元 (5.04%)	房屋	3.634 802	4.93%
	场圃	0.0850	0.12%
学术研究费 12.719 395 万元 (17.24%)	图书	1.387 09	1.88%
	仪器	2.827 185	3.83%
	试验用费	7.657 404	10.38%
	调查研究	0.619 778	0.84%
	体育	0.227 938	0.31%
特别费 2.927 838 万元 (3.97%)	汇兑	0.025 164	0.03%
	医药	2.046 276	2.77%
	其他	0.857 298	1.16%
实验学校 2.816 665 万元 (3.82%)		2.816 665	3.82%
总计	—	73.761 89	—

资料来源:《三十年第一次校务会议议案》,1941 年 5 月 9 日,中国第二历史档案馆藏南京国民政府时期国立中央大学档案,全宗号 648,案卷号 919。

　　由上表可以明显看出,中央大学过半的经费均消耗在人员费(教职员工薪饷)方面,而紧随其后的为学术研究费及办公费,这种支出结构随后也大体维持。人员费和教职员工待遇问题在战时一直是困扰校方和教育当局的问题,但学校的科研费仍占相当大的比重。数额庞大的办公费亦容易受到剧烈变动的物价的影响。

　　前述章节论及的经费集中于预算层面,全面战争爆发后,学校经费严重短缺,校方向政府索要追加经费或临时费成为常态。为维持学校运转和促进发展,中央大学校长罗家伦不得不经常为学校的经费奔走呼告。在 1939 年初召开的国民党五届五中全会上,罗家伦便就教育经费问题与时任行政院院长兼财政部部长的孔祥熙发生了争执[①],

---

　　① 关于此次争议的详情可参见刘维开编著:《罗家伦先生年谱》,台北:"中国国民党党史委员会",1996 年,第 155—157 页。

会后罗家伦曾愤而致信蒋介石，请辞校长一职，虽然被慰留，但从中我们既可以看出罗家伦为争取中央教育经费的努力，亦可看出国民党高层在教育经费问题上的分歧。此外，学校曾采用向银行申请信贷的方式解决燃眉之急。在正式离任时，虽然中央大学经费数量仍为国内高校之首，但罗家伦仍表示中央大学经费危机已到了"不借垫则学校停顿，借垫则已无可借垫"的境地。①

　　面对各高校数量庞大的经费追加请求，教育部自然无法一一满足，因此学校采取向银行借贷等其他临时手段解决经费难题屡见不鲜。中央大学的部分要求还是得到了一定程度的回应。战局稳定之后，国家和教育部的经费困难情况有所缓解，追加经费有了可能性。蒋介石甚至曾亲自督促追加中央大学的经费②，在其亲自兼任校长期间亦两次下令"中央大学经费，应分别核定追加拨发，以利校务进行"③。除此之外，增加校内机构也会为学校带来经费拨付，如1942年度增设生物及卫生两研究学部，其经费经核定为6万元④；1943年学校增设司法组，国家决定增拨经常费4万元、设备费1万元⑤；学校还曾经获得国外基金会的赞助，如"美国罗氏基金会中国医学委员会战时咨询委员会"及"美国医药助华会"曾先后向中央大学医学院拨

---

　　①　罗家伦：《致萧自诚函》，载"中国国民党党史委员会"：《罗家伦先生文存·补编》，台北：近代中国出版社，1999年，第226页。据蒋宝麟考证，该信写于1941年6月27日，见蒋宝麟：《民国时期中央大学的学术与政治：1927—1949》，南京：南京大学出版社，2016年，第205页。

　　②　《国民政府军事委员会代电（侍秘川字第8600号）》，1941年8月8日，中国第二历史档案馆藏南京国民政府时期行政院档案2(3)-1912。

　　③　《蒋介石手令·侍秘17360号》《蒋介石手令·侍秘17845号》，1943年，中国第二历史档案馆藏南京国民政府时期教育部档案，全宗号5(2)，案卷号6。

　　④　《教育部指令》，1943年1月12日，中国第二历史档案馆藏南京国民政府时期国立中央大学档案，全宗号648，案卷号4530。

　　⑤　《教育部代电·专电仰编本尼恩度增设司法组经费分配表呈报由（会字第55812号）》，1943年11月7日，中国第二历史档案馆藏南京国民政府时期国立中央大学档案，全宗号648，案卷号4530。

助经费①。

　　中央大学的经费状况在蒋介石任校长期间有了很大改观。当时，蒋介石的身份不仅是中央大学的校长，而且是国民党领袖、军事委员会委员长兼行政院院长，在制度上就出现了蒋介石校长呈请教育部——教育部呈请蒋介石院长——蒋介石院长呈请蒋介石委员长——蒋介石委员长下手令的奇特局面。这种"自报自批"最经典的案例是1943年为弥补中央大学之前的巨额经费亏空，蒋介石以校长的身份呈文教育部、行政院要求拨款②，而随后，蒋介石又以军事委员会委员长的身份下达手令，要求他自己担任院长的行政院对补发中央大学的经常费和临时费一事不再审议，直接交国防最高委员会秘书处核办。③在蒋介石本人的过问下，中央大学较为容易地获得了民国三十二年度经常费追加412.2240万元，临时费271万元；三十三年度599.3821万元，此笔款项从中央政府总预算的第二预备金中支出④。根据当年的经费情况统计，三十二年度中央大学岁入相比岁出已略有盈余⑤，而并未如常出现亏空，这也是难得的积极进展。不过这点并不足喜，因为此时通货膨胀已经开始恶化，正如本书表八所反映的，自1943年开始，物价的上涨幅度大幅提高，此后学校面临的不仅仅是索要经费问题以弥补亏空，更多的是通胀造成的需要追加经费的问题。

　　而仅仅一年之后，中央大学再度易长，蒋介石变成"名誉校长"，

---

　　①　《教育部代电·电饬接受捐款应依法编具概算呈报（高字第2830号）》1943年6月12日，中国第二历史档案馆藏南京国民政府时期国立中央大学档案，全宗号648，案卷号4530。

　　②　《国民政府军事委员会代电（侍秘川字第17301号）》，1943年5月8日，中国第二历史档案馆藏南京国民政府时期行政院档案，全宗号2(3)，案卷号1912。

　　③　《国民政府军事委员会代电》，1943年6月3日，中国第二历史档案馆藏南京国民政府时期行政院档案，全宗号2(3)，案卷号1912。

　　④　《国民政府训令·渝文字第272号》，1944年5月8日，《国民政府公报》第673卷，第8—9页。

　　⑤　《三十二年度国库中央大学经费报告建表》，1944年，中国第二历史档案馆藏南京国民政府时期国立中央大学档案，全宗号648，案卷号4531。

顾毓琇接任校长一职,学校面临着同样复杂的局面,经费亦为其中一大难题。顾校长的解决方案仍是在申请信贷额度的同时,继续向政府积极争取追加经费。1945 年年初,顾毓琇向教育部表示,前一会计年度(1944 年)中央大学的经常费、临时费累计亏空 1 259.557 028 万元(此金额已经超过中央大学 1944 年经常费预算数的 100%),并指出"此项超支实因学生大量增加,加之物价指数波动甚速"①。此时物价上涨等因素造成的学校亏空已经高达一千余万元,这还是当年追加过一次经费后的数字,可见当时经费困难局面之严峻程度。这样的经费情况此后也经常发生,在 1945 年度,不仅是中央大学,国内各主要大学申请追加的经费数额均明显高于原有预算数额,这样要求追加经费也是应对物价上涨的不得已办法,当年在蒋介石的亲自过问下,②中央政府数次进行经费追加,累计为国立大学追加了88 356.722 0 万元③,具体分配情况见下表:

表十一 1945 年度主要国立大学经费追加情况

学校	经常费预算数额(万元)	追加经费合计(万元)	追加费与经常费预算之比值
中央大学	2 584.080 0	5 979.804 0	2.314 1
中央政治学校	2 520.000 0	6 969.210 0	2.765 6
中山大学	1 814.320 0	3 975.366 0	2.191 1
中正大学	651.780 0	1 458.160 0	2.237 2
交通大学	932.000 0	2 028.380 0	2.176 4
英士大学	571.590 0	1 293.660 0	2.263 3
暨南大学	458.610 0	1 023.380 0	2.231 5

① 顾毓琇:《国立中央大学呈》,1945 年 3 月 14 日,中国第二历史档案馆藏南京国民政府时期国立中央大学档案,全宗号 5,案卷号 5083(1)。
② 《蒋介石手令·侍秘字第 27462 号》,1945 年 4 月 20 日,中国第二历史档案馆藏南京国民政府时期教育部档案,全宗号 5(2),案卷号 680。
③ 《三十四年度教育部主管追加经费分配预算》,1945 年,中国第二历史档案馆藏南京国民政府时期教育部档案,全宗号 5(2),案卷号 340(3)。

(续表)

学校	经常费预算数额 （万元）	追加经费合计 （万元）	追加费与经常费 预算之比值
西南联合大学	2 137.770 0	4 792.332 0	2.241 7
西北大学	535.950 0	1 210.540 0	2.258 7
东北大学	428.780 0	1 006.360 0	2.347 0
武汉大学	997.200 0	2 245.450 0	2.251 8
四川大学	1 250.370 0	2 869.004 0	2.294 5
浙江大学	997.200 0	2 942.908 0	2.951 2
云南大学	1 117.300 0	2 640.656 0	2.363 4
广西大学	957.620 0	2 154.320 0	2.249 7
贵州大学	901.260 0	2 605.320 0	2.890 8
湖南大学	679.700 0	1 519.000 0	2.234 8
河南大学	470.500 0	1 117.754 0	2.375 7
山西大学	280.000 0	669.530 0	2.391 2
重庆大学	715.500 0	1 658.050 0	2.317 3
同济大学	782.220 0	1 809.384 0	2.313 1
复旦大学	700.600 0	1 664.830 0	2.376 3
国立师范学院	557.720 0	1 225.666 0	2.197 6

资料来源:《三十四年度教育部主管追加经费分配预算表》,1945 年,中国第二历史档案馆藏南京国民政府时期教育部档案,全宗号 5(2),案卷号 340(3)。

由上表可知,各主要大学的经费追加额度均为该校原经费预算数的两倍以上,且追加的比例较为平衡。根据该卷档案的记载,1945年第一次经费追加的额度与对应学校的经常费预算完全相等,此外,许多学校第二次追加的额度亦与经常费原年度预算数相同或相近①,这种成倍追加经费的情形实属罕见,显然是应对物价暴涨的措施。但如上一节所述,经费追加上涨的幅度与物价上涨的幅度相比,还是

---

① 《三十四年度教育部主管追加经费分配预算表》,1945 年,中国第二历史档案馆藏南京国民政府时期教育部档案,全宗号 5(2),案卷号 340(3)。

相差甚多,高校所面临的困难只是得到缓解,而不是彻底解决。

小　结

　　教育经费短缺在全面抗战时期一直是一个困扰教育当局的重要问题,战时国家财政收入有限,军费开支较高,其他类别的支出自然会遭到挤压。但是,战时中国教育尤其是高等院校的经费还是得到了基本保证,国民党当局意识到"需设法筹款使高等教育摆脱危机"[1],只有"救济高等教育"才能"以宏人才之造就"[2]。经费规模及其占总预算支出的比重虽然相对有限,但大抵有兜底保障,当局不仅使绝大多数原国立大学的基本运转得以维持,而且为战时才实现经费"国家化"的原省立、私立高校提供了经费保障。

　　但是,各高校的经费分配额度严重不均,这与学校规模、学科结构、地理位置、政学关系等因素相关。而具体到中央大学,该校地处战时陪都重庆,与政府关系密切,且规模较为庞大,战时所获得的经费数量较多,其历年经费预算总额均居于国内主要高校的前列。但中央大学依然面临经费难题,除了蒋介石任"校长"期间,其他时期学校经常入不敷出,不得不频繁借贷,历任校长亦经常运用自身影响力和人际关系向政府索要追加经费。而抗战中后期开始的严重通货膨胀使本已严峻的经费局势雪上加霜,经费数额虽然大幅增长,但与飞涨的物价相比,其购买力实际上仍然呈现缩水局面,这些因素构成了战时中央大学经费的复杂局面。

　　应该看到的是,中央大学在战时所获得的经费数量明显多于其他高校,甚至可以说是战时经费最为充裕的高校之一,却仍面临着

---

　　[1]　《中国国民党第五届中央执行委员会第七次全体会议记录》,1940年7月,台北"中国国民党中央文化传播委员会党史馆"藏会议档案,档案号5.2/49.58。

　　[2]　《中国国民党第五届中央执行委员会第九次全体会议决议》,1941年2月22日,台北"中国国民党中央文化传播委员会党史馆"藏"国防"档案,档案号103/208。

"不借垫则学校停顿,借垫则已无可借垫"的局面,可见经费困难在当时国内是十分普遍的现象,各校无论办学条件还是师生生活条件都相对艰苦。从这个角度说,战时能够保证基本的教育经费支出,这已经非常不易。但这并不能满足校方的需要,这也是战时情况下的经费矛盾所在。

第三章

中央大学与战时学术审议

　　全面抗战期间,国民政府教育部采取了一系列措施加强对高校教学和学术的管理与控制。其中,正式启动审查专科以上学校教员资格,设立学术审议委员会(部分研究者将其简称为"学审会")是重要举措。学术审议委员会成为当局和学术界的重要连结点,也被教育部视为其"核心工作"之一。① 关于此问题,较早研究的如张瑾认为从学术审议委员会的酝酿、成立到实际运作,可以看出国民政府对战时科研管理体制建构的设想与尝试,同时,透过该机构的举措还可以从另一个侧面考察国民政府以划一全国高教学术标准、强化战时学术集权制为主要目标的战时科技政策的重要特征②。学术审议委员

---

　　① 教育部在学术审议委员会成立之后向国民党中央、国民参政会等的报告中经常将其列为重点或核心工作。如《国民党五届十中全会教育报告》,1942 年 10 月,台北"中国国民党中央文化传播委员会党史馆"藏会议档案,档案号 5.2/112.15。
　　② 张瑾:《抗战时期教育部学术审议委员会述论》,《近代史研究》1998 年第 2 期,第167—181 页。

会的学术与政治等问题学界之前已有许多关注①。应该说,这些研究
得益于中国第二历史档案馆藏南京国民政府时期教育部档案中学术
审议委员会相关卷宗的开放,大家因此得以了解这一政治与交织典
型机构的运作及其成效。本部分拟在阅读相关档案的基础上,以国
立中央大学为个案,对战时学术审议委员会之成员、业务、与高校关
系进行探讨,从中窥见其政策实施成效。

第一节　学术审议委员会的人员结构
　与中央大学的参与

　　设立全国性的学术审议机关、审查专科以上学校教员资格的工
作,虽于战时才开始实施,但其发端于全面抗战爆发以前。早在 1927
年,政府已明文规定了大学教员资格及薪俸标准,但这个制度未得到
切实执行,"一致各校聘任教员无一致标准",待遇更是千差万别。教
育部在 1935 年即开始重新修订关于大学教员聘任及待遇之规定,蒋
介石亦在 1937 年要求当年内将此规定推出并实行,但因七七事变爆

　　① 　如沈卫威:《民国部聘教授及其待遇》,《中山大学学报(社会科学版)》2019 年第 4
期,第 73—89 页;郑善庆:《20 世纪 40 年代史学著述的评判标准问题:以审查意见为中心
的探讨》,《南开学报(哲学社会科学版)》2019 年第 1 期,第 43—54 页;曹天忠:《档案中所
见的部聘教授》,《学术研究》2007 年第 1 期,第 113—118 页;张剑:《良知弥补规则学术超
越政治:国民政府教育部学术审议委员会学术评奖活动述评》,《近代史研究》2014 年第 2
期,第 100—118 页;沈卫威:《现代学术评审制度的建立:国民政府教育部学术审议委员会
与学术评奖》,《长江学术》2018 年第 3 期,第 35—48 页;曾祥金:《民国教育部学术评奖活
动及其文学史料价值》,《现代中国文化与文学》2018 年第 1 期,第 113—122 页;黄昊、魏光
奇:《国民政府时期的学术评议机制:在政治与学术独立之间》,《现代大学教育》2014 年第 4
期,第 47—53 页;刘明:《论民国时期的学术研究审查与激励办法》,《社会科学论坛》2005
年第 11 期,第 49—59 页;田正平、吴民祥:《近代中国大学教师的资格检定与聘任》,《教育
研究》2004 年第 10 期,第 81—89 页;徐斯雄:《民国大学学术评价制度研究》,西南大学博
士学位论文,2011 年。

发不得不搁置①。国民政府迁都重庆后，国民党党内会议及国民参政会中均提出了设立最高学术机关、严格审查教职员资格，以及统一和提高教师待遇的要求②，并以此鼓励学者和有志青年从事学术研究③。此事再次被提上议事日程。

1939 年，教育部拟定了学术审议委员会的章程，规定了其职权及组织等事宜，在人员方面，规定委员由当然委员、聘任委员和常务委员组成。当然委员为教育部部长、次长及高等教育司司长；25 名聘任委员中，12 名由教育部直接聘任，13 人由国立专科以上学校校长投票选择，由教育部聘任，任期三年，连选连任，其资格为"现任或曾任国立大学或已立案私立大学校长或国立学院院长者、现任或曾任公立研究院院长或研究所所长者、曾任公立或已立案私立大学教授七年以上卓有成绩者、对于所专习之学术有特殊之著作或发明者"其中之一；常务委员设置 5—7 人，由教育部部长于委员中聘任之，职责为处理日常事务。学术审议委员会大会每学期召开一次，常务委员会每月召开一次，会议均由部长召集并担任主席，委员无给职，但开会时酌送旅费或工费④。具体到委员学科分布，由校长选举之委员，文理法三科每科二人，农、工、商、医、教育、艺术、体育军事七科各一人，票数相等时抽签决定当选人⑤。根据相关程序，该委员会第一届聘任委员于 1940 年产生，具体情况见下表：

---

① 以上依据教育部：《规定专科以上学校教员资格审查及聘任待遇办法要点纲要之说明》，1940 年 5 月 1 日，中国第二历史档案馆藏南京国民政府时期教育部档案，全宗号 5 (2)，案卷号 175。

② 《学术审议委员会之组织与任务》，载教育部年鉴编纂委员会：《第二次中国教育年鉴》，商务印书馆，1948 年，第 866 页；教育部编：《中国国民党抗战建国纲领·教育、战时各级教育实施方案纲要、各级教育实施方案》，1938 年，第 30—31 页。

③ 《国民党五届八中全会提案》，194 年，台北"中国国民党中央文化传播委员会党史馆"藏会议档案，档案号 5.2/57.30。

④ 《教育部学术审议委员会章程》，1939 年 7 月，载教育部参事处编：《教育法令汇编（第五辑）》，上海：正中书局，1940 年，第 5—6 页。

⑤ 《教育部学术审议委员会聘任委员选举办法》，1939 年 12 月，载教育部参事处编：《教育法令汇编（第五辑）》，上海：正中书局，1940 年，第 10 页。

表一　教育部学术审议委员会第一届委员简况表

委员姓名	职务/身份	备注
冯友兰	西南联合大学教授	选举得 10 票、哲学
傅斯年	中央研究院历史语言研究所所长	选举得 6 票,史学
竺可桢	浙江大学校长	选举得 7 票,气象
吴有训	西南联合大学教授	选举得 6 票,物理
周鲠生	武汉大学教授(国外访学)	选举得 10 票,法学
王世杰	国民党中央宣传部部长,曾任教育部部长	选举得 6 票,政治
茅以升	交通大学唐山工程学院院长	选举得 10 票,土木工程
马寅初	重庆大学教授	选举得 9 票,商科
蒋梦麟	西南联合大学校务委员,曾任北京大学校长	选举并抽签,教育科
邹树文	中央大学教授	选举并抽签,农科
马约翰	西南联合大学教授	选举并抽签,军事体育
颜福庆	上海医学院教授	选举得 10 票,医学
滕固	国立艺术专科学校校长	选举得 8 票,文艺
吴稚晖	国民党元老	教育部聘任
朱家骅	国民党中央组织部部长,曾任中央大学校长	教育部聘任
张君劢	国民参政会议员	教育部聘任
陈大齐	考试院秘书长	教育部聘任
郭任远	国外访学	教育部聘任
陈布雷	蒋介石重要幕僚	教育部聘任
胡庶华	西北联合大学校长	教育部聘任
程天放	四川大学校长	教育部聘任
罗家伦	中央大学校长	教育部聘任
张道藩	中央政治学校教务主任	教育部聘任
曾养甫	滇缅公路督办	教育部聘任
赵兰坪	中央大学教授	教育部聘任
陈立夫	教育部部长	当然委员
顾毓琇	教育部次长	当然委员
余井塘	教育部次长	当然委员
吴俊升	教育部高等教育司司长	当然委员

　　资料来源:《教育部学术审议委员会委员十三人已选定,计冯友兰傅斯年竺可桢等》《申报》1940 年 4 月 22 日,第 7 版;《教育部学术审议委员会委员选举揭

晓》,《教育通讯》1940 年第 14 期,第 2—3 页;《学术审议委员会之组织与任务》,教育部年鉴编纂委员会:《第二次中国教育年鉴》,北京:商务印书馆,1948 年,第 866 页;《教育部学术审议委员会第一次会议记录》,1940 年 5 月 11 日,中国第二历史档案馆藏南京国民政府时期教育部档案,全宗号 5(2),案卷号 175。

注:1. 滕固于任内逝世,后补选接任国立艺术专科学校校长的吕凤子接替其委员职务。

2. 学术审议委员会首届常务委员为:吴稚晖、朱家骅、陈大齐、王世杰、张道藩、邹树文、余井塘。

从字面上说,由国民党当局主持"学术审议"及"审查专科以上学校教员资格",极易被联想为加强对高等院校及学术研究的政治控制,对学术和教员进行政治审查,按照学术审议委员会章程所规定的委员任职资格要求也相对宽松,尤其是第四项"对于所专习之学术有特殊之著作或发明者"等于赋予教育部任意选取委员之权限,确实有进行政治操作的可能性。但从上表委员会的人选构成可看出,在 29 名学术审议委员会委员中,虽 9 人为政界官僚(且大都占据常务委员席位),但其余人员均具有学术职务或在高校、科研机构任职,所聘任的政界官员之中如王世杰、陈大齐等,属学者出身,王世杰、朱家骅等曾在教育领域任职,名单中还有诸如马寅初、张君劢等对国民党当局持一定批评意见的学者,可见该委员会的人员选取具备一定的包容性,对学术本身予以了一定尊重。

而作为战时位于首都的重要高等学府,中央大学教职员在委员会中占据了 3 席。另有朱家骅、马寅初等曾经任职于该校的委员入选学术审议委员会。而日后,吴有训、顾毓琇等委员则进入中央大学任职。中央大学农学院邹树文教授更是学术审议委员会常务委员中唯一一位担任大学教职的成员。可以说,中央大学和西南联合大学在学术审议委员会中并驾齐驱,为该委员会中最有话语权之两所高校。

依据学术审议委员会的章程,该会之职权规定较为宽泛,任务包括"审议全国各大学之学术研究事项;建议学术研究之促进与奖励事项;审核各研究所研究生之硕士学位授予暨博士学位候选人之资格事项;审议专科以上学校之重要改进事项;审议留学政策之改进事项;审议国际文化合作事项;审议教育部长交议事项"①。从文本观之,学术审议委员会既为国内最高学术机构,亦为教育部之重要咨询机构;但从实际运作看,该会的经常性工作则与其法定职责有一定区别。

第二节 教员资格审查与统一待遇

1940年5月11日,学术审议委员会第一次全体会议举行,教育部部长陈立夫主持会议,29名委员中有19人出席。会议的第一项议案即受到当局高度重视的"审查专科以上学校教员资格"问题,教育部拟具了《专科以上学校教员资格审查及聘任待遇办法》提交学术审议委员会审查。此外,教育部的提案还有启动博士学位授予、加强各研究院所联系、奖励学术著作发明、规定大学以外研究所研究生招生办法、充实各大学研究所并严格考核研究成绩、规定各审查程序要点、如何改进专科以上学校、如何改进留学政策等,这些提议及之后的工作推进也构成了学术审议委员会实际之主要职权。

正如前文所述,"审查专科以上学校教员资格",避免滥加教授头衔,是当局关注的一项重要的亟待推进的事项,也是设置学术审议委员会的主要缘由之一。蒋介石、国民党中央、国民参政会均曾予以关注,教育部将相关制度列为第一届学术审议委员会第一次全体会议的讨论事项第一案,也是对其重视程度的体现。

根据教育部拟具并提交会议的《大学及独立学院教员资格审查要点》规定,大学教员分教授、副教授、讲师、助教四等②,由大学或学院呈请学术审议委员会审查,合于规定而不在职者亦可自行呈请。

---

① 《教育部学术审议委员会章程》,1939年7月,载教育部参事处编:《教育法令汇编(第五辑)》,上海:正中书局,1940年,第5页。

② 教育部提议:《大学及独立学院教员资格审查要点》,1940年5月11日,中国第二历史档案馆藏南京国民政府时期教育部档案,全宗号5(2),案卷号175。

关于各个职别的最低要求见下表：

表二　教育部规定各职别的最低要求（各项满足其一即可）

职别	最低要求
助教	国内外大学毕业，有学士学位而成绩优良 专科学校或同等学校毕业，曾在学术研究机构服务两年以上，卓有成绩者。
讲师	在国内外大学或研究院研究，得有硕士或博士学位或同等学历证书而成绩优良者。 助教期满 4 年以上，教务卓有成绩，并有专门著作者。 曾任高级中学或同等学校教员 5 年以上，对于所授学科确有研究并有专门著作者，对于国学有特殊研究及专门著作者。
副教授	在国内外大学或研究院研究，得有博士学位或同等学历证书而成绩优良者，并有有价值之著作者。 讲师任满 3 年以上，教务卓有成绩，并有有价值之著作者。 具有讲师第 1 款资格，进行研究或进行专门职业 4 年以上，对于所研学科有专门成绩，在学术上有相当贡献者。
教授	副教授从任满 3 年以上，教务卓有成绩，并有重要著作者。 具有副教授第 1 款资格，继续研究或执行专门职业 4 年以上，有创作或发明，并在学术上有重要贡献者。

　　资料来源：教育部提议：《大学及独立学院教员资格审查要点》，1940 年 5 月 11 日，中国第二历史档案馆藏南京国民政府时期教育部档案，全宗号 5(2)，案卷号 175。

　　由上表可以看出，教员资格审查对教师的要求在于学历、资历、学术研究成果等方面。而标准的设定也使得审查基本属于审查报名人是否达到规定标准的"形式审查"，而非通过学术审议衡量报名人是否具备某种水平的"实质审查"。申请的表格式样中，只有基本信息、学历、经历、现任职务、著作、呈缴证件、请予审查之等别等项目①，并要求呈送相应附件。审查时看的仅是这些表格和材料，而非申请人的学术水准。这样的审查对于名校来说象征性大于实际意义，但亦可在一定程度上遏制非知名高校滥加教授头衔的现象。

---

　　① 《大学及独立学院教员资格审查履历表（式样）》，1940 年，中国第二历史档案馆藏南京国民政府时期国立中央大学档案，全宗号 648，案卷号 1113。

该办法还规定了颁发证书、升等、原有教员之认定等其他问题的程序和标准,除此之外,各校各自施行之教员分级及待遇标准相差甚大,教育部还试图借此机会统一全国大学及独立学院教员的薪资待遇,其拟定的官方教员待遇标准如下:

表三　1940 年教育部拟定大学及独立学院专业教员薪俸暂定表(月薪/元)

级别	教授	副教授	讲师	助教
1	600	360	260	160
2	560	340	240	140
3	520	320	220	120
4	480	300	200	110
5	440	280	180	100
6	400	260	160	90
7	370	240	140	80
8	340	—		
9	320			

资料来源:《大学及独立学院专业教员薪俸暂定表》,1940 年 5 月,中国第二历史档案馆藏南京国民政府时期教育部档案,全宗号 5(2),案卷号 175。

教育部设计了级别分明的大学教员待遇标准体系,旨在统一国内大学教员待遇水平,并提高教职员工收入。虽然在制定标准的同时,教育部指出"得斟酌学科需要及当地生活程度,按本校经济状况酌量增减",并制订了评定等级的细则①,但教育部对其制定之标准的"权威性"有其坚持。可以想象,推行教员资格审查对于各校而言并无难度,毕竟只是报送材料而已,但统一待遇涉及的问题复杂,各校之应对各有不同。

该方案拟定并报行政院第 474 次院会通过后②,教育部于当年 8

---

① 教育部拟定:《大学及独立学院教员聘任待遇办法要点》,1940 年 5 月 11 日,中国第二历史档案馆藏南京国民政府时期教育部档案,全宗号 5(2),案卷号 175。

② 《行政院第 474 次会议·讨论事项第 8 案》,1940 年 7 月 21 日,台北"国史馆"藏"行政院"档案,典藏号 014－050000－005。

月将依据方案拟定的《大学及独立学院教员资格审查暂行规程》及《大学及独立学院教员聘任待遇暂行规程》分发各校并要求遵照实行①。中央大学于次月致函各主要国立学校，询问教员待遇办法实施事宜，其他高校亦进行相互调查②。从中可以窥见该制度之实施情况。中央大学此时的制度规定为：教授薪金（月薪，下同）300 元—420 元，讲师 160 元—280 元，助教 80 元—160 元③。各校回复则有所差别，但大都不及或略低于教育部所规定之统一待遇标准。西南联大除一位教授享最高薪（500 元）外，其余教授在 320 元—450 元，副教授 280 元—360 元，专任讲师 180 元—300 元，助教 100 元—160 元④。中山大学坦言未能按照部颁标准实行，新任教员薪金由学历及经历订定，旧教员则依据年资及成绩予以晋级，且由于经费不足，现行教授最高薪金为 570 元者 1 人，400 元以上者 11 人，最低薪 240 元者 5 人⑤。浙江大学回复称教员待遇由校教职员待遇委员会审议并由校务会议通过，最高薪金为 380 元（12 人）。⑥ 东北大学之教授薪金为 280 元—400 元，副教授为 200 元—280 元，兼任其他职务（如教务长、训导长、总务长、院长）并为教授者最高薪金也仅为 380 元（2人）。⑦ 湖南大学之待遇标准为教授 300 元—400 元，讲师 130 元—

---

① 《教育部训令·第 28310 号》，1940 年 8 月 27 日，中国第二历史档案馆藏南京国民政府时期国立中央大学档案，全宗号 648，案卷号 1113。

② 国立中央大学：《致各国立学校函》，1940 年 9 月 16 日，中国第二历史档案馆藏南京国民政府时期国立中央大学档案，全宗号 648，案卷号 1113。

③ 罗家伦：《复复旦大学函》，1941 年 1 月 29 日，中国第二历史档案馆藏南京国民政府时期国立中央大学档案，全宗号 648，案卷号 1113。

④ 国立西南联合大学：《复中央大学函》，1940 年 10 月 5 日，中国第二历史档案馆藏南京国民政府时期国立中央大学档案，全宗号 648，案卷号 1113。

⑤ 国立中山大学：《复中央大学函》，1940 年 9 月 27 日，中国第二历史档案馆藏南京国民政府时期国立中央大学档案，全宗号 648，案卷号 1113。

⑥ 竺可桢：《复中央大学函》，1940 年 10 月 7 日，中国第二历史档案馆藏南京国民政府时期国立中央大学档案，全宗号 648，案卷号 1113。

⑦ 国立东北大学：《复中央大学函》，1940 年 9 月 30 日，中国第二历史档案馆藏南京国民政府时期国立中央大学档案，全宗号 648，案卷号 1113。

280 元,助教为 60 元—140 元①。武汉大学教授为 300 元—500 元,讲师 160 元—280 元,助教 100 元—180 元。② 四川大学规定的教授薪金为 280 元—500 元(实际最高者为 425 元,且为中英庚款理事会与该校协聘),副教授 200 元—280 元,讲师 140 元—200 元,助教 60元—140 元③。

面对原本就千差万别的待遇制定标准和薪金水平,教育部之规定虽具有一定弹性,但其试图统一教员待遇的态度比较坚决。在发出《大学及独立学院教员聘任待遇暂行规程》后两年,教育部深知制度实际上执行不力,发文指出"近闻有未依规程办理,擅自增减教员之待遇及授课时数者,殊属不当",并再次转发相关文件要求各校遵照办理④。不过,在此时教育部的规定已无意义,随着通货膨胀,教员之实际收入已远远超过统一的薪金规定。

在教员审查方面,中央大学严格遵照执行,要求该校教师填写履历表并提交附件报请学术审议委员会予以审查⑤。但对于待遇问题,中央大学则致函教育部表示不同意,指出教育部新规的目的是增加教员待遇,但一旦新规实施,在工资额度不变的情况下,原本享有 450元工资的教授将从一级教授降为六级教授,且各级别之差也不统一⑥。但实际上,该函之主旨仍是希望教育部增加投入,以保障该制度之实施,这触及统一教职员待遇的主要矛盾——经费来源问题,这样的诉求同样被其他高校提出。教育部之后为落实薪金标准,也

---

① 《国立湖南大学教员待遇规则》,1940 年,中国第二历史档案馆藏南京国民政府时期国立中央大学档案,全宗号 648,案卷号 1113。

② 王星拱:《复中央大学函》,1940 年 10 月 7 日,中国第二历史档案馆藏南京国民政府时期国立中央大学档案,全宗号 648,案卷号 1113。

③ 程天放:《复中央大学函》,1940 年 10 月 14 日,中国第二历史档案馆藏南京国民政府时期国立中央大学档案,全宗号 648,案卷号 1113。

④ 《教育部训令·第 34978 号》,1942 年 8 月,中国第二历史档案馆藏南京国民政府时期国立中央大学档案,全宗号 648,案卷号 1113。

⑤ 《致全体教职员函》,1940 年 12 月 11 日,中国第二历史档案馆藏南京国民政府时期国立中央大学档案,全宗号 648,案卷号 1113。

⑥ 《中央大学致教育部函》,1940 年 12 月 21 日,中国第二历史档案馆藏南京国民政府时期国立中央大学档案,全宗号 648,案卷号 1113。

确实增加了经费,如中央大学 1941 年之预算比 1940 年预算增加近一倍,中央大学 1942 年之追加经费为 120.3 万元,中山大学 120.1 万元,西南联合大学 130 万元,追加部分约占原预算比例三分之一到四分之一[①](相关具体经费数值参见上一章关于预算和经费的论述),各校亦先后落实了规定的待遇。但是好景不长,随着抗战后期恶性通货膨胀的到来,原有的薪资标准仍按照教育部的规定执行,但已无法满足教员生活需求,此时只能通过改变薪资结构,在降低薪金所占比例的同时实现增加教员收入和符合教育部规定的要求[②]。

由上述论述可知,"审查专科以上学校教员资格"并统一其待遇,是设置学术审议委员会的重要原因,选聘教员的标准和教职员工资待遇本为学校自主权,尤其待遇更是涉及学校经费情况和所在地物价情况,但教育当局仍强行推出了此项政策。资格审查方面主要针对的是被审查人的学历、经历而非政治背景或学术水平,在其后这也成为学术审议委员会的主要日常性工作,大都由工作人员准备审查材料,常委会及全会仅仅例行公事地确认结果。而在统一待遇方面则经过了通令实施、增加经费到名存实废的阶段。在学术审议委员会中,中央大学不仅占据比较重要的地位,而且对政策的实施相对积极。从其针对统一教员待遇问题的相关往来函件中,也可以看出当时高校教师薪金的实际情况及其对统一待遇的因应情形。

第三节　学术奖励、部聘教授与对中央大学的学术认可

学术审议委员会的另一重要工作为组织学术评奖。学术评奖的

---

① 《国立各校三十一年度预算表》,1942 年,中国第二历史档案馆藏南京国民政府时期教育部档案,全宗号 5(2),案卷号 364;《国立各校三十二年度预算表》,1943 年,中国第二历史档案馆藏南京国民政府时期教育部档案,全宗号 5(2),案卷号 377。

② 关于此问题的研究请参见牛力:《全面抗战时期国立大学教员薪金的演变》,《抗日战争研究》2019 年第 3 期。

依据是教育部一直强调的"奖励学术著作和发明",其实该设想早已有之,但因故一直未能全面实行。在第三次全国教育会议上,学术评奖被再次列入议事日程。1940年5月举行的第一届学术审议委员会第一次会议上,教育部提出了《补助学术研究,奖励著作发明》的提案,指出自1941年起每年拨付20万元,用于补助学术研究及奖励著作发明,其中10万元补助学术研究,供未能得到大学及研究机构补助的学者申请,每年评审一次;另外10万元用于奖励著作发明,每年上半年审核一次,奖励对象为近三年之成果,就文学、哲学、自然科学、应用科学、社会科学,以及古典经籍研究、应用科学发明及工艺制造各类选拔最佳者提供若干奖励,每种奖金2 000元至1万元,并坚持宁缺毋滥的原则①。此案在大会上获得通过,教育部在之后颁定了相应细则,审议著作发明并评奖就此成为学术审议委员会的主要职能之一。

关于评奖之程序,学界已有充分研究。应该说,在学术审议委员会组织的评审中,对学术予以相当的尊重,而不是以政治为首要标准,所评比出的成果亦受到了肯定。

表四　一等奖获奖学者及成果一览

届次	获奖人姓名	成果名称	学科	所在单位
1	冯友兰	新理学	哲学	西南联大
1	华罗庚	堆垒素数论	数学	西南联大
2	周培源	激流论	物理	西南联大
2	苏步青	曲线射影概论	数学	浙江大学
2	吴大猷	多原子分子的结构及振动光谱	物理	西南联大
2	吕凤子	四阿罗汉	艺术	国立艺专
3	汤用彤	汉魏两晋南北朝佛教史	哲学	西南联大
3	陈寅恪	唐代政治史述论稿	历史	燕京大学

---

① 《第一届学术审议委员会第一次会议议案五》,1940年5月11日,中国第二历史档案馆藏南京国民政府时期教育部档案,全宗号5(2),案卷号175。

（续表）

届次	获奖人姓名	成果名称	学科	所在单位
3	陈建功	富里埃级数蔡查罗绝对可和性论	数学	浙江大学
3	杜公振	痹病之研究	医学	同济大学
3	杨钟健	许氏禄丰龙	地质	中央地质调查所
3	吴定良	人类学论文	人类学	中央研究院
4	劳幹	居延汉简考释	古典经籍	中央研究院
4	林致平	多空长条之应用力分析	工学	四川大学

资料来源：《学术审议委员会历届获奖作品及作者题名录》，中国第二历史档案馆藏南京国民政府时期教育部档案，全宗号5，案卷号1356；《教育部学术审议委员会章程及会议纪录》，中国第二历史档案馆藏南京国民政府时期教育部档案，全宗号5，案卷号1349(1)。

从上表可看出，在全面抗战期间的四次评奖之中，获奖者大都为此后学界翘楚。西南联大为一等奖的最大赢家，紧随其后的是浙江大学和中央研究院。中央大学在其中并未占据一席，二、三等奖获奖数量亦有限。从中可窥见虽然中央大学在战时位于首都，学科门类较为齐全且名师云集，但其标志性成果的数量并不突出，或者说并未完全获得学术审议委员会的认可。

部聘教授也是学术审议委员会的主要评审事项。该制度的提议始于学术审议委员会常务委员会第一次会议[①]，并于第二次全体会议上提交学术审议委员会审议。在教育部提报的《规定部聘教授办法要点案》中，规定部聘教授人选可由教育部、各大学及独立学院、全国性学会提出，推荐于学术审议委员会，并由该委员会三分之二以上同意票通过，名额定为30人，但以后得逐年扩充，其条件规定"在国立大学或独立学院任教授满10年以上，声望卓著，并对所在学科有特殊贡献者"，聘期五年，其薪俸最低为《大学及独立学院教员聘任待遇暂行规程》规定之教授第三档（见本章表三，520元/月），薪金由教育

[①] 《审议部聘教授办法》，载教育部年鉴编纂委员会编：《第二次中国教育年鉴》，上海：商务印书馆，1948年，第873页。

部直接拨付(后补充规定每月由教育部发放研究补助费 400 元[1])。部聘教授需由教育部于公立及立案之私立专科以上学校特设讲座,从事讲学及研究,并由教育部根据国内专科以上学校之需要随时调动[2]。该方案于当年六月经行政院会议通过后颁布施行[3],此后教育部又拟定了《部聘教授服务规则》等制度性文件予以配套。

在评选程序方面,学术审议委员会常务委员会会议首先根据教育部的提议拟定了 30 个学科,人文社科包括三民主义、经学、中国文学、英国文学、史学、哲学、教育、艺术、心理、法律、政治、经济、社会、商学;理工科包括数学、物理、化学、生物、地质、地理、气象、土木、水利、电机、机械航空、矿冶;另外还包括农学、林学、生理解剖学、内科医学、外科医学[4]。按照教育部的描述,部聘教授的推荐过程是先由大学及学术团体分别遴选,提交学术审议委员会,制成名单分发各校教务长(主任)、各院院长及系主任及所长在学科中荐举二人,并注明意见[5]。

从上述规定可看出,部聘教授的选聘虽有政治因素的介入(如学科中列入"三民主义"一门,主要由官员组成的学术审议委员会常务委员会在其中发挥重要作用等),但其审查过程仍尊重学者和学术的主体地位。标准设置、提名权、选择过程等方面均较少设置政治标准,除学术审议委员会的官员委员之外较少有政客直接介入,且对程序的严肃性极其重视。正如学者所言,"部聘教授产生过程中,严格制定规章制度、重视荐选环节、严格掌握学科和人数、建立相应考核

---

[1] 《部聘教授服务细则》,1942 年 4 月,中国第二历史档案馆藏南京国民政府时期教育部档案,全宗号 5(2),案卷号 175。

[2] 《教育部学术审议委员会第二次全体会议记录·讨论事项第 13 案》,1941 年 2 月 14 日,中国第二历史档案馆藏南京国民政府时期教育部档案,全宗号 5(2),案卷号 175。

[3] 《行政院训令·勇陆字第 9334 号》,1941 年 6 月 9 日,《行政院公报》1941 年第 12 期,第 14 页。

[4] 《学术审议委员会常务委员会第五次会议记录》,1941 年 11 月 20 日,中国第二历史档案馆藏南京国民政府时期教育部档案,全宗号 5(2),案卷号 175。

[5] 《审议部聘教授办法》,载教育部年鉴编纂委员会编:《第二次中国教育年鉴》,上海:商务印书馆,1948 年,第 873 页。

机制等几方面做法,能为当今推行教师聘任制提供借鉴"①。同时,部聘教授并非仅仅是荣誉头衔,其待遇相比其他教授更高,且由教育部承担这些教授的工资,也有利于减轻学校负担,调动各校的报名积极性。

1942 年 8 月,教育部于教师节当天公布了首届部聘教授当选人名单(27 人)②,此后又曾有所增选。而具体到本书的个案,截至抗战胜利的 1945 年,教育部按照程序评选的第一批部聘教授及之后增加之人选中,中央大学的当选人简况如下:

表五 中央大学部聘教授概况(截至 1945 年)

学院	系科	当选者姓名
文学院	中国文学系	胡光炜
文学院	外国文学系	楼光来
文学院	历史学系	柳诒徵
理学院	化学系	高济宇
理学院	地理系	胡焕庸
理学院	心理系	艾伟
法学院	法律系	戴修瓒
法学院	社会系	孙本书
师范学院	教育系	常道直
师范学院	艺术系	徐悲鸿
农学院	森林系	梁希
工学院	土木工程系	茅以升
医学院	—	蔡翘

资料来源:《国立中央大学三十四年部聘教授名录》,1945 年,中国第二历史档案馆藏南京国民政府时期国立中央大学档案,全宗号 648,案卷号 1200。

注:茅以升当时并非中央大学专任教师,但原表将其收录其中,此处按照原

① 郑刚:《民国时期"部聘教授"群体研究》,《南通大学学报(教育科学版)》2009 年第 1 期,第 49—53 页。

② 关于为何比预定人数少 3 人的问题,沈卫威教授进行了考证。参见沈卫威:《民国部聘教授及其待遇》,《中山大学学报(社会科学版)》2019 年第 4 期,第 73—89 页。

表列出,并予以标注释,故有的学者的统计结果是中央大学有部聘教授 12 人,见沈卫威:《民国部聘教授及其待遇》,《中山大学学报·社会科学版》2019 年第 4 期,第 73—89 页。

在所有部聘教授中,中央大学教师共 13 人,所占比例超过四分之一,远超排名其后的西南联大和浙江大学。可见此时受到官方认可的"部聘教授"头衔评选中,中央大学在诸多学科领域获得了比较高的认可,名师在全国高等院校的地位可见一斑。而同时应该注意的是,中央大学拥有较多的部聘教授,却并未产生获得"一等奖"之著作与成果,这从一定程度上可以说明学校确实存在如郭廷以所言的"研究风气不盛"的问题。

第四节　学术审议委员会的教育建议与其他职责

以上所述教员资格审查、统一教员待遇、学术评奖、评选部聘教授为学术审议委员会的主要职责,除此之外,在目前所见之档案资料中,仍可见其所承担的其他职责和功能。

根据学术审议委员会之章程,该会有"审议专科以上学校之重要改进事项、审议留学政策之改进事项、审议国际文化合作事项、审议教育部长交议事项"等职责①。事实上,该会在运作中有教育部咨询机关的意味。教育部经常于半年度全体会议上做工作报告,委员亦经常就教育相关议题提出建议或议案,交由教育部办理或在全体会议上直接处理,教育部也会提出教育相关的议题提交会议讨论。如1940 年及 1941 年的学术审议委员会第一、二次会议上,教育部便提案征求各委员对如何改进高等教育、留学教育,如何推动文化合作的

---

① 《教育部学术审议委员会章程》,1939 年 7 月,载教育部参事处编:《教育法令汇编(第五辑)》,上海:正中书局,1940 年,第 5 页。

书面意见,并将修正《大学规程》《专科学校规程》等法案交由学术审议委员会讨论。中央大学农学院邹树文教授在学术审议委员会中是一位提案非常积极的委员,其在会上提议行政院拨专款资助学校进行专题研究,请规定大学专科以上各学校按院、系、科比例分别预算,请规定大学各学系招生名额以利国家建设需要,培育农业、土木、农机等学科人才以实现"耕者有其田"等。与学界关系密切的朱家骅亦提议组织"中华学术协进社"以推进学术研究,冯友兰提议充实原有教育机构及设备,吴有训曾提议开办科学报刊,竺可桢提议提高学生程度、酌量选派教授赴国外研究,体育科代表马约翰则提议提高体育师资标准,并请会议讨论如何加强学校体育水平。[①] 而曾任教育部部长的王世杰则在第一次全会上要求政府"至少每年拨外汇200万美金,分配于各大学及研究所,为向国外购图书及仪器之用,否则各高等教育机关之前途不堪设想"[②],并在半年后的第二次全会上继续强调其主张[③]。

可以看出,与会委员多关注的是政府对于教育之投入,其需求大多是促进投入的增加,部分委员的提议颇具学科色彩。如邹树文的提议要求扩大对其所在农科投入的提案,要求按照科系分配预算、按照科系招生,希望政府更加倾向于应用学科,农科即可从中获益。其甚至曾经提议要求学生提前归还所请领的贷金,"以正人心",并将该部分资金用于学术研究,其理由竟是学生会视政府贷金为理所当然,暗指学生没有责任意识,不够诚信。此提案目的虽为增加教师研究经费,但其将手伸向无经济依靠的学生显然很不合适,教育部仅回应称"请领贷金之学生,于其毕业凭证反面注明其所领贷金数目和每次

---

① 《学术审议委员会第一次全体会议记录》,1940年5月,《学术审议委员会第二次全体会议记录》,1941年2月,中国第二历史档案馆藏南京国民政府时期教育部档案,全宗号5(2),案卷号175。

② 王世杰记录,林美莉编辑校订:《王世杰日记》(上册),1940年5月11日,台北:"中央研究院"近代史研究所,2012年。

③ 王世杰记录,林美莉编辑校订:《王世杰日记》(上册),1941年2月12日,台北:"中央研究院"近代史研究所,2012年。

偿还数目"①,予以冠冕堂皇的搪塞。此案显然无法实施,但从中可见部分教师群体对改善研究条件及重组经费的迫切希望。对于大多数可行的提案,学术审议委员会均交予教育部科研处,部分建议(如组织中华学术协进社等)很快得到办理,一些与教育部努力方向相关的建议(如提高学生程度)也被列入日后工作规划之中。

此外,学术审议委员会的另一重要职责是"审核各研究所研究生之硕士学位授予暨博士学位候选人之资格事项"②,这也使该会拥有了全国最高学位机关之职能。国民政府之前也曾在《学位授予法》中规定了博士、硕士、学士三级学位体制及其程序③,但当时并未完整实施,博士学位之授予一直未能启动。在学术审议委员会的第二次大会上,教育部曾提出启动博士学位授予工作并制订了《博士学位评定会组织法》《博士学位考试细则》等规则文件,完成审议程序后送交行政院、考试院,但获得指示:"近来各校困难加增,培植尤艰,该项博士学位授予应缓办。"④因此,该项提议不得不被搁置,直到1945年才再次被考试院提上了议事日程,但由于配套措施并未完善之时,内战之局势已见分晓,国民政府的博士学位授予便未在大陆启动。但究其根源,启动博士学位授予本身便为政府自身所提议,后又未能实行,可看出教育部与行政当局在此问题的理想与现实之间的纠结。而在硕士学位授予方面,硕士学位均由教育部颁发,在颁发前先由专家评阅,再由学术审议委员会审查。相对而言,硕士的授予机制更为完善,且实施情况较好。

学术审议委员会确立的另一重要且有所实施的制度是"休假进

---

① 《学术审议委员会第二次全体会议记录》,1941年2月,中国第二历史档案馆藏南京国民政府时期教育部档案,全宗号5(2),案卷号175。

② 《教育部学术审议委员会章程》,1939年7月,载教育部参事处编:《教育法令汇编(第五辑)》,上海:正中书局,1940年,第5页。

③ 见《学位授予法》,1935年4月22日公布,载国民政府文管处印铸局编印:《国民政府法规汇编·第七编·民国24年份之二》,1935年,第679页。

④ 《审议实施博士学位草案》,载教育部年鉴编纂委员会编:《第二次中国教育年鉴》,上海:商务印书馆,1948年,第873页。

修"。按照教育部的制度设计,该制度面向"国立专科以上学校连续在一校服务满七年以上之教授",由原所在学校报教育部核定,申请时需提交研究计划,结束后需交研究结果备查,休假进修时期的薪俸由教育部发给,差旅、研究经费由教育部酌发①。其审核机构仍然是学术审议委员会,但此项政策执行较为宽松,这既可为学校节省一些薪俸开支,又可使教授享受休假及研究补助的福利,教授们的参与热情也相对较高。中央大学仅 1945 年度休假进修的教授就有 27 人,其中不乏一些知名教授②。

小　结

学术审议委员会的设立体现了国民党当局希望建立全国最高学术机关的愿望。该机构之设置早有渊源,1940 年该会正式设立,成员既包含政界人士,又包含学术精英。其"学术审议"之名及大多由官员组成的常务委员会,很容易让人产生"政治干预学术"的联想,但事实上该会的运作大致遵循严格的程序,对学术和学者在委员会中的地位予以了较大程度的尊重,政治干预较为有限。

在学术审议委员会事实上的主要职能之中,审查教员资格为其设立之初衷之一,此项审查在实际运作中属于形式审查,主要标准是学历及资历。与之相伴的"统一教员待遇"在一定时间内具备了提高教员待遇的实际意义,这种举措也是陈立夫任内一系列"统一"措施的一部分,是教育部向下扩权的典型体现。学术评奖、部聘教授的评选则是其"审议"职能的重要体现,这两项评选大多以学术为主要标准,程序严格。除上述主要功能之外,休假进修制度则是教授们的福

① 《国立专科以上学校教授休假进修办法》,1941 年,载《教育通讯》1941 年第 22 期,第 14—15 页。

② 《国立中央大学 34 年度休假教授名单》,1945 年,中国第二历史档案馆藏南京国民政府时期国立中央大学档案,全宗号 648,案卷号 1200。

利,但诸如博士招生等制度设计则因抗战时局未能施行。此外,学术审议委员会还承担了教育部咨询机关的职能,参与者听取和审议教育部的工作报告,为战时高等教育发展建言献策,并为自身需求进行呼告。虽然有些批评声音,但学术审议委员会的政治操作较少,学术操作较多,所留下之遗产确实值得研究。

作为战时"陪都"的高等学府和国内最重要的国立大学之一,中央大学在学术审议委员会中的参与程度较高,在中央大学就职和与中央大学相关的委员不在少数,在会上拥有一定话语权。在学术审议委员会的各项业务活动中,中央大学在部聘教授中获益最大,而在学术评奖中却收获寥寥,从中可见当时的名师和学术成果之分布状况。对中央大学与学术审议委员会关系的考察展现了学术领域大学与政府的关系。

第四章

战时课程及教学政策与因应

对课程和教学进行改革，力求"统一"，是陈立夫执掌教育部之后采取的重要措施，这基于其对战前中国教育界所存在的"问题"的认识。统一课程、统一招生、统一毕业考试等措施的目的是提高国内高校的办学质量，开设战时相关课程，以及"提高专科以上学生程度"。但是，这些措施的推行事实上是教育部行政权力的扩张，侵占了学校的部分办学自主权，种种原因也引发了一些争议和矛盾，实施过程中遇到了阻碍和困难，大多未能达到预期效果。本部分选择了统一课程改革、统一毕业总考、专科以上学校学生学业竞试三个案例，对战时教育制度的实施和中央大学的具体情况进行探讨，以窥这些以"统一"为主题的教学管理措施的实施情况。

第一节 战时课程整理与改革

在全面抗战爆发前后，尤其是陈立夫执掌教育部之后，中国的大学课程出现了一系列调整与变革。关于此问题，学界之前有了一定程度的研究，其中既涉及整体层面的考察①，也包括一些针对具体学

---

① 陶莎：《抗战时期大学课程调整》，辽宁师范大学硕士学位论文，2007年。

科、具体学校和院系的个案考察①。这种变革既有学校基于自身发展的考量进行的自我变革,亦有陈立夫出于其对教育的观察和见解,以及战时和政治的需要进行的一系列改革部署,其中既可以看到政府对高校控制的加强,也可以看到政府对大学服务国家、服务抗战的要求,还可见到教育当局与校方教育理念上的不同取向。本部分通过档案等一手资料,考察中央大学课程改革的政策制定和推行,以及该校对于课程改革之因应及政策的实施效果,从中观察政府对大学课程的干预及其成效。

一、陈立夫与课程改革的提出

课程设置本来属于大学的自主权范畴,国民政府除了党化教育,较少直接干预,各校可以自主决定科系设置和各系的必修、选修课程,并可以自行改革课程体系。但 1938 年,陈立夫接任教育部部长,其教育理念对决策有着深刻影响。同时,全面抗战刚刚爆发,局势的不断变化也为教育部调整国内高校的课程设置提供了理由和机会。在陈立夫看来,就任教育部部长伊始面临的两大难题,其一是战区扩大,导致学校不得不西迁;其二是中国教育"质"的问题,战时正常教育仍应维持,但为适应军事需要,应加特殊训练以备随时征召②。

1938 年国民党临时全国代表大会通过的《抗战建国纲领》中,对教育的要求第一条便是"改订教育制度及教材,推行战时教程"③。同时通过的《战时各级教育施政方案纲要》也规定"对于各级学校各科教材彻底加以整顿,使之成为一贯之体系,以应抗战与建国之需要";"对于大学各院科系,应从经济及需要之观点设法调整,使学校教学

---

①　尚小明:《抗战前北大史学系的课程变革》,《近代史研究》2006 年第 1 期,第 115—133 页;郭金海:《抗战前北京大学数学系的课程变革》,《中国科技史杂志》2015 年第 3 期,第 280—298 页;周玉凤:《抗战时期大学地质系课程的传承与变革》,《自然科学史研究》2016 年第 4 期,第 451—462 页。

②　陈立夫:《成败之鉴:陈立夫回忆录》,台北:正中书局,1994 年,第 242—243 页。

③　《中国国民党抗战建国纲领》,1938 年 4 月,载陈传钢编:《动员纲领与动员法令》,汉口:新知书店,1939 年,第 8 页。

力求切实,不事铺张"①。而教育部制定的具体施政方案提出了一系列对课程和科系建设的思路,如"农工并重";"对于吾国固有文史哲艺,以科学方法从根救起";"对于自然科学,根据需要迎头赶上,以应国防生产之急需";"对于社会科学,取人之长,补己之短,整理创造,以适国情"的方针。对大学科系课程,方案规定"大学各学院科系之设立,应先参照全国公私机关与社会各项事业所需要专门人才之种类与数量,然后再决定全国各大学应设何科何系,其重复及不需要者,并拟分别裁并";"各大学各院系所教授之科目,亦应延聘专家认真详细订定,依照实施,各文法学院科系,应速填设有关国情之课程";"各大学各院科系所设置科目订定后,应聘请专家定所授内容,以供各校参考"。可见此时国民政府及教育部已经开始通盘考虑战时的课程改革问题。在抗战过程中,当局也对"课程整理"予以高度关注,如1941年的国民党五届九中全会上,教育部便向国民党中央专门报告了统一课程的实施情况②。

　　上述为国民党中央及教育部在大学教学方面制定的大政方针,除此之外,陈立夫对战前教育课程设置的"不合中国需要"感慨颇深。他认可国联教育调查团对中国大学课程设置不合理的种种批评,并认为"文化侵略者对于所侵略之国家,首先要毁灭其历史文化,……我发现这些大学③都像外国租界,这个完全采德国学制,那个完全采法国学制,其他不是采美国制就是采英国制,但是采中国学制的又在哪里? 课程五花八门,毫无标准,有关中国历史的部门为最缺乏,学政治和经济的不谈中国政治史和经济制度史,谈农的不谈中国农业史,国文更是最不被注重的一门功课了"④。陈立夫的观点不仅表露

---

　　①　《中国国民党临时全国代表大会通过之战时各级教育施政方案纲要》,1938年4月,载中国第二历史档案馆编:《中华民国史档案资料汇编·第五辑·第一编·教育(一)》,南京:江苏古籍出版社,1994年,第14页。

　　②　教育部:《五届九中全会报告》,1941年12月,中国第二历史档案馆藏南京国民政府时期教育部档案,全宗号5(2),案卷号319。

　　③　战时内迁高校。

　　④　陈立夫:《从根救起》,台北:三民书局,1970年,第65页。

了其对于当时中国大学课程设置之不满，而且充满强烈的民族主义情绪和"党国"意识形态取向，但客观上表明他对于本国历史文化的重视程度。强化本国文史和国情的教育确有必要，但采行外国学制，学习西方国家的知识和技术，创办现代大学是近代中国高等教育的主旋律，在当时并无系统成熟的"中国学制"出现的情况下，这种过分的民族自信有不切实际之嫌。

但无论如何，陈立夫的这种观点都在促使其大力推行课程改革，以实现其"收回文化租界"[①]的目的。在他的大力推动下，以"统一"为主基调的课程改革逐渐展开。

二、共同必修科目表的颁布及内容

在陈立夫的推动下，教育部于 1938 年 9 月召开了课程会议，开始了"整理课程"。整理的原则："一、统一标准；二、注重基本训练；三、注重精要科目。"[②]而最主要的举措便是统一科目。按照教育部的制度设计，全国高校必修和选修科目应由教育部圈定，各校在统一的基础上根据实际情况酌量损益。

最先推行的便是颁布文理法三个学院的共同必修科目表。在课程会议上，教育部制定科目表并于当月公布，规定自 1938 学年度起一律施行，随后又依据各科的各自程序颁布了师范、农、工、商等学院的必修科目表。虽然这是陈立夫大力推行的工作，但课程会议上亦存在不同声音，有专家建议课程改革"应有延伸性，教育部仅规定各科最低标准，使各校可因特殊情形增加其内容。各科学分数不必规定太严"[③]。不过这样的意见并未被采纳，最后公布的版本仍然是一张规定得事无巨细的科目表。以下以《大学文理法学院共同必修科目表》的内容进行分析。

---

① 陈立夫：《成败之鉴：陈立夫回忆录》，台北：正中书局，1994 年，第 252 页。
② 教育部教育年鉴编纂委员会编纂：《第二次中国教育年鉴》，上海：商务印书馆，1948 年，第 523 页。
③ 教育部教育年鉴编纂委员会编纂：《第二次中国教育年鉴》，上海：商务印书馆，1948 年，第 523 页。

表一 大学文学院共同必修科目表

科目	总学分	一年级上	一年级下	二年级上	二年级下	三年级上	三年级下	四年级上	四年级下
三民主义	4	2	2						
伦理学				3					
国文①	6	3	3						
外国文②	6	3	3						
中国通史③	6	3	3						
世界通史④	6			3	3				
哲学概论	4	2	2						
理则学	3				3				
科学概论	选修一种，6分	3	3						
普通数学									
普通物理学									
普通化学									
普通生物学									
普通心理学									
普通地质学									
地学通论									
社会科学概论	选修一种，6分			3	3				
法学概论									
政治学									
经济学									
社会学									
合计	50	16	16	9	9				

资料来源：《大学文学院共同必修科目表》，1938年9月，《教育通讯（汉口）》1938年第28期，第9—15页。

注：1. ①②至少每两周交一次作业。

2. ③注重文化之发展。

3. ④包括西洋及亚洲各国史，注重文化之发展及各国与中国之关系。

4. 体育为当然必修科目，不计学分，不及格者不得毕业。

5. 伦理学及理则学分别在第二学年第一、第二学期教授，先后顺序各校自行斟酌。

表二　大学理学院共同必修科目表

科目	总学分	一年级上	一年级下	二年级上	二年级下	三年级上	三年级下	四年级上	四年级下
三民主义	4	2	2						
心理学				3					
国文①	6	3	3						
外国文②	6	3	3						
中国通史③	6	3	3						
普通数学	选修一种，6—8分④	3—4	3—4						
微积分学									
普通数学	选修二种，12—20分⑤	3—5	3—5	3—5	3—5				
普通物理学									
普通化学									
普通生物学									
普通心理学									
普通地质学									
地学通论									
社会科学概论	选修一种，6分。⑥			3	3				
法学概论									
政治学									
经济学									
社会学									
合计	49—56	17—20	17—20	9—12	9—12				

资料来源:《大学理学院共同必修科目表》，1938 年 9 月，《教育通讯(汉口)》1938 年第 28 期，第 9—15 页。

注:1. ①②至少每两周交一次作业。

2. ③注重文化之发展，必要时在第二年设置。

3. ④包括大代数、解析几何、初等微积分，数学、物理、化学三系学生必须学习微积分学，必要时先学习普通数学。

4. ⑤必要时在第二学年设置。

5. ⑥必要时在第一学年设置，每科目 6—10 学分。

6. 必要时在第二学年设置。

表三 大学法学院共同必修科目表

科目	总学分	一年级上	一年级下	二年级上	二年级下	三年级上	三年级下	四年级上	四年级下
三民主义	4	2	2						
伦理学				3					
国文①	6	3	3						
外国文②	6	3	3						
中国通史③	6	3	3						
世界通史④	6			3	3				
哲学概论⑤	3—4	3—4							
理则学	3				3				
科学概论	选修一种，6分	3	3						
普通数学									
普通物理学									
普通化学									
普通生物学									
普通心理学									
普通地质学									
地学通论									
法学概论	选修二种，12分	3	3	3	3				
政治学									
经济学									
社会学									
合 计	55—56	20—21	17	9	9				

资料来源:《大学法学院共同必修科目表》,1938 年 9 月,《教育通讯(汉口)》1938 年第 28 期,第 9—15 页。

注:1. ①②至少每周交一次作业。

2. ③注重文化之发展。

3. ④包括西洋及亚洲各国史。

4. ⑤注重文化之发展及各国与中国之关系,本科目得调在第二学年修习。

5. ⑥经济系必选数学,法律系免修自然科学。本科目得调在第二学年修习。

6. 法律系学生免修法学概论,其余三系学生则必须修习,但得由各校院自行酌减该三科之学分数,法学概论一科之内容包括公、私等法学各部门。

7. 体育为当然必修科目,不计学分,不及格者不得毕业。

8. 伦理学及理则学分别在第二学年第一、第二学期教授,先后顺序各校自行斟酌。

文、理、法三学院的课程可以代表教育部对人文科学、自然科学和社会科学的课程要求,以上三份"共同必修科目表"并未如第一次课程会议所言赋予院校更多变通的权力,其突出特点反而是事无巨细。该方案不仅详细规定了文、理、法三院大学生一二年级的公共必修科目,而且详细规定了上课时间及学分数,甚至对部分科目的授课内容、重点、交作业频率等细节均有所规定,可见教育部对于课程管控的强烈意愿。此外,文学院学生需选修一门自然科学和一门社会科学课程,理学院学生需选修一门社会科学课程,法学院学生需选修一门自然科学课程,可见其中蕴含了"跨学科"和"跨文理"的理念。人文类的课程——国文、外国文、中国通史为三个学院之共同必修课,且课程要求与学分数相同。对于其他学院,国文、外国文也是必修课,教育部专门规定第一学年终了时进行严格考试,不及格者需重修,直到及格为止,体现了当局对于中国传统文史教育的重视。"党化教育"的载体"三民主义"仍被列为必修课之首,这点还是带有明显的民族主义色彩和意识形态色彩。

此后陆续推出的师范、农、工、商等学院的共同必修科目概况如下表:

表四　师范、农、工、商学院共同必修科目概况

学院名称	公共课要求	专业课要求
师范学院	公共必修课与法学院大致相同,社会科学选修一种,自然科学选修一种,哲学、理学则二选一	教育概论、教育心理学、中等教育
农学院	公共课只要求国文、外国文	化学、植物学、动物学、地质学、农业概论或农艺、农场实习

学院名称	公共课要求	专业课要求
工学院	公共必修课仅国文、外国文	数学、物理学、化学、应用力学、材料力学、经济学、投影几何学、工程画、工厂实习、徒手画、建筑初则及建筑画、初级图案、阴影法、木工
商学院	公共必修课仅国文、外国文	商业史、经济地理、数学、经济学、法学通论、财政学、会计学

资料来源：《大学师范学院共同必修科目表》《大学农学院公共必修课目表》《大学工学院公共必修科目表》《大学商学院公共必修科目表》，1938年，教育部教育年鉴编纂委员会：《第二次中国教育年鉴》，上海：商务印书馆，1948年，第528—531页。

　　以上四学院课程设置的审查程序与文、理、法学院的全国课程会议审定有所不同，是经过教育部专门委员会审查确认后公布的，但其内容仍贯彻了陈立夫的相关理念，强化了本国史和国文教育，虽并未强迫工科、农科学生学习本国史，但仍进行国文教育，且1942年教育部颁发了部订《大学国文选目》，共规定了国文课程中指定古文学习篇目54篇[1]，这体现了进一步弘扬本国文化的教育理念。相比而言，这四个学院第一、二学年课程的专业性和实用性更加突出。三民主义科目原本只被列为文、理、法、师范学院的必修课，农、工、商学院并不要求，但"恐易启学生不正确之观念"[2]，自1941年开始列为所有学科的共同必修科目，要求于一年级分两学期开设，共计4学分，这也体现了战时学生"党化教育"和意识形态管控的加强。该系列表格曾在1944年进行过修订，甚至要求高校在学年末向教育部提交课程大纲、任课教师名单、教材、讲义等文件[3]，根据现有教育部和学校的档

---

[1]　《教育部令·大学国文选目》，1941年11月，中国第二历史档案馆藏南京国民政府时期国立中央大学档案，全宗号648，案卷号2303。

[2]　教育部教育年鉴编纂委员会编纂：《第二次中国教育年鉴》，上海：商务印书馆，1948年，第531页。

[3]　《修订大学分学院共同必修科目表》，1944年8月，中国第二历史档案馆藏南京国民政府时期教育部档案，全宗号5，案卷号5661(2)。

案,该项规定并未得到完整贯彻实施,但可见战时对大学课程的管控呈现加强趋势。

此外,教育部还制订了学院下属各科系高年级必修科目表及选修科目表①,与共同必修科目的决策程序不同,该表格是在征求相关部门(包括高校和政府机关等)意见的基础上由教育部颁行的②,此后甚至设置了若干科目的具体课程标准③。与必修科目表相似的是,该系列表格仍详细规定了各门课程的开设学期、具体学分数及部分课程的具体要求。以史学系为例,可窥见其设计中体现出来的价值取向:

表五　教育部颁行大学文学院史学系必修选修科目统计表

必修科目	学分数	选修科目	学分数
中国近世史	4—6	中国史部目录学	3
西洋近世史	6	传记学	3—4
中国断代史	8—12	史籍名著	3—4
西洋断代史	8—12	历史教学法	3—4
国别史	4—6	史前史	3
专门史	4—6	考古学	3—6
中国史学史或史学方法	3	世界地理	4—6
中国地理	3	地图学	3—4
西洋史学史或史学方法	4	人类学	3
学业论文或研究报告	2—4	文字学概要	6
		社会心理学	3—4

资料来源:《大学文学院历史学系必修科目表》《大学文学院历史学系选修科目表》《部定各院系必修及选修科目表》,1939 年印行,中国第二历史档案馆藏南京国民政府时期国立中央大学档案,全宗号 648,案卷号 2292。

---

① 《部定各院系必修及选修科目表》,1939 年印行,中国第二历史档案馆藏南京国民政府时期国立中央大学档案,全宗号 648,案卷号 2292。

② 《公布大学必修科目表》,1938 年 12 月,中国第二历史档案馆藏南京国民政府时期教育部档案,全宗号 5,案卷号 5661(1)。

③ 如《师范学院历史课程标准》等,中国第二历史档案馆藏南京国民政府时期教育部档案,全宗号 5,案卷号 9285。

　　上表中的史学系专业课从二年级开始开设,较文学院共同必修科目相比,其专业性更强,涵盖古今中外,既有传授知识的通史与断代史,又有工具学科和方法教学,可谓之完整的史学培养体系。值得注意的是,其关于"中国近世史"的时间界定是"自道光至抗战"①,在限断上与今日"近代史"学科基本类似,这也可见当时官方所认可的史学限断原则。但是,从教学角度来看,一旦将所有高校的所有课程进行统一,各校没有了任何课程开设的自主权,这样的设计不仅在操作上存在难度(如个别师资不足和结构不全面的高校难以把课程开齐),也极易引发争议。

　　统一课程是本次改革的主轴,但除此之外,为使战时之教育服务抗战,在国民党中央的批准下②,教育部要求各校实施"战时教程",并要求各校"斟酌人才、设备及社会需要,增加有关抗战建国之课程"③。其要求之科目如下表:

表六　"战时教程"所要求之科目一览

学科	科目
文学	民族文学、抗战史料
法学、商科	日本问题、战时经济、战时法令
教育科	战时教育问题、军事心理学
理科	国防化学、国防地理
工科	军事工程、军事电讯、汽车修造
农科	战时粮食问题
医科	战时救援

　　资料来源:《教育部令·实施战时教育》,1939 年 8 月 6 日,中国第二历史档案馆藏南京国民政府时期国立中央大学档案,全宗号 648,案卷号 2303。

---

　　①　《大学文学院历史学系必修科目表》,载《部定各院系必修及选修科目表》,1939 年印行,中国第二历史档案馆藏南京国民政府时期国立中央大学档案,全宗号 648,案卷号 2292。

　　②　《国民党五届六中全会教育报告》,1939 年 1 月 10 日,中国第二历史档案馆藏南京国民政府时期教育部档案,全宗号 5(2),案卷号 319。《国民党五届六中全会决议》,1939 年 1 月,台北"中国国民党中央文化传播委员会党史馆"藏"国防"档案,档案号 003/0409。

　　③　《教育部令·实施战时教育》,1939 年 8 月 6 日,中国第二历史档案馆藏南京国民政府时期国立中央大学档案,全宗号 648,案卷号 2303。

以上的系列措施为教育部所进行的"课程整理"的主要内容,当然对于大学教学的管控还不止于此,还有诸如大学用书的提出与审定、学业竞试等"提高学生程度"措施之施行,以及毕业总考的推出等一系列措施,与统一课程改革是相互配套的,它们共同构成了战时对高等院校教学的管控体系。

三、中央大学与课程整理

全面抗战爆发后,中大迁往重庆办学,学生入学后第一学年于柏溪校区修学,后三学年于沙坪坝校区。此时,战时教育如何开展,成为高等教育发展的重要问题。校长罗家伦响应国府"战时教育向平时看"的号召,坚持"我们正轨的教育必须维持,正轨的课程不可破坏"①,在院系课程设置上维持大学教育的应有标准,致力于培养具有扎实学术根基的建国人才。

全面抗战时期的中央大学相比国内其他高校,规模较为庞大,科系齐全完整,办学历史较久,在教育部颁行共同必修科目表等"课程整理"方案之前即已形成较为完善的学科课程体系。根据该校 1938 年初颁行的选课指导书,在共同必修科目实施前(该目录于 1938 年 9 月通过,开始实施于当年下半年入学之新生,故年初仍是中央大学自行订立的课程体系),中央大学的文、理、法学院共同必修科目情况如下:

表七　中央大学文、理、法学院共同必修科目概况(1938 年春)

院系	共同必修科目
文学院	党义、国文、基本英文、普通体育、军事训练
理学院	基本英文、党义、军事训练、体育、普通物理学
法学院	党义、国文、基本英文、普通体育、军事训练、政治学
农学院	基本国文、基本英文、普通化学、普通物理学、动物学、地质学、农学概论、农场实习、主义②、体育、军事训练

---

①　罗家伦:《一段惨痛的校史和本大学现在的方针》,1937 年 12 月 6 日,《罗家伦文存》第五册,第 639 页。

②　即党义。

院系	共同必修科目
教育学院	党义、国文、基本英文、普通体育、军事训练、动物学（生物学）、教育学
工学院	党义、国文、英文、普通体育、军事训练、微积分、普通物理、投影几何、机械化、

资料来源：《国立中央大学各学院选课指导书》，1938年，中国第二历史档案馆藏南京国民政府时期国立中央大学档案，全宗号648，案卷号2283。

注：本表根据各院系课程表之公共部分整理而得。

由上表可见，在教育部未明确规定共同必修科目时，中央大学的自有课程体系中公共必修科目的专业性相对较强，更多满足的是学院的专业教学需求。一个学院内学科差异较大的如文学院（中文、外文、历史、哲学）、理学院（算学、物理、化学、生物、地理、地质）、法学院（经济、政治、法律）较少规定某一专业的某门课，甚至理学院部分学科并未将数学强行列入必修科目之中，也并无部颁《大学各学院共同必修科目表》所规定的跨学科、跨文理修课的要求，可见校方倾向于专业教育。在意识形态和文化方面，党义按照统一要求开设，而（基本）国文、（基本）英文为全校规定的共同必修课，所承担的意识形态和文化传承功能相比部颁《大学各学院共同必修科目表》较弱。

1937年11月7日，系主任朱希祖与姚公书、缪凤林、张贵永三位教员商量史学系添设战时特别课程一事，达成了"略改课目"的共识，只需在原来科目的教学中更注重民族战争的内容①。1938年，缪凤林、周培智开设"中国通史"，断代史有姚公书"秦汉史"、姚薇元"隋唐五代史"、金毓黻"宋辽金史"、朱希祖"元明史"、郭廷以"中国近世史"与"中国现代史"、沈刚伯"西洋上古史"、张贵永"西洋中古史"、"西洋近世史"与"欧洲现代史"；专题史有朱希祖"中国史学概论"、张贵永"史学方法论"、缪凤林"中国文化史"、沈刚伯"西洋文化史"、缪凤林

---

① 朱希祖：《朱希祖日记》（中册），朱元曙、朱乐川整理，北京：中华书局，2012年，第820页。

"日本朝鲜史"、郭廷以"中国史学史"与"中西交通史"。① 同时,史学系招生人数增加至 17 人;时有 6 名教授,讲师、助教各 1 人,师生配比进一步合理化。

史学系主任朱希祖写就《大学文学院史学系必修选修课程表审查意见》一文,陈述其对统一课程标准的两点见解。第一,大学与中学不同,在人才延请、图书仪器配备、经费、教授待遇与薪水方面都不能全国一致,教育部宜制定原则,各大学根据实际情况制定课程,呈请教育部审核施行。第二,各校史学系人才培养目的不同,部定课表难以达成目的。师范学院造就师资,注重应用,而大学史学系更应注重学理。以"发明历史真相"为目标的学生,须修"考古学、地史学、人类学、人种学、言语学(包括吾国之文字学)、人文地理学等必修科目,而以各种国别史,如英、美、德、法、俄、日等国国史为选修科目,或选修专门史,如社会史、经济史等以辅之"。以"发明历史真理"为志向的同学,"需以心理学、伦理学、哲学、历史哲学等为必修科目,而以各种专门史,如哲学史、美术史、宗教史、社会史以辅之"②。

在此理念下,史学系教授会议拟定六条审查意见:"一,第二学年中国通史、西洋通史均应改入第一学年;二,添中国文化史及西洋文化史及中国史学概论;三,中国分代史为八期 1. 中国上古史 2. 秦汉史 3. 魏晋南北朝史 4. 隋唐五代史 5. 宋辽金史 6. 元明史 7. 清史 8. 中国现代史;教授中国分代较西洋分代史难,以西洋史整理完备,有现成书,故分代可引长而讲全,授中国史未曾整理,无现成适当书本,教授难得,故分代缩短,不必全授,然至少需开四五种,此八种虽皆列为必修科目,然未必能全部开班,唯逐年轮换可也;四,中国西洋各分代史,皆改为一学年教完;五,其他必修科,或一学期或一学年教完,不必规定;六,选修科目或不必有,而列入或必宜有而不列入漫无

---

① 《课目一览》,1938 年,中国第二历史档案馆藏,档号:648 - 747。
② 朱希祖:《大学文学院史学系必修选修课程表审查意见》,1939 年 1 月,中国第二历史档案馆藏,档号:648 - 2278。

标准,此宜由各大学斟酌实情自定。"①

第三条言明中国史与西洋史分段教学难度不一的问题。西洋史如菲亚古国史、欧洲中古史与近古史课程的参考教材皆以剑桥大学出版为要②,中国史教学"随时指定"则较为复杂。例如缪凤林所开"秦汉史"课程"讲授史记、两汉书为主,注重三史之阅读",要求"选习者需备史记汉书,下学期需备后汉书"③,而朱希祖开设的"中国上古史"课程则令史学系二年级学生七人分治战国七国史,并"率七生至图书馆阅参考书"④。

当时教育部有大学用书规定,国立中央大学史学系数位教授亦成为编者:沈刚伯编《西洋通史》,缪凤林编《中国通史要略》,金毓黻编《中国史学史》与《两宋辽金史》。⑤ 但在校内实际开课中,教员皆使用自撰讲义与笔记(见下表),并无受其约束,此处可见史学系教师具有相当的授课自由,可根据其个人学问量身打造课程内容。

表八　中央大学史学系教科用书

科目名称	教科书	指定参考书与教材	担任教员
中国史学概论	自编讲义	随时指定	朱希祖
魏晋南北朝史	笔记	随时指定	朱希祖
中国通史	中国通史纲要(自编)	各种专门与普通史籍,随时指定	缪凤林
中国民族文化史	柳诒徵《中国文化史》	同上	缪凤林

---

① 中央大学史学系教授会议拟定:《大学文学院历史学系必修选修课程表审查意见》,1939 年,中国第二历史档案馆藏,档号:648-2278。

② 《国立中央大学文学院史学系选课指导书》,1933 年,王应宪编校:《现代大学史学系概览(1912—1949)》,上海:上海古籍出版社,2017 年,第 656—659 页。具体教材为 *Cambridge ancient history*、*Cambridge modern history*、*Cambridge medieval history*。

③ 《史学系通告(三)》,《国立中央大学日刊》第 1029 期,1933 年 9 月 11 日,第 904 页。

④ 朱希祖:《朱希祖日记》下册,朱元曙、朱乐川整理,北京:中华书局,2012 年,第 1006 页。

⑤ 《教育部大学用书编辑委员会工作报告》,1929—1933 年,中国第二历史档案馆藏,档号:5-1451。

科目名称	教科书	指定参考书与教材	担任教员
国史研究	《尚书》《左传》《国语》《史记》《汉书》等	同上	缪凤林
西洋文化史	笔记	同上	沈刚伯
西洋现代史	笔记	同上	沈刚伯
西洋通史	笔记	同上	沈刚伯
中国近世史	讲义	同上	郭廷以
中国现代史	讲义	同上	郭廷以
中西交通史	笔记	同上	郭廷以
秦汉史	笔记、四史	同上	姚公书
中国史学史	自撰讲义，凡十二章	参考书、《八史经籍志》及诸家艺文志、正史中史家列传、《史通》《文史通义》、梁启超《中国历史研究法》、何炳松《新史通义》	金毓黻
东北民族史	自撰讲义，凡三十余章	除正史外阅读辽金元史、《明实录》、最近所出版之国际东北之史料、高丽史、朝鲜史、日本侵略东北诸史料	金毓黻
隋唐五代史	笔记	正史外，有《唐六典》、《唐会要》、《五代会要》、《通典》、《唐律疏议》、《唐语林》及文集小说等	姚薇元
西洋近世史	笔记		张贵永
德国史	笔记		张贵永
西洋史学史	笔记		张贵永

资料来源：《教科用书》，中国第二历史档案馆藏南京国民政府时期国立中央大学档案，全宗号648，案卷号2318。

1939年，蒋介石发表《革命的教育》一文，痛诋民国二十七年以来之教育为亡国灭种之教育[①]。中大教员缪凤林见蒋介石提倡爱国须读历史、地理,暑假时于汉口向蒋"条陈各大学一年级生一律授以中国通史"。尽管系主任朱希祖并不支持此举,认为这一行动舍本逐末,"历史为全人类之产物,不能枉曲成为一国一党的御用宣传品"[②],校长罗家伦仍于11月19日商议各院一年级中国通史课分配事项:因文、理、法、教育四院一年级学生皆须增加三课时的中国通史,即增四班,须聘请清华大学史学系毕业生周陪智担任课程教员,姚薇元由"隋唐五代史"一课改授"中国通史(二班)",缪凤林原任"中国通史"一课教员,有《中国通史》讲义印行,继续担任该课教学[③]。

　　而在各学院专业课程方面,早在"抗战教程"实施以前,全面抗战爆发伊始,中央大学便统计了各学院与抗战相关之课程,其中既有新开设的课程,也有续开的内容相关的课程,详见下表:

表九　中央大学各学院与抗战相关课程及内容统计表

学院/系	课程名(或数量)	说明
文学院/中国文学系	民族诗歌	各体文选一课,所选文章均为弘扬民族精神方向
文学院/外国文学系	战时文学讲座	外文系各教师轮流担任教员
文学院/史学系	中国民族文化史	续开,缪凤林主讲
文学院/史学系	东北民族史	新开,金毓黻主讲
文学院/史学系	中国近代史	续开,郭廷以主讲
文学院/史学系	中国现代史	续开,郭廷以主讲
文学院/史学系	西洋现代史	续开,沈刚伯主讲
法学院/法律系	国际私法	续开,赵之远主讲
法学院/政治系	国际公法	续开,黄正铭主讲

---

　　①　蒋介石:《革命的教育》,《中央周刊》1938年11月3日。
　　②　朱希祖:《朱希祖日记》中册,朱元曙、朱乐川整理,北京:中华书局,2012,第950、952页。
　　③　朱希祖:《朱希祖书信集邮亭诗稿》,朱元曙整理,1940年4月9日,北京:中华书局,2012年,第230页。

（续表）

学院/系	课程名(或数量)	说明
法学院/政治系	中国外交史	续开,黄正铭主讲
法学院/政治系	国际组织	新开,黄正铭主讲
法学院/政治系	欧洲独裁政府	新开,马洗繁主讲
法学院/政治系	新闻学	新开,郑亚瑰主讲
法学院/经济系	本国经济地理	新开,胡焕庸主讲
法学院/经济系	战时经济	续开,吴干等主讲
农学院/农艺系	粮食问题	新开
农学院/农艺系	棉布学	新开
农学院一年级	农业问题	
农学院各系	专题研究	各教师轮流担任,注重战时问题
教育学院	战时心理、军事心理	教育系、心理系高年级
理学院/算学系	弹道学	一年级
理学院/物理系	无线电学及实验	
理学院/物理系	应用物理学	注重军事应用
理学院/物理系	飞机机翼理论	
理学院地质系	普通矿物学	一年级
理学院地质系	普通地质学	注重山川地势及爬山练习
理学院地质系	普通岩石学	帮助开山筑路
理学院地质系	地形测绘	
理学院地质系	经济地质学	军用矿物之生成及原理
理学院/地理系	国际政治地理	
理学院/地理系	本国经济地理	
理学院/地理系	苏联讲座	注重了解苏联地理及其五年规划
理学院/地理系	航空气象学	
理学院/地理系	康藏地理	通过西康、藏区地理说明经营西南边疆之必要与方针
理学院/地理系	气象学	为机械特别研究班(航空)开设
工学院/土木系	28门	
工学院/电机系	21门	

学院/系	课程名（或数量）	说明
工学院/机械系	22门	
工学院/航空系（机械特别研究班）	7门	
工学院/建筑系	28门	
工学院/化工系	11门	
工学院/机械训练班	9门	

　　资料来源：《中央大学与各学院往来函》，1938年6月，中国第二历史档案馆藏南京国民政府时期国立中央大学档案，全宗号648，案卷号2278。
　　注：工学院与抗战相关的课程较多，限于篇幅，不一一列举。

　　上表之课程，有人文学科中对民族历史文化之弘扬，有社会科学相关学科对于国际形势的研究，亦有理工学科对战时相关实用科学技术的教学。这既是对陈立夫及政府课程整理要求的回应，也是中央大学承担服务国家、服务抗战职能的重要体现。此课表所载之与抗战相关课程相比教育部规定的"抗战教程"更丰富、全面，这也是战时中央大学承担使命、服务国家的一种方式。

第二节　学业竞试制度与中央大学的参与

　　全面抗战时期，教育部组织了全国专科以上院校学生的"学业竞试"，从1940年到1945年一共举办了6届，初期制度较为完善，但是后期渐渐走了下坡路。这种"学科竞赛"和"优秀论文评比"性质的活动是中国近代考试制度的组成部分。关于此问题，过去学界已有一些研究①,但相比全面抗战时期其他教育问题,学业竞试的研究并不充分,而且使用一手资料较少,一些论著主要是通过学业竞试来研究和衡量当时一所或多所学校的学业水平,并非针对学业竞试制度本身。本节拟以档案史料为基础,对这一制度及其在中央大学的实施情况作一考察。

一、学业竞试制度的提出及设计

与许多当时的教育政策不同,学业竞试制度并非国民党或国民政府高层决议(或授意)实行②,而是教育当局为"提高专科以上学校学生程度"而采取的措施之一。《第二次中国教育年鉴》所载"教育部为奖励专科以上学校学生学业起见,于(民国)二十九年二月公布《全国专科以上学生学业竞试办法》……"③的表述便已简单表明其主旨。在战时,以陈立夫为部长的教育部一直强调"提高学生程度",并制订了一系列管理举措和新制度予以落实④,这在一定程度上源于陈立夫对当时中国教育和学生学业水平总体不满的观感。学业竞试就是当时为促进学校提高学生程度所采取的主要措施。

---

① 如朱鲜峰、刘晨飞:《抗战期间中国高校办学质量管窥:基于学业竞试的统计分析》,《山东高等教育》2018年第2期;郑若玲、吕建强:《民国高校学业竞试的实施及启示》,《教育与考试》2011年第6期;龚黎坪:《四十年代全国高校学业竞试比较分析:从一个侧面说明浙江大学成为名校的原因》,《浙江社会科学》2004年第3期;龚黎坪:《抗战时浙大学科优势及其延续:四十年代全国高校学业竞试成绩比较分析》,《杭州大学学报(哲学社会科学版)》1998年第3期。上述论文大多以学业竞试为衡量当时学业水平的一个依据。此外,一些设计民国时期或抗战时期考试、评价制度的专著、论文亦有所提及。如周宁之:《近代中国师范教育课程研究》,湖南师范大学博士学位论文,2013年;徐荣梅:《民国时期高等教育考试立法研究》,西南政法大学硕士学位论文,2013年;胡向东:《民国时期中国考试制度的转型与重构》,华中师范大学博士学位论文,2006年;王奇生:《中国考试制度通史》,北京:首都师范大学出版社,2006年。

② 当时,教育部仅将其作为工作之一向国民党高层做了报告,并未见受到更多高层指示和介入的资料。见《国民党五届九中全会教育报告》,1941年10月,台北"中国国民党中央文化传播委员会党史馆"藏会议档案,档案号5.2/178。

③ 教育部教育年鉴编纂委员会编:《第二次中国教育年鉴》,上海:商务印书馆,1948年,第582页。

④ "提高专科以上学生程度"的说法经常出现在教育部工作总结与计划、教育部向国民党中央、国民参政会等上级机关所做的工作报告之中,可参见中国第二历史档案馆、台北"国史馆"、台北"中国国民党中央文化传播委员会党史馆"、台北"发展委员会档案管理局"所藏之"教育部"工作报告、计划、总结等,此处不再一一列举。

1940 年教育部颁布《全国专科以上学生学业竞试办法》表明这一制度的肇始。该《办法》载明实施学业竞试制度即"为奖励专科以上学校学生之学业研究起见",分为甲(国文、外文、数学三类,各校一年级学生得报考一至三科)、乙(各科系主要科目,二、三年级学生得自由报考各该学年制定之科目)和丙(毕业论文,各校四年级学生一律参加)三个类别。甲乙两类分初试与复试,初试由各校主持,复试由教育部分区举办,每年举行一次;丙类分初选与复选,初选由各校举行,复选由教育部举办(由各分区招生委员会兼办学业竞试事宜①)。甲类决赛每科前十名、乙类每科第一名、丙类最优三十名称为"决选生"。在奖励方面,《办法》规定,对甲乙两类各校初选生及决选生予以奖金、奖状和免费(免学费)奖励,对丙类予以奖励出版及尽先介绍工作。参加学业竞试成绩特优者由高校教育部予以通令嘉奖②。具体到奖金的数额方面,同时颁布的《专科以上学校学生学业竞试奖励办法》规定,甲类第一名奖励书券 300 元,第二名至第五名奖励书券 250 元,第六名至第十名奖励书券 200 元;乙类决选生奖励书券 300 元;丙类第一名奖励书券三百元,第二名至第十名奖励书券 250 元,第十一名至第二十名奖励书券 200 元,第二十一名至第三十名奖励书券 100 元。(随着抗战后期通货膨胀的加剧,奖金的数额有所上涨。)其余获奖学生均获得奖状,并登载于毕业生名册③。

从教育部的制度设计上看,这一举措有如今"学科竞赛"和"优秀毕业论文评选"的双重属性。甲类之学科国文、外文和数学为大多数学生之公共必修科目,乙类为基于部颁科目表的各科系之共同必修

---

① 《教育部代电·高壹 II 字第 07207 号·分区招生委员会兼办专科以上学校学生学业竞试办法》,1940 年 5 月 6 日,中国第二历史档案馆藏南京国民政府时期国立中央大学档案,全宗号 648,案卷号 2554。

② 《教育部令·第 15411 号·公布专科以上学校学生学业竞试办法》,1940 年 5 月 18 日,载教育部参事处编:《教育部法令汇编(第六辑)》,上海:正中书局,1941 年,第 146 页。

③ 《教育部令·第 15501 号·公布专科以上学校学生学业竞试奖励办法》,1940 年 5 月 18 日,载教育部参事处编:《教育部法令汇编(第六辑)》,上海:正中书局,1941 年,第 146 页。

课,丙类为所有学生之毕业论文,这样可以确保参与的广泛性。但与正常的期末测试不同的是,学业竞试是自愿报名参加的。在奖励方面,虽然规定予以奖金等物质奖励,但最终还是以书券的形式发放。学生战时生活困难,书券相比于现金,吸引力自然不会太强。而对学校来说,通令嘉奖的吸引力也相对有限,这也可以作为一些学校在此之后对学业竞试参与意愿不高的解释。

而在考试科目方面,第一届学业竞试只针对各大学和独立学院,专科学校没有机会参与①。其甲、乙类考试科目如下表:

表十　第一届学业竞试甲、乙类科目表

类别/科系	考察科目
甲类	国文、外文(注 1)、数学
以下为乙类(注 2)	
中国文学系	作文、中国文学史
外国文学系	英文作文、英国文学史
哲学系	哲学概论、中国哲学史
新闻系	中国通史、新闻学概论
历史学系	中国通史、西洋通史
音乐系	音乐史、和声学
数学系	微分方程、高等解析几何
物理系	微分方程、理论力学
化学系	化学、定性定量分析
生物系	生物学、脊椎动物比较解剖学
心理系	普通心理学、实验心理学
地理系	气象学、地理通论
地质学系	地质学、岩石学

① 《教育部训令·高壹Ⅱ字第 11422 号·公布第一届专科以上学校学生学业竞试要点》,1940 年 4 月 18 日,中国第二历史档案馆藏南京国民政府时期国立中央大学档案,全宗号 648,案卷号 2554。

类别/科系	考察科目
制药学系	有机化学、药物化学
政治学系	政治学、中国政治史
经济学系	经济学、会计学
法律系	政治学、民法总则
社会学系	社会学、中国社会史
教育学系	教育心理、中等教育
公民训育系	德育心理、政治学
体育学系	教育心理、体育理论
家事学系	家事化学、营养学
社会教育学系	教育心理、社会教育概论
职业教育学系	教育心理、职业教育概论
农事学系	生物学、植物学
农艺学系	植物学、土壤及废料学
森林学系	植物学、森林植物或树木学
畜牧兽医学系	动物学、家畜解剖学
蚕桑学系	动物学、养蚕学
园艺学系	植物学、土壤及废料学
植物病虫害学系	动物学、昆虫学
农业化学系	植物学、有机化学
农业经济学系	作物学、会计学
土木工程系、水利工程系、测量学系	应用力学、平面测量
机械工程系、航空工程系	应用力学、机动学
电机工程系	应用力学、电工原理
矿冶工程系	应用力学、矿物学
化学工程系、染化工程系	有机化学、定性定量分析
纺织工程系	应用力学、纺织学
乙类建筑工程系	应用力学、建筑图案
银行学系、会计学系、商学系	会计学、货币银行学

类别/科系	考察科目
统计学系、工商管理学系	会计学、统计学
国际贸易学系	会计学、国际贸易
医科或医学系	二、三年级：生物学、解剖学 四、五年级：外科学、内科学
药学系	有机化学、药物化学
牙科	二、三年级：生物学、生物化学 四、五年级：外科学、口腔解剖学

资料来源：《教育部训令·高壹Ⅱ字第 11422 号·公布第一届专科以上学校学生学业竞试要点》，1940 年 4 月 18 日，中国第二历史档案馆藏南京国民政府时期国立中央大学档案，全宗号 648，案卷号 2554。

注：1. 外文考试分多个语种，其中英语分为普通大学一年级和英语系英文考试两部分。

2. 两门科目均需参加。

此外，《第一届专科以上学校学生学业竞试要点》还规定了初试科目于当年五月举行，复试在统一招生考试结束后举行，还对命题、复试分区、试卷保密、复试相关经费的承担等做了规定①。

从第一届学业竞试的科目可以看出，乙类的考试科目与 1938 年教育部开始进行的"统一课程"有一定的相关性，如果没有统一课程改革的强行推动，各校科目依然五花八门，那么组织全国性学业竞试便颇为困难。上表所列的学业竞试科目基本为教育部所认定的重要的必修科目，有的科目为数门课程的组合，如历史学系的"中国通史"和"西洋通史"在文学院共同必修科目表中课程名称相同②，但在历史学系的专业课程中为"中国断代史""中国近世史""西洋断代史""西

---

① 《教育部训令·高壹Ⅱ字第 11422 号·公布第一届专科以上学校学生学业竞试要点》，1940 年 4 月 18 日，中国第二历史档案馆藏南京国民政府时期国立中央大学档案，全宗号 648，案卷号 2554。

② 《大学文学院共同必修科目表》，1938 年 9 月，《教育通讯（汉口）》1938 年第 28 期，第 9—15 页。

洋近世史"四门①。这样对学生所学的必修课进行竞试,确实可以起到调动学生积极性,促进学生学业进步的作用,但只考核教育部从必修科目表中选择的课程,专业性是存疑的,比如很多理科、工科院系的竞试项目过于基础(注重基础理化而对本身专业课重视不够)。此外,单从科目上看,首届学业竞试与党化教育关系不大,并未将党义(三民主义)列为竞试科目,这一方面是因为教育部已经组织各大专院校进行"三民主义论文比赛",另一方面是因为一些意识形态因素已通过试题得以渗透,如首届学业竞试部分公共科目的试题如下:

学业竞试英文试题(大学一年级非英文专业·甲类)

1　作文 The Importance of family to a nation

2　汉译英:我常常说:女子解放,要看我们女子本身的努力,如果我们女子的知识能力,有不断的进步,我们女子对于国家民族和世界人类有确实的贡献,女子的地位,就自然而然地提高。现在或者有人以为女子参与政治,是求得女子解放的第一步,这句话也许是对的,现代的国家,都不能否认女子要有参政权,可是女子解放真正的意义,并不是只求幸福。

学业竞试国文作文试题(文学院中国文学系及师范学院国文系二三年级)

1　文言文作文题:文学与建国

2　语体文作文题:自信力的养成

学业竞试国文试题(大学一年级非中文专业·甲类)

---

① 《大学文学院历史学系必修科目表》,载《部定各院系必修及选修科目表》,1939年印行,中国第二历史档案馆藏南京国民政府时期国立中央大学档案,全宗号648,案卷号2292。

试述我国固有之德性智能。①

上述两份甲类学业竞试试题针对全国大学一年级学生,试题中的作文涉及民族国家,汉译英则直接修改自宋美龄关于女子解放的演讲②。国文专业试题中的作文体现了国家意识和个人修养,而一年级的甲类国文试题则关注了中国传统文化,这都是战时蒋介石一直强调和陈立夫一直关注的。这些潜在的政治性渗透通过试题得以体现。

从制度设计及组织可看出,教育部试图将学业竞试组织为全国专科以上学校的主要学业竞赛形式,其制度较为严密,初试、复试、命题和奖励各环节均有细致规定。第一届学业竞试于 1940 年 7 月 27 日举行(甲、乙类复试),根据教育部统计,参与的各校初选生甲类 410 人,乙类 619 人,丙类 240 人,最终产生决选生甲类 31 人,乙类 62 人,丙类 30 人③,教育部按照规定向获奖的决选生发放了书券作为奖励④。学业竞试的举办较为顺利。

二、中央大学第一届学业竞试的组织与参与

在学业竞试的分区中,中央大学与重庆大学、复旦大学、中华大学、江苏医学院、四川教育学院属于第一区(重庆区)⑤。早在 2 月,中央大学便已收到了学业竞试的相关规则⑥。在重庆区的各高校当中,

---

① 《教育部代电·转发学业竞试试题》,1940 年 7 月 14 日,中国第二历史档案馆藏南京国民政府时期国立中央大学档案,全宗号 648,案卷号 2554。

② 宋美龄:《在妇女界纪念会的讲话》,1939 年 3 月 8 日,载宋美龄:《宋美龄自述》,袁伟、王丽平选编,北京:团结出版社,2004 年,第 148 页。

③ 教育部教育年鉴编纂委员会编:《第二次中国教育年鉴》,上海:商务印书馆,1948 年,第 522 页。

④ 中央大学:《致教育部请其函送第一届学生学业竞试甲乙类决选生奖金收据的公文》,1940 年 8 月,中国第二历史档案馆藏南京国民政府时期国立中央大学档案,全宗号 648,案卷号 2555。

⑤ 《教育部训令·高壹 II 字第 11422 号·公布第一届专科以上学校学生学业竞试要点》,1940 年 4 月 18 日,中国第二历史档案馆藏南京国民政府时期国立中央大学档案,全宗号 648,案卷号 2554。

⑥ 《教育部训令·高壹 II 字第 3116 号·公布专科以上学生学业竞试办法》,1940 年 2 月 5 日,中国第二历史档案馆藏南京国民政府时期国立中央大学档案,全宗号 648,案卷号 2554。

中央大学参加首届学业竞试的人数最多,这既基于中央大学学生数量和学科结构,也与学生参与积极性不无相关。

表十一　中央大学第一届学业竞试甲、乙类初选生情况统计

考试项目(甲类为)	人数	备注
国文(作文)	18	含候补 3 人。其中,文学院 2 人,理学院 2 人,法学院 2 人,医学院 1 人,农学院 3 人,工学院 4 人,师范学院 4 人
英文	11	其中,文学院 1 人,法学院 2 人,农学院 1 人,工学院 4 人,医学院 1 人,师范学院 2 人
数学	11	其中,工学院 8 人,师范学院 1 人,理学院 2 人
外国文学系	2	
历史系	1	
化学系	1	
地理系	2	
法律系	1	
政治系	4	
园艺系	1	
农化系	1	
水利系	4	
机械系	6	
航空系	4	
电机系	5	
化工系	1	
师范学院	10	考察教育学科或相关学科
医学本科	3	
牙科	2	
合计	88	含候补 3 人

　　资料来源:《国立中央大学第一届学业竞试》,1940 年 7 月 19 日,中国第二历史档案馆藏南京国民政府时期国立中央大学档案,全宗号 648,案卷号 2554。

　　注:当年重庆区最终确定参加第一届学业竞试的初选生共计 212 人,见《重庆区第一届学业竞试复试名册》,1940 年 7 月 24 日,中国第二历史档案馆藏南京国民政府时期国立中央大学档案,全宗号 648,案卷号 2554。

表十二 重庆区第一届学业竞试甲、乙类初选生数量统计

学校名称	合计人数（甲类＋乙类）	备注
中央大学	88(40＋48)	含3名国文科候补
复旦大学	42(9＋33)	
江苏医学院	7(3＋4)	甲类参加德文考试
武昌中华大学	14(7＋7)	
四川省立教育学院	13(5＋8)	
重庆大学	63(12＋51)	
其他高校来渝考试	4	均为乙类

资料来源:教育部、中央大学、重庆区招生委员会相关往来函件和名单清册等,具体参见中国第二历史档案馆藏南京国民政府时期国立中央大学档案,全宗号648,案卷号2554。

注:东北大学3人、金陵女子文理学院1人因此时在渝参加三民主义青年团训练,故申请参加重庆区考试,教育部予以批准,见《教育部代电·22983号》,1940年7月,中国第二历史档案馆藏南京国民政府时期国立中央大学档案,全宗号648,案卷号2554。

由上表可知,中央大学参加第一届学业竞试的学生总体数量较多,尤其是与本区其他高校相比更是明显领先。但是,通过乙类参赛的学生学科结构可以看出,当时作为全国学科门类最为齐全的高校之一,中央大学参赛的总体学科数量仅有十几个,这与其本身的学科数量和结构是无法匹配的,而且明显看出即使在参加的学科学院当中,工学院的比重明显偏大。学业竞试制度设计的是选取各学科最优学生,故可见中央大学许多学院、科系学生对初试的参与热情就并不高,导致很多学科根本没有举行学业竞试的初试。而相比之下,重庆大学的学生参与乙类科目的数量更大。其他高校的参与热情也并不高,甚至次年有高校直接复函五人参加第二届学业竞试[①]。可见在

---

① 1941年国立音乐学院回复中央大学该年度该校无学生参加,但教育部其实已经将音乐学科列入学业竞试科目当中。国立音乐学院:《致中央大学罗家伦校长函》,1941年7月18日,中国第二历史档案馆藏南京国民政府时期国立中央大学档案,全宗号648,案卷号2555。

参与度方面,这种"竞赛"并未实现调动广大学生全面参与的预想。

从成绩方面来看,中央大学参加第一届学业竞试的获奖情形如下:

表十三　中央大学学生参加第一届学业竞试获奖情况

获奖学生姓名	所考科目(或系别)	获得名次	备注
贾文林	甲类英文	第六名	农学院一年级
周以济	中国文学系	第一名	
柳茂南	外国文学系	第一名	并列获奖
冯如侃	外国文学系	第二名	并列获奖
李毓树	历史学系	第一名	
郑士镕	政治学系	第二名	
段平瑶	师范学院国文系	第一名	
胡维华	机械工程系	第一名	并列获奖
姜际升	机械工程系	第二名	并列获奖
林启荣	电机工程系	第一名	并列获奖
裘益钟	电机工程系	第二名	并列获奖
宋少章	医科(四五年级)	第二名	
马秀权	丙类理学院	决选生	
卢浩然	丙类农学院	决选生	
刘宗汉	丙类工学院	决选生	
魏章根	丙类农学院	次优第一名	成绩次优,应即嘉奖
曹诚一	丙类农学院	次优第二名	成绩次优,应即嘉奖

资料来源:《第一届专科以上学校学生学业竞试获奖名册》,教育部教育年鉴编纂委员会编:《第二次中国教育年鉴》,上海:商务印书馆,1948年,第553—555页;《国立中央大学第一届学业竞试》,1940年7月19日,中国第二历史档案馆藏南京国民政府时期国立中央大学档案,全宗号648,案卷号2554。

注:1. 甲类排名为教育部明文公布,乙类、丙类为按照刊载顺序,未标明类别为乙类获奖考生。

2. 部分科目因教育部认为无成绩优秀者,并未颁奖,奖项悬空。这也可以体现学业竞试选拔的"宁缺毋滥"原则。

按照上表及其他相关史料,中央大学此次参加第一届学业竞试获奖学生共计 17 人,其中甲类 1 人,乙类 11 人,丙类 5 人。根据中央大学甲、乙类参加人数 85 人(88 人中剔除 3 名候补考生),甲、乙类获奖人数占比为 14.12%,与此前学者统计的第一届学业竞试10.32%[①]的获奖比例相比略高一些。而其中乙类成绩较为突出,获奖学生占初选生比例接近四分之一许多学科甚至直接包揽唯一(或唯二)的名额,可以从一个侧面反映出中央大学部分学科的学生培养质量在当时处于相对领先水平。但中央大学甲类参赛学生成绩一般,仅一人入选三门科目的前十名,丙类毕业论文的入选数量亦较为有限,这也从成绩中体现出学校短板。

三、历届学业竞试的改革及中央大学成绩状况

虽然教育部制订了关于学业竞试的统一规定,但具体每届的实施情况则取决于当年的《学业竞试办法》,每届都有一定变化。1941年教育部组织第二次全国专科以上学校学生学业竞试时,相比于第一届进行了一些改革。首先是参赛学校学生范围扩大至专科学校和临时政治学院,因此各区参与学校数量大幅增加;其次是在初试环节,规定各校甲乙类初试由本学年学期试验(即期末考试)代替,这样就压缩了学业竞试的初试环节,使流程更为简单。最后是优化考试科目,对部分学科尤其是理工科等应用型较强的学科进行测试科目调整,更加突出了专业性,而不是大量考察基础理化知识[②]。第三届较大的变化一是乙类竞试由两科改为一科,二是为强化党义教育,将三民主义列为甲类选考科目之一,但仍是自愿参加[③]。第二、三届学业竞试虽然有了许多变化,但基本还是按照第一届的模式举行每一学科的"学科竞赛"和优秀毕业论文评选,反映了其"提高专科以上学

---

① 朱鲜峰、刘晨飞:《抗战期间中国高校办学质量管窥:基于学业竞试的统计分析》,《山东高等教育》2018 年第 2 期,第 86 页。在此需要说明的是,因史料原因,该文所列的部分数据不甚准确。

② 具体可参见《第二届全国专科以上学校学生学业竞试要点》,1941 年,中国第二历史档案馆藏南京国民政府时期国立中央大学档案,全宗号 648,案卷号 2555。

③ 具体可参见《第三届全国专科以上学校学生学业竞试办法》,1942 年 6 月,中国第二历史档案馆藏南京国民政府时期国立中央大学档案,全宗号 648,案卷号 2558。

校学生程度"的举办初衷。

从第四届学业竞试开始则发生了更大变化,该届仅举行丙类学业竞试(即毕业论文评选),各校每系报送最优论文两篇,由专家组评奖①。第五届竞试则充满了国民党的意识形态色彩,仅考国文一科,并以蒋介石的《中国之命运》为主题,强迫公私立专科以上学校各年级学生参加②。第六届学业竞试(也是最后一届)仅举行三民主义、物理、化学、数学四门测试,并规定文、法、商、师范及相关专科学校、专修科各年级学生一律参加三民主义科目的竞试,理、工、农、医学院及相关专科学校、专修科各年级学生应在数学、物理、化学当中任选一门参加竞试,由各校举行初试,每科成绩最优五人参加复试③。但第五、六届学业竞试的复试因种种情况未能产生最终的决选生,学业竞试也随之虎头蛇尾地告终。

从上述史实当中可以看出,学业竞试并没有实施一个完整连续的制度,而是一年一变,其中,前三年还维持在相对稳定的状态,第三届时,参与范围扩大,考试科目优化,取消了院校初试并改为使用期末考试成绩等,学业竞试制度得以完善。但第四届及之后则将原有较为完善的制度推翻,在形式上大幅简化,考试科目减少或者干脆取消,在内容上意识形态属性凸显,到了第五届时,为了迎合蒋介石,选其《中国之命运》为唯一的考试科目,"学业竞试"的"学业"色彩被政治埋没。由于客观条件限制,第五、六届学业竞试并未产生获奖名单,此后这一制度也终止实施,学业竞试制度草草收尾。应该指出的是,类似"学业竞试"的全国性考试制度,除不应特别强化意识形态因素之外,考试制度的延续性也是很重要的,稳定而可持续的制度通常

---

① 《教育部训令·高字第 30385 号·第四届全国专科以上学校学生学业竞试办法》,1943 年 6 月 25 日,中国第二历史档案馆藏南京国民政府时期国立中央大学档案,全宗号648,案卷号 2559。

② 《第五届全国专科以上学校学生学业竞试办法》,1944 年,载教育部教育年鉴编纂委员会编:《第二次中国教育年鉴》,上海:商务印书馆,1948 年,第 564 页。

③ 《第六届全国专科以上学校学生学业竞试办法》,1945 年 4 月,载教育部教育年鉴编纂委员会编:《第二次中国教育年鉴》,上海:商务印书馆,1948 年,第 564 页。

比朝令夕改、一年一变的制度更加容易推行和延续下去,也相对更容易提高学生的参与热情。

中央大学第二至四届获奖情况如下:

表十四　中央大学第二届至第四届学业竞试获奖情况表

届次(年份)	甲类国文决选生数	甲类外文决选生数	甲类数学决选生数	甲类三民主义决选生数	乙类决选生数	丙类(决选生数+次优数)	备注
第二届(1941年)	1	0	3	本届尚未举办	3	5(4+1)	甲类最佳为数学第二名
第三届(1942年)	1	0	0	1	5	0	甲类最佳为三民主义第一名
第四届(1943年)	本届未举办	本届未举办	本届未举办	本届未举办	本届未举办	0	

资料来源:《第二至第四届学业竞试决选生名册》,1941—1943年,教育部教育年鉴编纂委员会编:《第二次中国教育年鉴》,上海:商务印书馆,1948年,第555—558页。

注:第五届、第六届学业竞试决选生名单,按照教育部说法,因各校初试生交通困难及材料运输原因,未能产生。见教育部教育年鉴编纂委员会编:《第二次中国教育年鉴》,上海:商务印书馆,1948年,第564页。但该两届竞试中央大学均选派学生参与,具体参见相关名单,载中国第二历史档案馆藏南京国民政府时期国立中央大学档案,全宗号648,案卷号2559。

由上表对应前文所列的第一次学业竞试的成绩可以看出,中央大学参与学业竞试的成绩呈现下降趋势。教育部曾对第一届学业竞试的成绩进行排名统计,中央大学位列第三名[①],但此后中央大学成绩大幅下滑是明显的事实,这从直观上给人感觉与该校的学科结构、学校规模和在国民政府的地位不相称。

但从另一方面看,历届学业竞试中,同为名校,被视为战时高校重要标杆的西南联合大学的获奖数量和获奖情况较中央大学更低,

[①]　教育部:《第一届高校学业竞试国立各高校成绩排名》,1940年,载杨学为:《中国考试史文献集成(第7卷·民国)》,北京:高等教育出版社,2003年,第237—238页。

这与其参与较少有很大关系。名列前茅的反而是岭南大学、武汉大学、厦门大学、浙江大学、中山大学等高校,其中多所高校一直处于反复迁址、颠沛流离的状态,这足以说明这些高校的学生培养质量。

不过在此必须指出的是,学业竞试虽有"竞赛"属性,但从第一届到第三届,其考察范围仅限书本知识,这种考试固然能考查学生的课业学习情况,但仅仅以此来评价学校的办学水平、人才培养质量和学生整体素质则是不合适的。首先,大学并不是以应试教育和书本教学为目的,考试只是考察学生成绩的一种方式,但学生的许多能力和本领并不能通过考试来简单衡量;其次,"学业竞试"只是带有学科竞赛的色彩,但试题范围并未明显超出正常课业水平,"竞赛"难度并不高;再次,学业竞试在前四届采取自愿参与的方式,不同学校、学科和学生的参与意愿各有不同,参与意愿受到多种因素的影响,比如西南联大便因时间原因缺席了第二届学业竞试,而从本书对中央大学第一届学业竞试的分析来看,学生对各学科的参与热情并不高。因此,学业竞试仅应作为衡量学业之参考,可以说明当时各校教学和学生水平的一些问题,并不能作为衡量学校水平的主要指标。

第三节　毕业总考制度的推行

"毕业总考"制度(或称"毕业试验""毕业总会考""毕业会考")是国民政府教育部于1940年推行的旨在"提高学生程度"的方案,即在大学生毕业时对其学业进行测试,以决定其是否符合毕业标准,是否准予其毕业。该制度的设计初衷是"提高学生程度",督促学生加强学业学习,这在制度上只是学生毕业评价方式的一项改革,但其实施过程却遭到了毕业生们的强烈抵制,一直到战后,其引发的争议依然存在。

关于此问题的系统性研究并不多,胡向东的学位论文对此问题进行过研究①，一些关于抗战时期教育的专著对此也或多或少有所涉及②。毕业总考制度在当时引起学生强烈反映，是高校教学管理中的一个突出矛盾，本节拟以档案史料为主要依据，以中央大学为个案进行探讨。

一、毕业试验与毕业总考制度的提出

早在北洋政府时期，各级学校均有"试验"（即考试）的相应制度，毕业试验为其中一个环节，在南京国民政府成立以后的高等教育制度设计中，已经有"毕业试验"的环节，并与"临时试验"（平时考试）、"学期试验"（期末考试）共同组成大学的考试体系。如 1929 年的《大学组织法》规定"大学学生修业期满，考试成绩及格，由大学发给毕业证书"③。同时发布的《大学规程》规定"毕业试验由教育部派校内教授、副教授及校外专门学者组织委员会举行之，校长为委员长，每种课目之试验，需于可能范围内至少有一校外委员参与，遇必要时教育部得派员监试。毕业试验即为最后一学期之学期试验，但试验课目需在四种以上，至少须有两种包含全年之课程"④。但因与此同时亦有毕业实习、毕业论文的规定，且各种考试均由各校而非教育部主导，故"毕业试验"的实施水平参差不齐，尤其是其规定使得考察只局限于四年级所学的四门课程，实际就是四年级的统一期末考试，并不是通盘考察大学期间所有所学课程，此为之后被教育部"改革"的主要原因。

但全面抗战爆发后，尤其是陈立夫执掌教育部后，"提高战时学生程度"既成为教育部的重要主张，也是被国民党中央、国民参政会

---

① 胡向东：《民国时期中国考试制度的转型与重构》，华中师范大学博士学位论文，2006 年。

② 参见易社强：《战争与革命中的西南联大》，饶佳荣译，北京：九州出版社，2012 年。当中对西南联大的毕业总考有着生动描写。

③ 《国民政府颁布大学组织法》，1929 年 7 月 29 日，载中国第二历史档案馆编：《中华民国史档案资料汇编・第五辑・第一编・教育（一）》，南京：江苏古籍出版社，1994 年，第 173 页。

④ 《教育部颁布大学规程》，1929 年 8 月 14 日，载中国第二历史档案馆编：《中华民国史档案资料汇编・第五辑・第一编・教育（一）》，南京：江苏古籍出版社，1994 年，第 177 页。

通过的主要教育政策。"提高学生程度"的措施除了整理课程、推行学业竞试等教学方面的改革,毕业试验的改革亦为其主要内容,陈立夫也将毕业总考制度视为其重要制度创设。1940 年 5 月,教育部向各专科以上学校发布《专科以上学校学生学业成绩考核办法要点》,其中规定毕业试验改为总考制(这也是其经常被称为"毕业总考"的原因),除当年所学之四门课程外,另需统考以前各年级所习专门主要科目三门以上,不及格者不得毕业,考核科目需报教育部审核。该项规定于民国二十八学年度第二学期开始实施①。

这一制度设计等于强行为大学生增加了一项"毕业考试"的环节,与原有制度的主要区别即考试范围从毕业学年的课程扩展至大学期间的主要课程。教育部的政策设计目的是因"各专科以上学校在质量上之发展,尚未能与数量上之增加相应合",而"为提高专科以上学校学生程度,谋高等教育质量之改进"②。督促学生温习功课的出发点自然是好意,但其做法遭到了各校师生的强烈抵制,引发了极大争议。

二、立场冲突——总考引发的学生抗议和教育部的因应

在相关命令发布之后的第一年,出于时间仓促等原因,这一制度并未被很好地实施,于是第二年教育部便强行通令各校:"自二十九年度第二学期起,各校务须依照规定办法实施,并将考试科目呈报于应届毕业生时报部备核。"③此令一出,与之切实相关的应届毕业生们爆发了激烈的情绪。1941 年 4 月,中央大学的应届毕业生便以群体名义呈文教育部部长陈立夫,表达了他们的强烈抗议。

这份署名为"国立中央大学 1940 级全体学生"的信函表明,反对毕业总考的理由并不是毕业总考的制度设计有何缺陷,或该制度多

---

① 教育部颁定:《专科以上学校学生学业成绩考核办法要点》,1940 年 5 月,中国第二历史档案馆藏南京国民政府时期私立金陵大学档案,全宗号 649,案卷号 484。

② 《成绩考核与奖励》,载教育部教育年鉴编纂委员会编:《第二次中国教育年鉴》,上海:商务印书馆,1948 年,第 574 页。

③ 《教育部训令·第 9695 号》,1941 年 2 月 14 日,载杨斌选辑:《1941 年国民政府教育部与各专科以上高等学校关于毕业总考事的来往文书》,《民国档案》2019 年第 1 期,第 5 页。

么有损他们的利益,而是其操作不易实现。该函首先肯定教育部和陈立夫部长有"爱护学生之意",表示"生等对制度本身并无异议",但表示面临着极大的现实困难。一是重庆的空袭影响学业进行,"春季以后,空袭频仍,自晨徂晚,夜以继日,学生逃避警报之余,尚须继续上课,身心交瘁,楮墨难罄"。二是物价飞涨,生活艰难,"物价高涨,膳食转劣,营养缺乏,体力减退,今再益以总考,使困乏之精神,复作无限之支撑,身体健康,更属难期,则今日青年身心之不健,即他时国家人才之损失"。三是毕业论文与毕业总考共同举行,增加了学习压力,"毕业之际,例须作论文一篇,此在平时,已难于离校前完成。现学年较前缩短,书籍更自难求,论文材料之搜集,困难尤倍蓰于往昔,延长时日,已感不足,总考举行,又须抽出大部之时,以便温理旧课,致时间短促,无法支配"。四是毕业总考影响学校正常教学,"近来校中助教,因待遇低微,生活艰苦,故有相率休假,请求学校加薪之举,影响所及,使校中若干课程,一切实验,均无从进行。而总考又复迫在眉睫,欲使学生素未听习之课程与实验,临时仓促赶补,考时应付裕如,毫无困难,不但事实上为不能,强使行之,抑且有损害于健康"。五是经常停电影响总考的复习准备,"本市电厂,电力不敷,沙磁区电灯,时熄时明,平日妨害读书,已不在小,此后空袭一多,更有长时断亮之虞,白日疲命于空袭,晚上又无法自修,绝无充分时间,可以准备总考"。六是课程选择存在制度性问题,"教部自廿七年度起始统一全国大学课程标准,而廿六年度以前之课程,向例由学校自由订定,各有偏重,极不相侔。今若实行总考,则于课程上之取舍遴择,将无法决定。而生等温课之时,亦将痛感不便,难于着手"。总而言之,"今日实施总考,轻则足以增加学生时间上之困难,重则足以妨碍学生身心之健康,其不宜于目前举行也明矣"①。学生们通过这些理由,认为毕业总考实施障碍重重,希望停办。

---

① 《国立中央大学 1940 级全体学生致教育部函呈》,1941 年 4 月 8 日,载杨斌选辑:《1941 年国民政府教育部与各专科以上高等学校关于毕业总考事的来往文书》,《民国档案》2019 年第 1 期,第 5—6 页。

　　上述学生所列举的诸多原因和困难,大抵客观存在,但也大多为拒绝考试的借口。在这些困难当中,最为关键和直接的恐怕还是第三项,即学生不愿意拨出时间温习功课,准备毕业考试。战时环境艰苦,学生身心均面临较大困难,其实这与学生无法准备毕业总考并无直接因果关系。不过从学生的角度出发,不愿凭空增加学业负担属于正常想法。

　　无独有偶,其他高校的学生同样表达了抗议诉求,直接反对者如东北大学,直指该制度占用毕业生有限的时间和精力①。有理有据者如浙江大学,坦陈该校迁校数次,损失较大,学生学习、生活艰难,实施总考确有困难②。而西南联合大学则指出该制度推出时间过于仓促,给予学生的准备时间太少,"大学总考之制,事属创举,若果实行,似应从早确定时日,公布办法。今距学年考试为期不过月余,而昆明日来空袭频仍,生等光阴半掷于田野山间,精力既感疲乏,心绪亦复不宁,避警归来,几无暇自修。晚间灯火又往往中断,用以攻读本年度功课已嫌不足,今欲以如此短促时日,准备四年来所修课程,势所不能"③。总之,国内各主要大学应届毕业生均以类似理由和方式表达了反对立场。

　　面对此种局面,教育部高等教育司曾经拟具签呈报送部长陈立夫。该签呈将以中央大学应届毕业生为代表的学生们反对总考的观点总结为三点:"(1)无充分准备时间,(2)体力有所不济,(3)难以选择适合各校课程之应考课目。"而高等教育司认为,这三点理由并不成立,"值此抗战时期,青年学生所可供贡献于国家者,唯有刻苦向

---

① 《国立东北大学1941级全体学生致教育部函呈》,1941年4月16日,载杨斌选辑:《1941年国民政府教育部与各专科以上高等学校关于毕业总考事的来往文书》,《民国档案》2019年第1期,第6页。

② 《国立浙江大学1941级全体学生致教育部函呈》,1941年4月18日,载杨斌选辑:《1941年国民政府教育部与各专科以上高等学校关于毕业总考事的来往文书》,《民国档案》2019年第1期,第7—8页。

③ 《国立西南联合大学1941级全体学生致教育部函呈》,1941年5月15日,载杨斌选辑:《1941年国民政府教育部与各专科以上高等学校关于毕业总考事的来往文书》,《民国档案》2019年第1期,第11—12页。

学"，"学校考试，旨在考核学生平日所受课业之体会程度，并非鼓励临时准备，争一日之所长。而总考课目仅有三种，且系二、三年级所主修。果学生平时勤奋向学，而能于受新课之余温理旧业，值此总考时，所须准备时间，当不过多"。其坚定地认为必须实施总考制度，因为"大学毕业总考制之实施，不在加重本年学生之负担，而在于改良考试之内容，俾此项受满全期高等教育之青年，是否为真正之专才与通才，有所甄别，使其于将来毕业后服务社会，得有较大之贡献。此事关系提高学生程度及增进教学效率"。陈立夫亦亲自批示"应规定此种考试为给予学生学位之考试，则意义明显，无可訾议矣"[①]。表明了教育部对实行毕业总考制度的坚定态度。双方的文字表明，立场的尖锐对立已经初步显现。

从教育部和学生的表述来看，双方的认知完全不在同一层面，而立场更是完全对立，难以调和。教育部站在管理者的立场，出于"提高学生程度"的需求，对现有学生素质并不满意，认为凡是能够增进学生学业水平的措施均要强力推行，在其论述体系中，专心学业是学生的义务，对于所学习的课程学生理所当然应该掌握，并且可以随时不经复习地应对考察。但是，这种论断在逻辑上与其操作就存在悖论，既然此举无意增加学生负担，仅是考核而已，那么此举的意义便不复存在。总考制的推行目的便是督促学生增进学业水平，最佳状态自然是希望学生平时加强学习，而非临时抱佛脚，站在高处指责突然接到通知参加毕业总考的同学平时疏于学习貌似合理，而事实上就是增加了毕业生的负担（耽误论文、就业等事项），当今中外高等教育极少采用此制度便是一很好例证[②]。

---

① 《教育部高等司关于实施总考制度的签呈》，1941 年 4 月 16 日，载杨斌选辑：《1941 年国民政府教育部与各专科以上高等学校关于毕业总考事的来往文书》，《民国档案》2019 年第 1 期，第 6—7 页。

② 陈立夫事后也承认，毕业总考制度是其一手创设，这一制度和原有学分制是不符合的，并非借鉴外来经验，且目的即是督促学生毕业时对学业进行整体复习，由此可见当时教育部的相关措辞仅为应对学生抗议而已。见陈立夫：《战时教育行政回忆》，台北：商务印书馆股份有限公司，1973 年，第 26 页。

而从学生角度而言,立场则截然不同,学生们的立足点是现实的。其抗议总考的理由虽然大都无法直接成立,但其诉求有一定合理性,即毕业生所承担的压力较为繁重,如强行增加毕业考试一项则会增加压力,使其需要单独拨出时间进行复习,对学生毕业论文和就业等事项造成影响。学生们的反对意见归根结底是不愿复习准备考试,这足以为教育部指责学生们厌学提供口实。这种文字上的交锋是无益于解决矛盾的。

"总考"的改革在制度上属于对原有毕业试验的修订,考核范围从四年级课程扩大为大学期间的所有必修课程,但通知过于仓促,使学生疲于应付。学生们和教育部的立场又尖锐对立,自此开始,毕业总考的争议便一直持续,成为近代高校毕业生面临的一个重要矛盾。

三、强力推行及其效果

面对毕业总考制度的强力推行,不只各高校毕业生,西南联大校务委员蒋梦麟亦曾致电陈立夫表示"将来执行时横生枝节,宵小又得乘机利用,甚或推波助澜,演成僵局"[①],而中统、军统等方面也向教育部转来了学生蠢蠢欲动,试图采取组织"免考团"等形式发动学潮,反对毕业总考的相关情报[②]。但也有其他学校态度有所不同,如西北工学院在观望教育部的态度,而大夏大学校长王博群则表示该校严格推行,并无阻碍[③]。

尽管面临多方的抗议和不同意见,教育部依然态度强硬。陈立

---

① 蒋梦麟:《致教育部部长陈立夫电》,1941 年 5 月 23 日,载杨斌选辑:《1941 年国民政府教育部与各专科以上高等学校关于毕业总考事的来往文书》,《民国档案》2019 年第 1 期,第 13 页。

② 中国国民党中央执行委员会调查统计局:《致教育部函》,1940 年 7 月,中国第二历史档案馆藏南京国民政府时期教育部档案,全宗号 5,案卷号 14507;教育部:《至各专科以上学校电》,1941 年 5 月 24 日,载杨斌选辑:《1941 年国民政府教育部与各专科以上高等学校关于毕业总考事的来往文书》,《民国档案》2019 年第 1 期,第 13 页;戴笠:《军统局情·渝 359 号报告》,1941 年 5 月 11 日,中国第二历史档案馆藏南京国民政府时期国立中央大学档案,全宗号 648,案卷号 3914。

③ 赖琏:《致教育部电》,1941 年 5 月 29 日;王伯群:《致教育部电》,1941 年 6 月 5 日,载杨斌选辑:《1941 年国民政府教育部与各专科以上高等学校关于毕业总考事的来往文书》,《民国档案》2019 年第 1 期,第 13 页。

夫在给蒋梦麟的回电中除要求西南联大严格遵行毕业总考的相关规定外,亦要求其在报端发表谈话,以考倒学生①。同时,陈立夫本人也要撰文说明实施总考制度的意义②。同时,教育部在重申必须执行总考制的同时,还指责"少数学生不明此意,受人利用,擅行反对,实属别有用心",要求"各校将届毕业各生,应恪守纪律,遵令办理。倘有拒考情事,应不予毕业,情节重大者,应由校查明开除其学籍,并依法严办。须知国家战时对于学生待遇,原极优厚,考试为学生应尽之责任,何得规避。仰即遵办"③。

在教育部的强力压制及特务机关的压制下,虽然多校毕业生纷纷抗议,但1941年的毕业总考还是如期举行,学潮也被压制下去。此后,教育部将毕业总考制度写入学籍规则,成为学生毕业的制度性安排。该制度也不可逆转地推行下去。

而至于其推行效果,除上文所指之初期引发的多校学生之抗议风潮之外,最经典而生动的描写见诸美国学者易社强在《战争与革命中的西南联大》中的相关段落。该书认为"毕业考试也被说成是基于欧洲的制度,按照中国的实际有所改革,虽然有的学校有人发牢骚并有零星的反对,但只有联大全校一致抵抗",对此,"教育部已拒绝颁发毕业证书相要挟,联大仍自行其是,最后教育部做出让步,联大学生需参加考试,但全部自动通过,联大不必把分数上报给教育部",且"从1941年开始,联大连这种过场也不走了"④。(该段论述标注引自陈达所著《浪迹十年》第205页,但经本人核对并无类似表述。)该段引文虽然生动地体现了该校的反对意见之强烈,但关于全校抵制和

---

① 陈立夫:《复蒋梦麟电》,1941年5月28日,载杨斌选辑:《1941年国民政府教育部与各专科以上高等学校关于毕业总考事的来往文书》,《民国档案》2019年第1期,第14页。

② 陈立夫:《专科以上学校实施毕业总考之意义》,《教育通讯》1941年第22期,第2—3页。

③ 教育部:《至各专科以上学校电》,1941年5月24日,载杨斌选辑:《1941年国民政府教育部与各专科以上高等学校关于毕业总考事的来往文书》,《民国档案》2019年第1期,第13页。

④ 易社强:《战争与革命中的西南联大》,饶佳荣译,北京:九州出版社,2012年,第86页。

最终不了了之的论述与史实多有背离。据笔者所见档案，首先，前文已经论述，并不只有西南联大一所高校反对此制度，其次，根据现有记录，西南联大的毕业总考至少 1945 年举行了，同时，学校也向教育部提供成绩信息作为存档①。总考并不十分严格，考试"放水"的可能性确实存在，但直接以出席换取全员通过及后来干脆取消总考的说法是不符合事实的。

至于本书所关注的主要个案——中央大学，总考制实施情况则更为复杂。

早在 20 世纪 30 年代初，中央大学便订立了有关毕业试验（考试）的制度并组织成立毕业试验委员会②。尽管考试程序较为完备，但正如前文所述，实行总考制之前的毕业试验仅相当于大学毕业学年的期末考试而已，其科目均为毕业学年之课程，属于学校教学过程中的常规考试。但在总考制命令发布之后，与其他高校一样，不仅学生层面发出强烈抗议，中央大学校方也在执行过程中向教育部讨价还价。1941 年 5 月，中央大学致函教育部，提出了一些关于毕业总考科目的通融要求③，教育部回复坚持维持原有"各院系学生通考三门以上专业主要科目"的底线④。并连续发布命令催促中央大学严格执行⑤。

① 《国立西南联合大学三十四年毕业生成绩表》，1945 年，中国第二历史档案馆藏南京国民政府时期教育部档案，全宗号 5，案卷号 6195、6197。上述两个案卷包含了民国三十四年度（1945 年）该校毕业生的历年成绩册，其中明确载明毕业总考三门课之成绩信息。

② 《国立中央大学毕业试验规则》《国立中央大学毕业试验委员名单》，1931—1932 年（原文未注明年份，笔者估计），中国第二历史档案馆藏南京国民政府时期国立中央大学档案，全宗号 648，案卷号 3913。

③ 中央大学：《致教育部函》，1941 年 3 月，中国第二历史档案馆藏南京国民政府时期国立中央大学档案，全宗号 648，案卷号 3914。

④ 《教育部指令》，1941 年 4 月，中国第二历史档案馆藏南京国民政府时期国立中央大学档案，全宗号 648，案卷号 3914。

⑤ 《教育部训令·第 1891 号》，1941 年 5 月 11 日，中国第二历史档案馆藏南京国民政府时期国立中央大学档案，全宗号 648，案卷号 3914；《教育部代电·高字第 20216 号》，1941 年 5 月 26 日，中国第二历史档案馆藏南京国民政府时期国立中央大学档案，全宗号 648，案卷号 3914。

当月,中央大学发布布告,宣布将遵令执行总考制①。对于西南联大、武汉大学、浙江大学、西北工学院、四川大学等高校的来函询问,中央大学均回复"学生虽有请求,但本校仍当遵令施行。"②而西南联大等高校回复中央大学的问询时亦称"早已决定遵照部令严即执行"。③ 关于考试科目、时间、考试委员会人员构成等细节,中央大学与教育部有着一系列呈报、批示等文书往来,④最终中央大学当年的考试科目情况如下表(限于篇幅,仅列文、理、法、师范学院等基础学科部分):

表十五　中央大学二十九学年度第二学期毕业总考科目表(文、理、法、师范学院相关科系的排列顺序依据原表格)

科系	考试科目
中国文学系	历代文选,历代诗选,中国文学专书选读(一、二),作文,文字学史,词选,曲选,小说戏剧选读,中国文学批评史
外国文学系	十七世纪文学、英国寓言史、文学批评、散文选读及作文、戏剧选读、英文诗选读、十九世纪法国四大诗人、德国文学史大纲、英美文学史、第二年英文、基本英文、第三年法文、第二年法文、第一年法文、第三年德文、第二年德文、第二年日文、第一年日文
历史系	中国通史、西洋通史、宋辽金史、中国近世史、商周史、先秦史、中国史学史、中西交通史、清史、西洋近世史、17—18 世纪欧洲史、隋唐五代史、日本近代史、魏晋南北朝史
哲学系	哲学概论、西洋哲学史、人生哲学、孔孟荀哲学、易学概论、伦理学、科学概论、艺术学、尼采哲学、普通社会学、社会问题、社会心理学
数学系	高等数学、方程式论、高等解析几何、近世代数、复变数函数、黎曼几何、多元几何、数理保险
物理系	理论力学、电磁学、光学、热学、近代物理、理论物理、量子力学、普通物理

---

① 罗家伦:《国立中央大学校长布告》《致各院系便函》,1941 年 5 月,中国第二历史档案馆藏南京国民政府时期国立中央大学档案,全宗号 648,案卷号 3914。

② 罗家伦:《致各校校长电》,1941 年 5 月 30 日,中国第二历史档案馆藏南京国民政府时期国立中央大学档案,全宗号 648,案卷号 3914。

③ 西南联合大学:《复中央大学电》,1941 年 6 月 11 日,中国第二历史档案馆藏南京国民政府时期国立中央大学档案,全宗号 648,案卷号 3914。

④ 见《毕业考试问题的有关往来函》,1941 年 5—6 月,中国第二历史档案馆藏南京国民政府时期国立中央大学档案,全宗号 648,案卷号 3914。

（续表）

科系	考试科目
化学系	质量分析、有机化学、理论化学、高等无机
心理系	应用心理学、心理教育测验、生理心理学、学科心理学、心理卫生
地质系	普通矿床学、高等矿床学、中国矿产、矿物学、岩石学、高等岩石学、鉴定矿物学
地理系	地理通论、地形学、气候学、天气预告、气体动力学、本国区域地理、人类地理、地学方法、天气地理讨论、本国地理研究
生物系	细胞遗传学、植物分类学、无脊椎动物、动物心理学、脊椎动物分类学
法律系	宪法、行政法、法理学、民法物权、民法债务、国际私法、罗马法、票据法、保险法、破产法、保险概要、诉讼实习
政治系	国际公法、西洋外交史、国际组织、西洋政治思想史、总理遗教、独裁政府、中国政府、中国政治史、中国思想史、行政学、市政学、日本政府及政治
经济系	统计学、货币发行学、经济思想史、高等统计学、财政学、西洋经济史、国际贸易及金融、经济政策、近代货币理论、经济指标、会计学、工商管理
教育系	教育哲学、比较教育、普通教学法、教育概论、社会教育、父母教育、小学课程研究、中等教育、近代教育思想
史地理化系	中国地理总论、无线电学、西洋中古史
艺术科	中国艺术史、西洋艺术史
体育系	健康检查、按摩改正、体育行政、体育测验、营养理论、女子体育问题

资料来源：《国立中央大学二十九学年度第二学期毕业总考科目表》，1941年6月，中国第二历史档案馆藏南京国民政府时期国立中央大学档案，全宗号648，案卷号3914。

　　上表所列科目为相应科系所设置的考试科目，而非所有学生必须参加的考试科目，其原因是部分科目为选修课，学生需根据分组情况及选修情况选考。但从总体来看，毕业生的考试压力仍然较大。首先是考核课程数量较多，其次是修课的时间跨度非常大。以历史学科为例，所考察的课程既包括史学的基本课程（中国通史、西洋通史、中国近世史、西洋近世史），又包括中国主要朝代的断代史和西洋历史的相关专题。而外文专业甚至要考察各年级所学习的外语专业课，这对于即将毕业的学生而言确实带来了不小的复习压力。但从中也可以看到，毕业总考仍是学业性的而非政治性的，除了政治系有"总理遗教"的专业课程，其他科系需进行毕业总考的课程均为各专业学习过程中之必修及选修课程。这说明教育部推行此举并非加强政治上的思想控制，而是出于当局的理念和认知推行的"统一化"的"提高学生程度"的举措。

　　虽然局面有所平息，第一次毕业总考已经准备按计划举行，但教育部对于总考引发的学生不满和抗议风潮仍然不愿放过。除前文所提及的转发情报、要求各校严加控制外，1941 年 6 月，中央大学又收到教育部的训令，该训令指出该校反对毕业总考的风潮经查"确系受不法分子煽惑，为有计划之行动"①。教育部认为此次全国性抗议风潮是中央大学应届毕业生发起并扩展到其他高校的，要求中央大学严查。中央大学并未及时回复，月底时类似的训令又发布了一次②。该份通报同时还转发了国民党中央秘书处的情报，指出中大二十九级毕业生确实一致不愿参加毕业总考。同样是在 6 月，中央大学校内还发现了以"二十九级学生纠察队"的名义发布的阻止学生参加毕业总考的布告，校方指责"纠察队"的行为"妨害拟参加总考学生之自由，为国法校规所不许"，警告组织者将负法律责任③。经过几度攻防，毕业总考还是如期举行，教育部收到中央大学的相关报告后也认为"至堪嘉慰"④。第一次毕业总考在混乱中结束。

---

①　《教育部训令·20616 号》，1941 年 5 月 28 日，中国第二历史档案馆藏南京国民政府时期国立中央大学档案，全宗号 648，案卷号 3914。

②　《教育部训令·23822 号》，1941 年 6 月，中国第二历史档案馆藏南京国民政府时期国立中央大学档案，全宗号 648，案卷号 3914。

③　罗家伦：《国立中央大学校长布告·第 56 号》，1941 年 6 月 20 日，中国第二历史档案馆藏南京国民政府时期国立中央大学档案，全宗号 648，案卷号 3914。

④　《教育部代电》，1941 年 7 月 17 日，中国第二历史档案馆藏南京国民政府时期国立中央大学档案，全宗号 648，案卷号 3914。

在此之后的数年（至 1946 年从重庆迁回南京以前），中央大学的毕业总考并未再发生大的波澜，考试进行较为顺利，这也与学生对政策逐步熟悉和适应有关。毕竟一项考试突然袭来时，仅有一个月时间用来复习准备，学生备考仓促，无法应对复习压力，爆发抗争实属必然。但一旦这一制度成为既定事实，应考学生心中已有准备，可以按部就班进行复习和毕业的各项准备工作，应考便成为自然而然的事情。另外，毕业总考的科目进行了大幅调整，这种调整也可以在一定程度上减轻学生的复习压力，具体情况参见下表：

表十六　三十学年度下学期毕业试验总考科目

科系	考试科目
中国文学系	历代文选（及作文）、中国文学史、诗选
外国文学系	英国文学史、小说选读、戏剧选读
历史系	中国通史、西洋通史、西洋近世史
哲学系	哲学概论、伦理学、美学
数学系	高等微积分、高等解析几何、近世代数
物理系	理论力学、电磁学、光学
化学系	分析化学、有机化学、理论化学
心理系	试验心理学、心理生理学、发展心理学
地质系	地质学、岩石学、构造地质学
地理系	地理组：地形学、气候学、人文地理 气象组：气象学、测候学、气象预告
生物系	普通动物学、普通植物学、组织学
法律系	宪法、民法总则、刑法总则
政治系	政治学、比较政府、国际公法
经济系	经济学、经济史、统计学
教育系	教育学、初等教育、教育心理

资料来源：《国立中央大学三十年度下学期毕业试验总考科目表》，1942 年，中国第二历史档案馆藏南京国民政府时期国立中央大学档案，全宗号 648，案卷号 3914。

从表二与表一的对比可以明显看出,各科系专业毕业总考的科目大幅减少,为符合教育部的"底线"要求,前三年课程保留,但四年级课程大幅削减。这也是一种减负措施,在很大程度上缓解了考生的复习压力,同时,很多科系所做的改变并非"做减法"那么简单,而是对部分考试科目进行了调整,更加突出主要科目,以利于学生复习所学之主干。这样的调整既可以突出主要科目的重要性,又可以减轻学生的负担。这也可以用来解释之后的毕业总考为何进行得较为顺利。

而中央大学案例的典型之处在于,中央大学原本是反对总考较早且较为激烈的高校,总考制实施之初,中央大学的抗议便引起了教育部的高度重视,但学生的反抗情绪被强行压制下去,最后总考制得以顺利实行。正如前文所述,学生反对毕业总考是有其现实利益考量的。随着第二年的考核降低了考试的难度,优化了考试科目的结构,考生们的复习压力得到减轻,这也是对其诉求的间接回应。

小　结

陈立夫上任伊始所推行的课程改革既是顺应时局的考量,也是加强控制的集权举措。在当时,此举受到了较大争议,西南联大教务会议甚至曾经直接致函教育部表达反对意见,指出"若大学内部甚至一课程之兴废皆须听命教部,则必将受部中当局进退之影响,朝令夕改,其何以策研究之进行,肃学生之视听……"[①]。这属于学校对于办学和教学自主权的维护。但从中央大学的实施情况来看,该方案大抵得到了贯彻实行,其结果在实际上仅增加了数门公共必修课而已,在"抗战教程"方面该校比教育部的基本要求做得更为积极,这也是

---

　　① 《西南联合大学教务会议就教育部课程设置诸问题呈常委会函》,1940 年 6 月 10日,载北京大学、清华大学、南开大学、云南师范大学编:《国立西南联合大学史料选(三)》,昆明:云南教育出版社,1998 年,第 113—114 页。

中央大学服务抗战的体现。

战时的课程统一首先是一种对教学加强管理的措施。陈立夫主政教育部后，基于其对教育的判断和理念，加强了一系列对学校、学生的管控措施，"课程整理"是其在教学方面的管控举措，不仅仅是大学，中小学和专科学校的课程也被纳入了"整理"范围之内。该整理计划通过维持和强化"三民主义教育"体现了其"党国"意识形态属性，但与此同时加强传统文化教育（如通修国文课程）在一定程度上有利于弘扬民族文化和精神。

其次，课程改革的另一重要原因是适应战时需要。虽然政府战时教育政策的主轴是"战时教育向平时看"，但实行战时服务、加强相关学科研究是政府对大学的一贯要求，培养抗战建国所需人才也是当时大学"建教合作"的重要任务。鉴于各校的师资设备水平和学科结构差异较大，教育部在此方面要求并不甚高，但中央大学的实施较为超前和积极。这也是中央大学积极承担战时国家使命的重要体现。

此外，此次"课程整理"中也蕴含了不同教育理念的碰撞。陈立夫并非教育界出身的部长，其理念更多是基于其政治立场、知识背景、日常观察及价值观，故推出了要求极为详细的各学院必修、选修科目表。但作为教育行政当局，是否应如此细致地规定各大学的课程开设情况，是否应该制定如此详细的课程要求，课程设置是否应为高校自主权的组成部分，这些权责划分问题并非在当时教育部的考虑范围之内。但应该指出的是，西南联大的反对意见恰恰体现了这种教育行政权与高校办学自主权的争夺。而从中央大学在部颁科目表实施之前的课程情况来看，该校的课程更多体现的是专业属性，而《共同必修科目表》则体现的是对基本知识、跨学科、跨文理的要求，可见教育部更倾向于通才培养的课程设置。在这些教育理念之间的对撞中，教育部选择行政命令的方式严加管控，固然体现了其在这些矛盾中的观点和取向，但也容易引发教育界的争议和反弹。

需要补充说明的是，很多教育史方面的研究最难以解决的问题即衡量某一教育政策或措施的具体效果,尤其加上全面抗战的时代背景,我们很难用"成功"或"失败"这样的定性词语来衡量这次"课程整理"的结果,但在梳理战时的"课程整理"基本脉络的同时,可以从中观察当时政府和校方的取向与因应,并从中思考教育政策和教育行政权的边界。

1940 年至 1945 年,教育部出于"提高专科以上学校学生程度"的目标,推行专科以上学校学生学业竞试制度,依次举办了六届竞试,其中前三届竞试基于高校开设的各公共必修科目、各专业必修科目和毕业论文,面向全国大学、专科和专修科学生,竞试制度相对完善,经考试产生了三届决选生。但从第四届开始,竞试的制度每届都发生重大变化,第五届更是被赋予了极强的意识形态色彩。出于种种原因,最后两届学业竞试甚至没有产生最终决选名单。学业竞试最终虎头蛇尾地结束。对于一种以学业为对象的考试而言,考试的稳定性、足够的激励机制等因素是有助于其长期维持和发展的,而政治意识形态的强行介入并不合适,朝令夕改、频繁更张同时逐步增强政治色彩的学业竞试最终难以吸引高校的参与。

中央大学在第一届学业竞试获得的成绩相对较好,但此后成绩开始滑落,同时从数据中可以看出,中央大学学业竞试的参与热情比较有限。对比国内其他高校的情况可以看出,当时的名校并非都在前四届学业竞试中发挥出色,这与参与度、考生重视程度和教学水平等诸多因素都息息相关。同时,笔者认为学业竞试有其自身局限,虽然各校成绩可以说明人才培养中的一些问题,但不能仅以此评价当时各大学的人才培养质量和大学办学水平。

总之,学业竞试是全面抗战时期教育部推出的实践得并不算成功的一项举措,这一举措虎头蛇尾,对其进行历史考察不仅有利于我们了解当时大学生的学业状况,而且可以从这一制度中得到一些现实的反思,以完善当今高等教育之考试制度和学业评价。

对高校毕业生进行学业考试的制度在当今并不存在,往往是以毕业论文或毕业设计等方式进行毕业考核,但民国时期毕业考试制度一直存在。1940 年之后的总考改革改变的是考试内容，即由原来只进行毕业所在学年科目测试的"期末考"模式转变为"总考制"，对之前各学年所学之主要课程进行考核。教育部此举的目的是"提高学生程度"，本来并无政治控制之意。

学生刚开始的激烈反对也是出于其自身利益的自然表达。即将毕业的学生不愿增加学习负担，且这一制度推行之初，学生备考时间仓促，于是引发了学生的强烈反弹。虽然各校学生均表达了一系列反对理由，但其不愿在"毕业季"为考试复习才是其中的关键症结。在此问题上，教育部和学生的立场是截然对立的，教育部的立场是凡可"提高学生程度"的措施就要采取，学习乃学生之义务，认为对于毕业所考察的前几年的主干课程，学生应当在认真学习后自然掌握，学生所反映的需要拨出时间复习是不认真学习所导致的。在这种解释体系下，教育部自然不承认毕业总考是在增加学生的负担，而学生则完全无法认可这种高高在上的逻辑。因此毕业生们极力反对，当局强行压制的局面随之上演。以本书所着眼的个案——中央大学为例，学生在总考制推行之初反应最为强烈。当年的毕业总考考察科目过多，确实会增加学生复习压力，但此后及时进行了科目的调整，大幅减少了考试科目并优化了考试结构。随着时间的推移，加上辅之以强力的压制措施，最终毕业总考的纷争暂时平静了下来。但是，之后此问题连同其他学生诉求一起成为战后学生运动的关注焦点之一。

而回归到问题本源，如何对大学毕业生进行综合考察是一个教育问题，而不是一个政治问题，应该由教育本身而不是行政力量强行解决。无论是毕业论文、毕业设计、毕业试验还是毕业总考，都是为在大学学业终了时对学生进行毕业评价的举措。中国与西方在此问题上均有自己的制度体系，而当时教育部所采取的总考制措施标榜学习欧美制度，实则为陈立夫所独创并推行，但最终事与愿违，引发学生抗争，在战时强行推动的"总考"改革可以说并不是很成功。而今中国的高等教育已经不再实行本科生毕业考试的制度，说明如今我们在毕业生评价问题上做了新的选择。

国民政府对于教学管理的意志相当坚决,对于课程的统一和毕业总考的举行态度坚定,对于学业竞试亦是由自愿参与到强迫参加。其各种"统一"措施的本来目的并非政治管控,而是"提高专科以上学校学生程度",提高大学的教学和人才培养质量。虽然在课程优化等方面有所建树,督促大学开设了一些与战时服务相关的课程,但这些"统一"措施的实施或遇到阻碍,或引发抗议。以统一为主轴的课程改革规定全面而详细,但强行的统一举措则引发争议;学业竞试制度原本已经完善,但随着政治的介入和各种客观障碍逐步荒废;毕业总考这一陈立夫力推的重大举措则引发了学生的强烈抗议,激化了政府与学生的矛盾,使学校处于两难境地。可以看出,战时教育主管机关在教学管理上的作为过于强势,其引发的争议应当予以关注和思考。战时在教学层面,教育行政权力扩张最为明显,引发的争议也非常典型。在课程设置、教学管理、学业评价等方面,教育行政权力向下延伸的边界在何处,高校办学自主权的边界又在哪里,不同取向的教育理念之间如何抉择,如何调节政府和大学的权责关系,本章的案例和细节可以提供一些历史角度的思考。

第五章
大学训导与学生管理

在学校推行对学生的训导（又称"训育"）制度，并非抗战内迁时期的新创设，自南京国民政府成立，训导制度就在全国各级学校开始建立，国民党的政治管控和意识形态也借此走进校园。但全面抗战爆发以来，这一制度是陈立夫的施政重点之一，以训导为主题的学生管理得到空前强化。应该说，训导制度与政治性极强的党义（三民主义、总理遗教）课程①一样，是战时政权向学校渗透最直接的手段。本章选择导师制、军训和政治仪式在学校的运行情况进行考察。导师制在教育部战时的制度设计中是训导的主要载体，军训和军事管理是蒋介石一直以来对大学的要求，而政治仪式则是国民党意识形态向学校渗入的新手段。学生管理是政治与学校的重要连结手段，也是研究政学关系的一个传统而重要的视角。笔者拟通过这三个案例，考察战时学生管理政策的落实情况，以窥见训导制度之成效。

---

① 关于国民党中央对相关课程的规划设想可参见《总理遗教教授纲要》，台北"中国国民党中央文化传播委员会党史馆"藏一般档案，档案号 574/43；《国民党中常会记录》，1939 年 8 月 16 日，台北"中国国民党中央文化传播委员会党史馆"藏会议档案，档案号 5.3/130。

第一节　导师制的推动及施行

"导师"这一名词,今多指硕博士研究生指导教师,应用于本科阶段教学也多指本科毕业论文指导教师,职责主要为学业和论文方面之指导。该制度源自西方人才培养体系,但已被广泛运用于中国近现代高等教育之中。而民国时期,导师制则多指训育之指导教师,既有学校自发实施的导师制,又有国民政府教育部于1938年起在全国中等以上学校全面推行的训导制度。关于训导制度,学界已有一些研究成果,其中既有宏观方面之研究,亦有个案层面之考察;既有以历史学视角考察训导体系中的大学与政治关系者,又有从教育学角度论述该制度对于德育、师生关系等教育问题之影响者①。而近年喻永庆、周洪宇二位老师所撰《规训与自主——民国时期大学导师制的历史考察(1938—1946)》一文则从宏观上全面论述了民国时期导师制在大学的实施过程及其遇到的诸多问题,主旨为"规训与自主",认为教育部推行战时行导师制是为了矫正教育偏于知识传授而忽于德育指导的弊端,但由于制度缺陷、训育的加入及对指导内容的干涉,导师制在实施之初就受到抵制,后随着国民党党化教育的加强,导师制的监管也随之加强,政治化、训育化倾向更加明显,原有导师制的探索方向随着大学内部重重矛盾爆发,最终难以为继,成为一个不成

---

① 关于此问题,时人即有很多论述与评价,后人亦进行了诸多研究。近期的代表性成果有何方昱:《国家权力的侵入与大学自治的难局:以浙江大学导师制的兴衰为中心(1936—1945)》,《史林》2009年第6期;刘振宇:《论民国时期高校导师制的施行》,《高教探索》2012年第6期;刘振宇:《民国高校导师制下的师生关系研究》,《河北师范大学学报》2015年第6期;艾菁:《民国高校导师制实践及其失败探究》,《江苏科技大学学报(社会科学版)》2018年第4期。此外,张杰:《南京国民政府时期高校学生管理研究》,苏州大学博士学位论文,2017年;王延强:《抗战时期高校学生管理研究:以国立大学为中心》,西南大学博士学位论文,2013年;闵强:《抗战时期大后方国民政府"党化教育"述评》,南京师范大学硕士学位论文,2007年。

功的案例①。

应该说,在近些年关于导师制的研究当中,喻、周二位老师的文章全面总结了大学导师制推行的起因、过程及结果,对于我们了解民国时期导师制度的全貌大有裨益。笔者近期也关注到导师制问题,并阅读了较多一手档案,再读喻、周二位老师的文章后觉得有些问题可以予以补充和深化,在进行宏观研究的同时,有必要在史料基础上对民国时期大学导师制所涉及的一些主要问题予以梳理。

导师制是抗战内迁时期国民政府训导制度的主要载体,当局的文件每每提及训导,导师制都被首先强调,而导师训导以避免"师生关系疏远"为理由提出,训导内容包括政治层面,也包括德育和学生日常管理,然而效果则被普遍认为不佳,究其原因,笔者认为除喻、周二位老师的文章所述之外,"导师"这一群体应该得到足够重视。对这一制度进行历史考察不仅有助于理解当时高校训导所面临的症结,而且可以为当今学生工作的制度设计和开展提供借鉴。本章拟从历史研究的视角,以民国档案为主要史料,以民国时期规模最大且政府控制最为严密的中央大学为案例,探讨导师制这一制度的设计、运行及其产生的问题。

一、怎样训导?——导师制的提出及推进

正如诸多学者所言,作为学生管理体制一部分的导师制同研究生导师一样,都属于舶来品,并非国民政府首次在中国提出并实践。早在全面抗战爆发之前,出于增强师生联系、加强学业指导等需要,浙江大学、清华大学、燕京大学等高校均尝试采用了不同形式的导师制,其中以浙江大学最为典型且被学界关注较多②。而国民政府倡导推行的导师制,则与各校之前的实践有较大区别。

---

① 喻永庆、周洪宇:《规训与自主:民国时期大学导师制的历史考察(1938—1946)》,《高等教育研究》2019 年第 4 期,第 75—82 页。

② 关于浙江大学导师制的理念与实施可参见刘正伟、卢美艳:《竺可桢对哈佛大学校长洛厄尔导师制理念的接受与改造》,《"大学与近代中国"学术工作坊论文集》,浙江大学2018 年 11 月。

1938 年年初,长期从事党务工作的陈立夫于重庆接任教育部部长职务。陈立夫在教育上的重要施政理念之一就是加强学校训育。其提出的以"自信信道、自治治事、自育育人、自卫卫国"为主要内容的十六字训导纲要颁行全国[1],并成为其对青年的"最低要求"[2]。这被陈立夫本人认为是其取得的重要成就。在其上任伊始颁行的《青年训练大纲》中包含着其训导理念,蕴含着蒋介石对大学进行军事管理的期待,也具有强烈的政治色彩[3]。同样是陈立夫上任不久,教育部便拟定了《中等以上学校导师制纲要》并报送行政院第三五二次会议稍加修正后予以通过[4],教育部于当月月底将该纲要颁布施行。纲要共 12 条,指出实行导师制的目的是"矫正现行教育只偏于知识传授而忽于德育指导,及免除师生关系之日渐疏远而趋于商业化",导师由专任教师担任,以组为单位对学生进行训导(每组 5 至 15 人),训导的范围为"思想、行为、学业及身心摄卫",导师的职责除采用各种方式进行训导外,还包括定期记录学生情况并反馈[5]、定期出席训导会议、于学生毕业时为其出具训导证书等。值得注意的是,条例中明确规定,导师需对学生之思想与行为负责,即使学生已经离校,导师也有"连坐"责任:"在学问或事业方面有特殊之贡献者,其荣誉应同时归于原任导师,其行为不检思想不正,如系出于导师之训导无方者,原任导师亦应同负责任。"[6]

该纲要发布的同时,教育部印发了《关于各校实施导师制应注意

① 陈立夫:《承办之鉴:陈立夫回忆录》,台北:中正书局,1994 年,第 257 页。

② 陈立夫:《陈立夫先生抗战建国言论专刊》,1928 年 3 月,台北"中国国民党中央文化传播委员会党史馆"藏一般档案,档案号 240/123。

③ 《青年训练大纲》,1938 年 2 月 23 日,载中国第二历史档案馆编:《中华民国史档案资料汇编·第五辑·第一编·教育(一)》,南京:江苏古籍出版社,1994 年,第 151—157 页。

④ 《行政院令·汉 1072 号》,1938 年 3 月 2 日,台北"国史馆"藏"行政院"档案,典藏号 014-050000-0020。

⑤ 此项为教育部《中等以上学校导师制纲要》所规定的,而非喻文第 80 页所述中央大学独创。

⑥ 《教育部颁发中等以上学校导师制纲要》,1938 年 3 月 28 日,载中国第二历史档案馆编:《中华民国史档案资料汇编·第五辑·第一编·教育(一)》,南京:江苏古籍出版社,1994 年,第 212—213 页。

各点》作为各学校实施导师制之参考。《要点》首先强调了实施导师制的背景和意义,随后对校长、导师及学生家长在导师制实施中应扮演的角色做出说明,要求各校校长慎选导师,"尤应视其道德人格是否足以为学生之表率",并注重对学生进行分组的操作原则;要求导师谨言慎行,以身作则,处理好与学生、学生家长及训导部门的关系;要求学生家长尊重和礼遇导师,并向导师报告学生在家庭中之行为。教育部希望在多方合作下"可免流弊,且将为学校训育开一新纪元,为社会道德立一新基础"①。可见教育部对该制度的精心设计和寄予的殷切希望。同时为配合导师制实行,教育部还修订了配套规则,"由于实行导师制须有统筹的机关"②,教育部于次年颁定大学行政组织补充要点,规定大学需设训导处,作为陈立夫实施训导理念的重要组织手段,主持全校训导,并设训导会议,除校长、训导长及教务长外,主任导师及全体导师均应出席训导会议,讨论一切训导事宜③。同年 7 月发布的《教育部公布实施导师制办法》中,明确担任导师为教师之任务,"以切实推进导师制与否,为考察所属各校成绩之一,并以各教师切实执行导师制之任务与否,为进退教师标准之一",并规定对实施导师制优秀之学校与导师予以奖励④,这样,从 1938 年到1939 年,教育部以导师制为主要载体的战时训导制度体系基本建立。

在制度建设的同时,教育部也一再催促各校尽早实行导师制,并报送具体实施办法。当时处于陪都的国立中央大学,作为国内规模

---

① 《教育部关于各校实施导师制应注意各点》,1938 年 3 月 28 日,载中国第二历史档案馆编:《中华民国史档案资料汇编·第五辑·第一编·教育(一)》,南京:江苏古籍出版社,1994 年,第 2213—215 页。

② 陈立夫:《承办之鉴:陈立夫回忆录》,台北:中正书局,1994 年,257 页。

③ 《教育部颁发大学行政组织补充要点》,1939 年 5 月 16 日,载中国第二历史档案馆编:《中华民国史档案资料汇编·第五辑·第一编·教育(一)》,南京:江苏古籍出版社,1994 年,第 699—700 页。

④ 《教育部公布实施导师制办法》,1939 年 7 月 23 日,载中国第二历史档案馆编:《中华民国史档案资料汇编·第五辑·第一编·教育(一)》,南京:江苏古籍出版社,1994 年,第 215—216 页。

最大并冠以"中央"二字的学校,与政府关系颇为密切,从导师制实施初期中央大学的反应可以看出,该校管理层实施导师制相对积极。在收到教育部实施导师制的命令后,校长罗家伦即批示"拟报告校务会议,并将导师制纲要及应注意之各点印发各教授研究"。① 1938 年5 月 6 日和 13 日,罗家伦分别两次召集学校要员举行谈话会,研讨实施导师制初步方案②。在 5 月 19 日举行的校务会议上,经研讨后草拟的《国立中央大学导师制试行办法》获得通过③,该办法于次月向全校发布④,5 月 26 日,罗家伦召集实行导师制联席会议,布置相关工作⑤。

　　中央大学制定的训导制实施办法共 14 条。在学生分组方面,规定每组不超过 20 人,针对中央大学柏溪分校的实际情况,规定一年级学生分组不分院系,由校长聘请专任教师担任一年级学生导师,二年级以后之训导则以院系为单位分组。在组织层面,规定全校设主任导师一人,主持全校训导事宜,各院院长担任学校副主任导师,主持该院系二年级以上学生训导,各系主任可担任该系首席导师。在会议方面,规定全校以及各院每月举行导师会议一次,一年级每两周举行导师会议一次。在导师责任方面,除教育部原有规定外,中央大学要求导师对学生思想给予正确指示,增强其民族意识,使其认识到对社会和国家的责任,并要求导师应指导学生集会讨论等事宜⑥。当年下半年中央大学便开始在各年级学生中推行导师制。⑦

---

① 罗家伦:《教育部训令·汉教字第 1526 号之拟解决办法》,1938 年 4 月,中国第二历史档案馆藏南京国民政府时期国立中央大学档案,全宗号 648,案卷号 872。

② 《谈话会开会通知》1938 年 5 月,中国第二历史档案馆藏南京国民政府时期国立中央大学档案,全宗号 648,案卷号 872。

③ 《二十七年五月十九日中央大学校务会议记录》,1938 年 5 月 19 日,中国第二历史档案馆藏南京国民政府时期国立中央大学档案,全宗号 64,案件号 918。

④ 《校长布告》,1938 年 6 月 17 日,中国第二历史档案馆藏南京国民政府时期国立中央大学档案,全宗号 648,案卷号 872。

⑤ 《实行导师制联席会议通知》,1938 年 5 月 23 日,中国第二历史档案馆藏南京国民政府时期国立中央大学档案,全宗号 648,案卷号 872。

⑥ 《中央大学导师制试行办法》,1938 年 6 月制定,1938 年 12 月报教育部备案,中国第二历史档案馆藏南京国民政府时期教育部档案,全宗号 5,案卷号 14480(1)。

⑦ 《国立中央大学致教育部呈》,1938 年 12 月 9 日,中国第二历史档案馆藏南京国民政府时期教育部档案,全宗号 5,案卷号 14480(1)。

由上文可以看出,导师制是以陈立夫为首的教育部所看重的训导的重要一环,其设计的目的就是实施训育,导师成为高校中主要的训导人员,担负的责任既包括政治方面的训育(思想引导、指导学生集会讨论等),又包括德育、日常管理和民族意识培养等。此制度设计层面通过赋予学校专任教员以训导职能的方式来强化学校训导,但不得不指出的是,此制度从设计伊始便蕴含着矛盾。首先,一旦将导师职责义务化,恐将引起高校教师之反感,部分教师不愿过多参与政治而成为"训导工具"。其次,因为此项制度设计徒增教师工作量,而对教师本人并无益处,导师制度各方面制定得均比较详细,但唯独缺乏对导师工作的报酬,要求教师投入训导而无激励措施或者物质补偿,导师参与积极性难以被调动。此外,纲要中规定导师需对学生毕业之后之行为终身负责,这一具有"连坐"性质的无限责任规定难免引起高校教师的疑虑。这些矛盾在日后实施中也被逐步提出。

二、谁来训导? ——中央大学导师人选的个案分析

正如教育部所认识的那样,导师作为直接实施训导之人,重要性自不待言[①]。在制定办法后,中央大学开始着手制度实施,选聘导师即其中的主要环节。中央大学选聘导师主要由校长发函聘请[②],早期从事导师职务者职别较高。具体情况见下表:

表一 二十九年度(1939—1940年)中央大学导师概况

院系或专业	姓名及职称(教授不标注职称)
中文系	汪国垣、黄淬伯(兼任教授)、胡光、钱堃新(讲师)
外文	范存忠、徐颂年、俞大缜、俞大䌹
史学	金毓黻、沈刚伯、张贵永、郭廷以、朱希祖
哲学	宗白华、李翊灼、何兆清、方东美

---

① 《教育部关于各校实施导师制应注意各点》,1938年3月28日,载中国第二历史档案馆编:《中华民国史档案资料汇编·第五辑·第一编·教育(一)》,南京:江苏古籍出版社,1994年,第214页。

② 《校长聘请导师函》,1939年2月20日,中国第二历史档案馆藏南京国民政府时期国立中央大学档案,全宗号648,案卷号3066。

（续表）

院系或专业	姓名及职称（教授不标注职称）
算学	胡坤升、郑克祥、黄培经
心理	*萧孝嵘、潘菽*
物理	**周同庆、施十元、张钰哲**、*翁文波*
化学	**高济宇、赵廷炳**
地理	**胡焕庸、黄厚千、丁骕、李旭旦**
地质系	**李学清、俞建章**
生物	**欧阳翥、耿以礼**、*段续川*、**罗宗洛**
政治	**马洗繁、张汇文、王季高、黄正铭、孟云桥**、*程憬*
法律	**何义均、赵之远**、*芮沐*、**张庆桢（兼职教授）**、张汇文
经济	**吴干、刘南溟、褚葆一**、*许哲士、樊弘*、**宁嘉风、童冠贤**
农艺	**孙醒东、金善宝、邹钟林、朱健人、吴文晖、周承鑰**、**谢哲生**、石桦（讲师）
森林系	**李寅恭、梁希、郝景盛（？）、李顺卿**
畜牧兽医	**陈之长、罗清生、汪惠章、吴文安**、*濮成德（助教）*
农化	**陈方济、沈学源、鲁宝重、薛培元**
园艺	**毛宗良、曾勉**、赵鸿基（讲师）
土木	**刘树勋、卢恩绪、张谟实、戴居正、陆志鸿**、*王兴（？）*、**董钟林**
水利	**原素欣、黄文熙**、*李士豪*
电机工程	**陈章、吴大榕**、*陈国康*、**杨叔艺**
机械工程	**张可治、杨家瑜、陈大燮、李西山**、*曹萃文（讲师）*、**史宣**
航空工程	**罗荣安、李寿同、曹继贤**、*李登科、张创*、**柏实义**
建筑工程	**鲍鼎、谭垣**、徐中（讲师）、周圭（讲师）、**刘福恭**
化工	**杜长羽、孟心如**

资料来源：《国立中央大学呈·中央大学二十九年度导师学生分组名册》，中国第二历史档案馆藏南京国民政府时期国民政府教育部档案，全宗号5，案卷号11481(1)；《中央大学二十九年度教职员名册》，中国第二历史档案馆藏南京国民政府时期国立中央大学档案，全宗号648，案卷号1153。部分无法核实具体职别信息的导师未列入统计表，师范学院、柏溪分校（一年级新生）也实行导师制，但因其特殊性不计入统计。

注：1939、1940两年连任者字体加粗，1940年任职者字体倾斜，其他为1939年任职者。人名后括注问号表示不确定。

　　关注导师名单的同时，另一个指标也应该得到关注。下图反映了1939、1940、1944 三年担任导师的教授数量占该院系教授数量的比重。

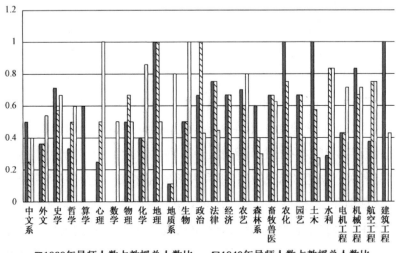

■1939年导师人数占教授总人数比　　▨1940年导师人数占教授总人数比
▢1944年导师人数占教授总人数比

图一　各院系导师人数占教授总人数比统计图

　　资料来源：《国立中央大学呈·中央大学二十九年度导师学生分组名册》，中国第二历史档案馆藏南京国民政府时期教育部档案，全宗号 5，案卷号 11481(1)；《中央大学二十九年度教职员名册》，1940 年，中国第二历史档案馆藏南京国民政府时期国立中央大学档案，全宗号 648，案卷号 1153；《1944 年中央大学大师名册》，1944 年，中国第二历史档案馆藏南京国民政府时期国立中央大学档案，全宗号 648，案卷号 1182；《中央大学三十三年度教职工名册》，1944 年，中国第二历史档案馆藏南京国民政府时期国立中央大学档案，全宗号 648，案卷号 1178。部分无法核实具体职别信息的导师未列入统计表，师范学院、柏溪分校因特殊性不计入统计。

　　从上表及图中可看出，中央大学刚开始选聘导师时，被聘用者资历较高，教授占绝大多数，多数院系教授参与导师工作的比例达到或超过一半，且不乏诸如金毓黻、梁希、潘菽、胡焕庸等学界知名教授。几乎所有学院院长均作为"副主任导师"开展训导工作（部分院长在研究所担任负责训导研究生工作的"导师"），所有系主任均作为"首席导师"承担了训导责任，在学校训导处任职的正、副训导长童冠贤、杨家瑜均于所在院系带头担任导师。从流动性上看，导师流动幅度有限,大多数导师稳定留任,未留任导师中一部分由于人员流动(调离学校等)。由此观之,中央大学刚开始对实行导师制较为重视,校方积极性较高。

关于导师制的具体效果,除导师为学生填写的"操行成绩表"外,暂无更多资料可供参考。有学者将此时大学导师和学生的关系总结为"爱生忠诲型""酒肉朋友型""以权谋私型""敬而远之型""主动结交型"五种[1],总结似到位,但资料支撑稍显薄弱。时人确有一些对当时师生关系的种种批评,但导师制之下的师生关系与导师对训导的重视程度、导师本身的忙碌程度、导师平时与学生的相处风格等因素息息相关。就笔者所见史料,中央大学虽自称该校导师"每周进行一次谈话训导"[2],但恐怕只是写在向上呈文的纸面上,而非落实在实际行动中。值得注意的是,诸多师生的忆述史料中所描述的中央大学师生关系在正常情况下就是较为紧密的,与教育部所描述的"商业化倾向"有很大区别,这也易使导师制的实行与正常的师生往来相结合。时任中央大学文学院史学系主任、首席导师的朱希祖,直到1939年4月才召集自己负责的五名三年级学生"开始导师训育事"[3],且之后鲜有相关记录[4]。在其离开中大后继任其职务的金毓黻则更乐于组织远足、交游等活动增进师生联系,而非单纯的训导谈话[5]。当时就读于中央大学的曾祥和其导师是缪凤林,但其在回忆录中对缪凤

---

[1]　刘振宇:《民国高校导师制下的师生关系研究》,《河北师范大学学报》2015年第6期,第35—36页。

[2]　《国立中央大学训导调查表》,中国第二历史档案馆藏南京国民政府时期国立中央大学档案,全宗号648,案卷号2739。

[3]　朱希祖:《朱希祖日记》,朱元曙、朱乐川整理,北京:中华书局,2012年,第1031页。

[4]　在其日记中曾记载,1939年4月28日其出席训导会议,5月18日夜召集学生进行训导。朱希祖对会客、出席会议通常均有记载,故可认为其对训导学生投入精力较少,频率不高。见朱希祖:《朱希祖日记》,朱元曙、朱乐川整理,北京:中华书局,2012年,第1041、160页。

[5]　金毓黻:《静晤室日记·卷第一零七》,1941年3月16日,沈阳:辽沈书社,1993年,第4672—4673页。

林的忆述均集中于学习上之指导与启发，而不是对其训话的内容①。可见，当时一些导师并不热衷于训导工作，而是以学术指导取代之，仍维持着原来的师生关系模式。由此可见，虽然在训导制实施早期从数量上看，中大教授们的参与度较高，但一些导师对训导本身的热情有限，将"导师训导"融入日常师生关系之中，而并不愿意将政治因素纳入师生关系中。

三、问题与改革："训导改进"与导师制度的修正

喻周二位老师的文章认为，政府在导师制实施不久时不甚满意，于是其改进举措陆续出台于 1938—1939 年，但笔者根据所见史料认为，1938—1939 年的措施应该被视为陈立夫推行其训导理念的制度设计，属于制度初创的阶段，而 1942 年后的"训导改进"则是针对政府认为训导制出现的问题进行的大力改革。

教育部雷厉风行地推行导师制，陈立夫甚至于 1939 年 2 月称："一年来专科以上学校之最大改进为导师制之创立。"②该制度成为训导体系中的主要载体，在教育部的训导视察要点中被列为首位，要求在对高校训导进行视察时关注"导师制是否切实推行、导师是否切实负责、导师制实施方面有何困难、导师思想及对三民主义研究情形如何、导师与学生共同生活情形"等内容③。但在多次视察了解情况中，教育部发现导师制实行效果难以令其满意，社会上存在着大量意见，相关制度弊端也逐步显现。早在 1939 年，即导师制刚刚推行一年之际，即有人指出导师制实施过程中所面临的一系列困难，其中比较棘手的问题就是导师任务繁重和部分教师不愿承担导师责任问题，同

---

① 曾祥和：《曾祥和先生访问记录》，台北："中央研究院"近代史研究所，2018 年。据其回忆录，当时大多数教师与学生交流频繁，反而是非其导师的教师丁山、金毓黻、顾颉刚等与其交往更多。

② 《一年来教育部重要工作概况》，1939 年 2 月，台北"中国国民党中央文化传播委员会党史馆"藏一般档案，档案号 506/70。

③ 《教育部训导视察要点》，1940 年 12 月，中国第二历史档案馆藏南京国民政府时期教育部档案，全宗号 5，案卷号 14436。

时有人对导师"终身负责"的"连坐"无限责任深表担忧[①]。随着时间的推移,这种担忧和抱怨在报刊上频繁出现,关于导师制问题的反思和建议文章陆续增加,可以说在一定程度上代表了舆论给大众的观感。

在 1942 年教育部组织召开的训导会议上,与会代表在对《专科以上学校导师制纲要》等文件草案进行讨论时,提出了一些关于导师制实施的建议,其中有建议直接取消导师制,要求所有专任教师均负训导责任者(国立女子师范学院),有建议为承担导师责任的专任教师发放酬金者(国立第九中学),也有希望解除导师对于学生出校后言行之责任以避免"连坐"者(私立朝阳学院)[②]。这些建议是对于当时"导师制"弊端的回应。教育部也意识到了多数教师不愿意当导师的问题,训导方面的改革即将展开。

而几乎就在这段时间,政界也在呼吁"改进训导"。只不过其主要诉求是与教育界改善导师制的期望完全相反的,这些呼吁旨在加强对学校好学生的管控,"防止中共在大学校园的活动",将学生之思想"导入三民主义正轨"[③]。蒋介石曾多次下令加强学校训导,协调训导相关各方,"防止中共渗透"[④]。而在国民参政会中,国民党参政员也有关于强化训育、增进生活指导、慎重选择导师的提案出现[⑤],国民参政会认为相关提案"用意甚为切要"[⑥],决议"请政府参酌原有训导

---

① 王扬:《一年来对于导师制之经验》,《建设研究》1939 年第 2 期,第 61 页。叶松坡:《实施导师制后所发生的困难及其解决法》,《教育杂志》1939 年第 7 期,第 13—14 页。

② 《教育部训导会议议案》,1942 年 10 月 1 日,中国第二历史档案馆藏南京国民政府时期教育部档案,全宗号 5,案卷号 14441。

③ 《国民党中常会会议记录》,1941 年 6 月,台北"中国国民党中央文化传播委员会党史馆"藏会议档案,档案号 5.3/177。

④ 如《蒋介石手令·机密甲 6103 号》,1942 年 1 月 26 日,台北"国史馆"藏蒋中正文物,典藏号?

⑤ 《国民参政会第三届第二次大会提案·建议重视大学专科训育规定各校设置学生生活指导部并慎重导师人选》,1943 年,台北"国史馆"藏"行政院"档案,典藏号 014 - 000301 - 0106。

⑥ 《国民参政会决议文》,1943 年,台北"中国国民党中央文化传播委员会党史馆"藏"国防"档案,档案号防 003/2650。

制度切实改进"①。此项提议得到了国民政府及蒋介石本人的关注，蒋介石下达手令要求各有关部研拟具体办法②，国防最高委员会常务会议要求行政院"注意改进"③。这也是政府对"改进训导"工作的重要推动。

此次"训导改进"，主要针对的是政府认为以前训导所存在的"事权不统一、责任欠分明、校园不负责、操行不重视，标准不明确"问题，要求"化消极为积极、化多元为一元、化抽象为具体"，在训导机构调整、权责划分、新生训练时长加长、导师制改进、训导人员奖励、三民主义课程教授时间加长等方面提出改进要求。其中关于导师制方面，明确提出"导师制实行有年，但实际上则教授中尽到导师之责任者凤毛麟角"，这代表官方意识到导师制的教授参与度非常低。在组织上，改进方案要求调整原有导师制组织形式，由训导处统一领导导师开展工作变为院系副主任导师组织训导工作。

在此次训导改进中，导师制是其改进的一个重点。鉴于导师制推行过程中"各校奉行不力"④，同时为了回应相关建议，教育部对相关规定进行了调整。在1943年，教育部将原有的《中等以上学校导师制纲要》拆分为《专科以上学校导师制纲要》和《中等学校导师制纲要》。在《专科以上学校导师制纲要》中，删除了饱受争议的"导师对学生出校言行负责"的规定，微调了导师制组织形式，但强调所有专任教师均有担任导师的义务，同时仍未提及备受关注的导师待遇问题⑤。

在改革中值得注意的一点是，针对国民参政会增加导师资格要求的提议，即认为导师应"具有指导青年之特殊兴趣、具有相当之修养与学术、能热心考察学生生活了解青年心理并利用机会施以训导"

---

① 《国民参政会决议文》，1943年，台北："国史馆"藏"行政院"档案，典藏号014-000301-0106。

② 《蒋介石手令·239号》，1943年10月9日，来源同上。

③ 《国防最高委员会秘书处公函·国纪40715号》，1943年11月29日，来源同上。

④ 《行政院研处报告》，1943年，来源同上。

⑤ 《教育部训令·指定专科以上学校导师制纲要及中等学校导师制纲要》，1943年2月4日，中国第二历史档案馆藏南京国民政府时期教育部档案，全宗号5，案卷号1258。

的条件,教育部认为"尚有待商酌之处",因符合此要求者寥寥,且"各校教师不愿担任导师,已属无可讳言之事实,如再明文规定此标准,恐增加其不担任导师之借口"①。而关于导师的选择,教育部采用训令校长的方式,要求校长注意,而非在章程中明文规定,可见其意识到其中的矛盾所在,即多数教师不愿意当导师,也不符合政府的规定的导师标准,在此基础上还是要坚持以导师制推行训导。而面对这样的矛盾,解决方式正如之前各校所提建议,要么更换训导方式,要么设法激励教师担任导师并积极承担训导责任,然而这些建议并未被教育部采纳。

在本轮训导改进过程中,中央大学也着手落实。针对导师数量不足的问题,中大决定,每一导师以指导学生 20 人为原则,学生人数较多之院系得增补导师,增补者从助教中聘任②。在此原则指导下,中央大学的导师总数量大幅增加。

表二 战时中央大学二、三、四年级导师总数量统计

年份	1939	1940	1944
导师总人数	132	148	211

资料来源:《国立中央大学呈·中央大学二十九年度导师学生分组名册》,中国第二历史档案馆藏南京国民政府时期教育部档案,全宗号 5,案卷号 11481(1);《中央大学二十九年度教职员名册》,1940 年,中国第二历史档案馆藏南京国民政府时期国立中央大学档案,全宗号 648,案卷号 1153;《1944 年中央大学大师名册》,1944 年,中国第二历史档案馆藏南京国民政府时期国立中央大学档案,全宗号 648,案卷号 1182;《中央大学三十三年度教职工名册》,1944 年,中国第二历史档案馆藏南京国民政府时期国立中央大学档案,全宗号 648,案卷号 1178。

注:本表格数据包括中央大学各学院的导师人数,因制度差异并与前文之统计统一,未计算柏溪分校(一年级新生部分)。

结合前文图一及其他相关史料可推测出,在导师数量大幅增加

---

① 《教育部呈行政院》,1944 年 5 月 27 日,台北"国史馆"藏"行政院"档案。

② 《中央大学致各学院函》,1943 年 3 月 20 日,中国第二历史档案馆藏南京国民政府时期国立中央大学档案,全宗号 648,案卷号 1000。

的同时,教授参与导师工作的比重并没有大幅提高,在多数院系反而呈下降趋势,这一方面与增加大量助教有关,但从侧面可以反映出教授们对于此项工作的参与热情仍然未能得到有效激发。这和前文所述教育部的政策改革方向是相关的,在"训导改进"后的导师制实施过程中,每名导师指导的学生数量虽然有所减少,但因此涉及的导师数量大大增加。同时导师任务并未减轻,而是更加复杂,相比之前要求更高(见下节)。在此种情况下,教授对于参与训导的热情仍有限,不愿担任导师是可以理解的。

由以上分析可知,在这次"训导改进"中,教育界和政府均有其改革诉求,教育界希望通过对训导和导师制的改良减轻导师工作负担,解除导师不愿承担责任的相关顾虑并通过物质激励等方式调动其积极性,而政府则希望通过改革加大训导力度,提高训导效果,在一定程度上双方的诉求是相背而行的。改革中政府依然采用导师制,虽去除了一些欠妥的规定,但仍无法解决"教师不愿担任导师"这一根本问题。在其改革方案中,导师的工作量并未减轻,也并未因其承担训导工作而获得任何额外利益,这难以调动教师参与导师工作的积极。

四、训导什么? 德育、管理与政治

教育部在导师制纲要首次推出时,规定训导的范围为"思想、行为、学业及身心摄卫",并指出"训导纲要另定之"[1]。1939 年在完善训导体制的过程中,教育部拟定公布了《训导纲要》。该纲要开宗明义说明训育是"依据建国之三民主义与理想之人生标准教育学生",详细阐释了陈立夫的"自信信道、自治治事、自育育人、自卫卫国"理念,说明训导的内容为"忠勇、孝顺、仁爱、信义、和平、勤俭、服从、礼节、整洁、助人、学问、有恒"12 个部分。关于专科以上学校训育工作,《纲要》要求"由民族历史文化的特性研究各种学说主义之各自适

---

① 《教育部颁发中等以上学校导师制纲要》,1938 年 3 月 28 日,载中国第二历史档案馆编:《中华民国史档案资料汇编·第五辑·第一编·教育(一)》,南京:江苏古籍出版社,1994 年,第 212 页。

合性,归纳其结论于三民主义创见于中国之必然性及其适应性之理由,使学生切实理解三民主义之真谛,并依据总理、总裁之训示确立三民主义的革命人生观",并提出实行军事训练、通过调查研究了解《建国方略》《建国大纲》内容、陶冶情操、厉行节约、指导学生组织、鼓励社会劳动服务、指导学生合作事业等要求①。可见在训导要求中,政治因素被列为首要,并贯彻了蒋介石、陈立夫对于教育和训导的理念,同时融入了德育方面的相应要求。但毕竟这些文字要求不甚具体,仍属于宏观层面,对于这样的宏观训导,导师们也可以相对轻松地应付了事。

"训导改进"后,关于大学导师训导内容的要求更加明确具体。1943 年年底制定的《专科以上学校导师指导学生要点》对原有纲要的模糊之处——导师指导学生的具体要求——进行了修改,关于训导学生所应达到之标准,仍分 12 大类,每个类别均列举了具体的内容。

表三　1944 年导师训导学生时对学生的"最低"要求

归类	相关项目	具体要求(举例)
爱国教育	忠勇、勤俭	认识国旗、会唱国歌、尊重本国文化、认识近百年国耻、参加展示服务、接受国防教育、使用国货
意识形态(政治控制)	忠勇、服从	认识党旗、参加总理纪念周及国民月会、奉行三民主义、服膺总裁训示、服从政府法令
个人修养	孝顺、仁爱、和平、勤俭、学问、有恒	孝顺父母、关爱兄弟姊妹、克制贪念、培养优美情操、内心宁静、按时完成课业、按时作息、缺席要请假、量入为出避免浪费、无烟酒等不良嗜好、热爱学习读书、参加学术活动、写日记不间断、保持良好生活习惯等
社会公德	仁爱、信义、和平、礼节、助人	友爱同学、善待校工、守信用、守时、不在背后说坏话、待人和蔼、不欺凌弱者、尊敬师长和教职员、不争先说话、进入他人房间先叩门、不高声谈话、尊军荣军、帮助他人不求报答、参与社会服务

①　《教育部颁发之训导纲要》,1939 年 9 月 25 日,载中国第二历史档案馆编:《中华民国史档案资料汇编·第五辑·第一编·教育(一)》,南京:江苏古籍出版社,1994 年,第162—179 页。

（续表）

归类	相关项目	具体要求（举例）
日常管理	礼节、服从、整洁	上课向师长起立致敬、服从学校规则、接受师长指导不固执己见、团体活动服从领队指挥、执行会议决议、衣着被褥文具书籍维持整洁、沐浴定时、经常锻炼、不随地吐痰

资料来源：《专科以上学校导师指导学生要点》，1944年3月27日，中国第二历史档案馆藏南京国民政府时期教育部档案，全宗号5，案卷号1262。

此外，在训导手段方面，该《要点》认为应该更加多样，除个别训导外，还鼓励采取诸如集体训练、座谈讨论、个案研究、学生自治、名人演讲、参观旅行、社会服务等十余种方式，全方面加强训导工作。关于操行成绩的评定问题，该要点要求导师采用测验、调查、观察、谈话等多种方法完成，而非简单打分了事①。

由上表可以看出"改进"后的导师制在训导方面，同样既包含政治层面的要求，又包含日常管理、个人修养等正常德育层面的要求，应该说训导包括德育，也包括政治控制，虽然政治控制是其主要目的和出发点，但德育中的许多环节仍然体现了当局及时任领袖的价值取向，即对传统五常"仁义礼智信"的贯彻、对整齐划一风貌的强调、对整洁的重视，这些均与蒋介石当时的要求相吻合，同时暗含着浓郁的政治色彩。

而对于参与的导师而言，首先，进行政治性的训导成为国民党当局管控学生的一种方式，本身就为一些教授所不齿。其次，经过"改进"之后的训导制度使导师负担大大加重，训导的标准变得明确，形式要求更加多样，需要履行的手续也在增加，教师们关心的生活问题和薪资不足问题却仍未能解决，这样的改革对导师实施训导的积极性提高并无任何好处，教授不愿担任导师的根本矛盾不但未能解决，还将持续下去。

---

① 《专科以上学校导师指导学生要点》，1944年3月27日，中国第二历史档案馆藏南京国民政府时期教育部档案，全宗号5，案卷号1262。

五、导师训导的现实症结——依靠谁？是否可靠？如何依靠？

"改进"之后的导师制并未达到政府的预期效果，导师制于抗战胜利后遭到废止。以喻、周二位老师为代表的诸多前辈学者认为，导师制被废止的主要原因是其加入了政治训导的色彩。这一结论从教育本身出发，认为政治因素破坏了导师制在教育上的本意，此点笔者是认同的，但除此之外，从政府本身的角度看，国民政府为训导制选择的依靠对象和实施方式并不足以支撑训导体系，这是其不能成功的另一个原因。

国民政府之所以强力推行导师制，其目的在于为其训导提供载体，训导制度通过导师传达到学生，在此基础上形成政府—学校（训导处）—（院系）导师—学生的训导结构，以实现对学生的有效管控。在这一链条当中，导师为关键环节，导师的参与程度不仅决定着导师制的成败，也决定着训导制度的整体效果。在导师制实行问题上，政府希望本科以上学校教职员全力参与，并积极训导，但教师层面参与热情非常有限，教育界和报刊舆论一再指出导师制存在的制度性问题。学校层面对上级的一再催促不得不积极应对的同时，对该制度落实到基层的效果则是无法控制的。

专科以上学校教职员是导师制度实施的主要依靠，而这依靠对象其实并不足以支撑其达到训导目的。高校专任教员是否愿意服从训导制度，是否愿意配合当局加强对学生的政治管控，是不是政府管控学生的"同路人"尚有疑问，而在具体实施过程中，此制度不为专任教师担任导师实施训导提供物质保障，反倒在事实上成为其除教学和研究之外的重大压力，加重其负担，只有责任而无回报，"既让马儿跑，又让马儿不吃草"。专任教师成为免费的训导工作人员。在此情况下，专任教师或不愿担任导师，或实施训导时敷衍搪塞，或在训导中仅做学业指导，而不实施真正的训导。在"训导改进"呼声出现后，教育当局主要回应的还是政府对于其加强训导的期待，而非认真对待教育界对导师制弊端的批评。"改进"之后的训导体制对导师的工作要求是加重而不是减轻，在这样的模式下，导师的参与热情仍然无法被激发。随着教育部人事更迭和时局的演变,导师制最终走入历史,其实施过程被学界普遍认为较为失败,而失败原因除之前所论述之师生关系等教育层面外,笔者认为其依靠对象的选择及对依靠对象积极性的调动,也是其中重要原因。现在的大学学生工作中,已很少采用全员参与学生管理的模式,但也有学校在本科生导师制问题上进行尝试。希望本部分的论述可以为当下学生工作和学生管理提供一定的历史视角和借鉴。

第二节　军训的强化与困境

学校军事训练是国家国防体系的组成部分,而在全面抗战的背景之下,大学的军事训练与战争的大时代背景紧密相连。在战时,大学军训既是国防教育的一部分,亦是学校训导的一部分;既负责对学生进行基本军事技能和军事知识的教育,又承担了部分学生管理职能。对于全面抗战时期的学校军训,时人已有许多讨论,后人亦在研究中有所涉及①。应该说,国民政府及蒋介石本人对大学军训抱有极高期望,相关部门做了精密的制度设计,但是军训政策落实情况却很难让人满意,其背后有复杂的原因和背景,也有现实上的滞碍。本部分拟以当时位于陪都重庆的中央大学为例,结合笔者所见史料,对战时大学军训的强化及执行所遇到的障碍进行论述。

一、战时军训的规划与制度

南京国民政府成立伊始,便开始在学校推行军事教育②,并逐步

---

① 例如万际祥:《1927—1949 年南京国民政府学校国防教育研究》,华中师范大学硕士论文,2006 年;宋艳丽、赵信峰:《抗战前国民政府的学校军事教育政策》,《历史档案》2004 年第 3 期,110—128 页;王延强:《抗战时期高校学生管理研究》,西南大学博士论文,2013 年;张杰:《南京国民政府时期高校学生管理研究》,苏州大学博士论文,2017 年等。

② "学校军训始于民国 18 年",见军事委员会政治部:《军训简报》,1939 年 2 月,中国第二历史档案馆藏南京国民政府时期教育部档案,全宗号 5(2),案卷号 1787。

制定了一系列关于高中以上学校军事训练和军事管理的制度安排①。军事教育既可以训练学生的军事技能,也可以作为"驯服"学生的管理手段。据总结,全面抗战爆发的 1937 年,参加学校军事训练的省市有 19 个,专科以上学生有 5 123 人②,而中央大学在西迁前除实施军事训练制度,参与首都军事训练以外,还开设了军事教育科"以造就军事人才"③。该科采用选科制,并规定校内凡有志于军事服从规定者均可报名。军事教育为期三年,第一学年注重军队训练,完成军人资格,第二学年教授战术、筑城、交通、兵器等军事学科,第三学年教授战史、参谋任务等科,其中仅第一学年实行严格军事管理④。虽然效果曾受到质疑,但此时军事训练已由国民政府大力推行,中央大学同时兼具学生国防教育和职业军人教育的双重职能。

但是抗日战争全面爆发后,大量学校内迁,国统区教育格局发生重大变化。不仅社会产生了对战时教育方略的争论,当局也不得不对教育的走向进行探讨。蒋介石在其日记中一再提到要对中国高校实施"军事管理"甚至"一律实施军事管理"。军人出身的他容易产生此类想法,使国内学生养成军人的精神面貌是符合他的期待的。但这只能代表蒋介石个人的倾向,全面军事管理所有学校和师生违背基本的教育规律,是不可取的,因此这样的想法并未被采用,而是以"战时教育向平时看"作为战时教育的原则。不过,军训的加强在高层的推动下也是势在必行,1938 年年初接掌教育部的陈立夫便全面实施其训导改革。在他的推动下,学校军事教育工作开始强化。

在当局最为"擅长"的制度建设方面,按照蒋介石加强军事管理

①　此问题前人有系统研究,不再赘述,相关制度见中国第二历史档案馆编:《中华民国史档案资料汇编·第五辑·第一编·教育(二)》,南京:江苏古籍出版社,1994 年,第 1239—1293 页。

②　军事委员会政治部:《军训简报》,1939 年 2 月,中国第二历史档案馆藏南京国民政府时期教育部档案,全宗号 5(2),案卷号 1787。

③　《第四中山大学布告》,1927 年 10 月 26 日,中国第二历史档案馆藏南京国民政府时期国立中央大学档案,全宗号 648,案卷号 701。

④　《第四中山大学军事教育科报名简章》,1927 年 10 月,中国第二历史档案馆藏南京国民政府时期国立中央大学档案,全宗号 648,案卷号 701。

和军事训练的指示①，教育部、军事委员会军训部和军事委员会政治部等有关部门先后重新制定了关于军事训练和管理的各种制度。

在组织层面，军训在抗战全面爆发之前由训练总监部负责，全面抗战爆发后军事委员会机构调整，军训先划归政治部管辖，后改隶属军训部②。

在训导层面，教育部在规定各专科以上学校组织统一设立训导处的同时，要求训导处下设生活指导组、军事管理组和体育卫生组，其中军事管理组负责升降旗及集会之编队，礼堂、操场、宿舍之管理及参观、旅行、劳动服务之指导，该组设主任一人，由军事主任教官担任③，这样军训教官便承担了部分训导职责，成为学校训导体制中的一部分。

在军事训练层面，经修正的《高中以上学校学生军事教育实施方案》除明定战时军训之目标及要旨外，规定军事训练分为在校训练及集中训练两部分，对专科以上学校学生实施预备役官佐教育，要求各校设置军训总队，"承校长之命"掌管全校军事训练、军事管理等事宜，训练时间为一至三学年，每星期训练两个小时，此外还有以授课方式进行的学术科一小时，并对军训组织、学术科目表、教官配置等进行了规定④。

在军事管理方面，《高中以上学校军事管理办法》指出，学校军事管理"其目的在提高学生重秩序守纪律之精神，树立勤劳俭朴之风尚，养成确实迅速静肃秘密之习惯，达到生活军事化之标准"，规定实施军训之学校为便于管理，将学生进行准军事编制组织，管理范围包括升降旗等集会、早操、学生服装、寝室整洁等勤务、就餐秩序、校外

---

① 如《蒋介石手令·侍秘甲 3239 号》，1940 年 9 月 13 日，中国第二历史档案馆藏南京国民政府时期教育部档案，全宗号 5，案卷号 14529.该指示要求使学生"守纪律，负责任，不得任之放任"。

② 军事委员会政治部：《军训简报》，1939 年 2 月，中国第二历史档案馆藏南京国民政府时期教育部档案，全宗号 5(2)，案卷号 1787。

③ 教育部：《专科以上学校训导处分组细则》，1940 年，中国第二历史档案馆藏南京国民政府时期教育部档案，全宗号 5，案卷号 14552。

④ 《修正高中以上学校军事教育实施方案》，1941 年，中国第二历史档案馆藏南京国民政府时期教育部档案，全宗号 5，案卷号 14529。

活动、日常礼仪、教室秩序等。①

此外,在新生入学训练、军训教官聘任、待遇、服务、奖惩等一系列层面还制订了颇为详细的制度规范,用以保证军训各个环节的顺利进行。这一系列措施组成了战时军训的制度体系。

二、"实验军训"及其滞碍

由于对原有的军训制度及成效不够满意,在高层看来,战时军训是一个全新的开始,为力求其事实效果,当局决定在重新铺开军训前,选取中央大学、重庆大学和南开中学这三所在战时陪都重庆的学校进行"实验军训"(有时亦称"试验军训")。三所军训实验学校设总教官一人,每校各设主任教官一人,军事教官、助教各若干人,首任总教官由欧阳新少将担任。按照实验军训的规定,教官有权出席校务会议、训导会议,学校要为其专门设置办公室,聘用专门工作人员②。

为推进"实验军训"工作,1940 年 2 月 16 日,陈立夫还亲自召集相关部门和三校负责人座谈征求意见,中央大学时任校长罗家伦与训导长杨家瑜代表学校与会。会议的主要议题一是讨论实验军训纲要,二是军训制服的来源③,当年 10 月再次开会,继续讨论上述问题。而此时,当局与学校关于军训的矛盾已经初步暴露。

其实早在 1938 年,罗家伦便就军训问题致函陈立夫表达了他的意见,即要求对原有集中训练模式进行探讨④,其对于当时之军训制度以及新的制度设计有着很大意见。此次实验军训会议讨论的两项问题,其一涉及军训的制度设计。罗家伦表示,过去之军训办法"实在行不通",新的制度中,原有中学生轮流值日负责勤务的规定对中

---

① 《高中以上学校军事管理办法》,1939 年,台北"国史馆"藏"行政院"档案,典藏号 014-030300-0009。

② 《调整学校军训实施纲要》,1939 年 10 月,中国第二历史档案馆藏南京国民政府时期教育部档案,全宗号 5,案卷号 14529。

③ 《实验军训学校第一次军事教育会议记录》,1940 年 2 月 16 日,中国第二历史档案馆藏南京国民政府时期教育部档案,全宗号 5,案卷号 14529。

④ 《罗家伦致陈立夫函》,1938 年 3 月 4 日,中国第二历史档案馆藏南京国民政府时期教育部档案,全宗号 5(2),案卷号 660。

学合适，但并不适用大学情况；关于军训设备，他认为设备固然重要，但应由政治部负责调配，这表明他并不愿意由学校拨款置备军训所需物资；在组织方面，罗家伦着重指出，教官与校长之关系，未有明确规定，学校行政及总教官执行公务均有不便①。中央大学在征求《实验军训纲要》意见的回复中也着重强调了军训教官与学校原有组织关系问题，反对军训教官影响和干预学校原有的运作机制②。此语代表了学校对教官扩权欲望和干预校务的担心，这种担心在后来也得到了证实。

第二个讨论事项是军训制服问题，此问题看似小事，实则引发了激烈讨论。军训服装所有权属于学生，本应由学生自备或自行购买，但罗家伦指出中大学生"制服均不整齐，且多系战区贷金学生"，没有收入来源，根本无力购买，故要求政治部解决制服问题。会上也有声音认为制服应由学校派发，但学校经费同样困难，也不愿承担这笔支出。最后无法解决，决定报请政治部决定③。军训制服采购这个"皮球"被踢给了推进军训的军方，此问题也成为此后军训执行的一大障碍。

而实施过程中的滞碍更多。早在 1939 年 11 月，欧阳新少将被正式任命为三校军训总教官，次年年初率领其同仁进入中央大学（包括柏溪分校）进行调查，但结果令其甚为不满。在给主管机关教育部、政治部及四川军训处的报告中，他细数中央大学的种种"罪状"。

首先是教官们发现学生对军训极为排斥甚至恶语相向，教官们"随时随地俱闻不堪入耳之言"，出席升降旗仪式等典礼、纪念周者为数甚少且秩序混乱，"学校学生千余人，每次纪念周均不过百五十人

---

① 《实验军训学校第一次军事教育会议记录》，1940 年 10 月 25 日，中国第二历史档案馆藏南京国民政府时期教育部档案，全宗号 5(2)，案卷号 1288。

② 《中央大学致教育部函》，1929 年 11 月 7 日，中国第二历史档案馆藏南京国民政府时期教育部档案，全宗号 5(2)，案卷号 660。

③ 《实验军训学校第一次军事教育会议记录》，1940 年 2 月 16 日，中国第二历史档案馆藏南京国民政府时期教育部档案，全宗号 5，案卷号 14529；《实验军训学校第一次军事教育会议记录》，1940 年 10 月 25 日，中国第二历史档案馆藏南京国民政府时期教育部档案，全宗号 5(2)，案卷号 1288。

左右"。但欧阳新等人也自称于纪念周上发表讲话后影响甚大,使学生观念发生改变,"学生遇见我及教官助教均以亲敬之态"。

其次是学校原有硬件设备难以满足需求导致秩序混乱,难以训练,而校方在此方面态度是不配合的。欧阳新等人注意到柏溪分校学生就餐秩序极为混乱,学生宿舍杂物堆积,究其原因,教官们认为是校方硬件不到位,食堂缺少饭桶、饭篮及碗筷,导致学生就餐争先恐后,甚至上百人争抢一只饭桶;食堂附近亦缺乏集合场所及通畅的道路,导致经常拥挤不堪;食堂工役缺乏;宿舍混乱则是因缺乏储物间和储藏箱。在军训教官看来,食堂和寝室的整齐秩序是实施军事管理之一部分,现有环境难以满足其管理要求,于是向学校提出意见要求予以完善。学校之应对则颇为消极,尤其涉及采购及雇员更是予以婉拒,教官不得不自行劳动,为食堂开辟出两条通道,但其他问题的解决则十分困难。在场地方面,沙坪坝校区甚至没有操场,更使正式军训难以实施。

最后是配套的欠缺。在教官看来,"学校当局以学生无制服,难于开始军训为词,至本校军训开始时期,迄今尚未决定",而学生形形色色的长袍马褂在教官看来不必说训练,哪怕是在军事学术科教学的课堂上都不能被接受,而无论学校还是学生均无力且不愿承担此笔费用,故其感觉开训遥遥无期。而规定应由学校为总队部办公室配备之书记、办事员、司书、杂役等人员,学校也以经费原因未聘用,于是教官自行兼办,尽管学校如此"不配合",教官们仍自认为其工作是合格的,"并不因此而使工作效率降低,反有时为训导处抽出时间繁忙也"①。

欧阳新的论述颇有为自己美言之嫌,如其一席话致使学生对其信服的论述恐与实际情况有出入,但其描述与学校说法相矛盾确实存在。应该说,罗家伦和中央大学的校方并非蓄意抵制军训,也并非以军训服装未齐为托词拒绝军训,而是不愿意为军训承担支出。战

---

① 欧阳新:《军训筹备工作报告书》,1940 年 4 月 11 日,中国第二历史档案馆藏南京国民政府时期教育部档案,全宗号 5,案卷号 14529。

时大学经费紧张,而为军训采购制服、雇用员工是一笔庞大的开支,食堂、宿舍秩序虽然稍显混乱,但运营还算正常,只是不符合军事管理方面的整齐划一的要求。学校自然不愿支出相关费用,而一旦动用伙食费去改善饭堂设施和雇用工役,则会导致学生伙食质量下降进而招致学生不满,这样的风险学校自然不愿承担。军训为政府推行之政策,学校并不愿意用校方经费买单,而军训教官亦不愿意降低他们对"整齐划一"的严格要求,此矛盾是军训推行之最大滞碍。

三、权与责:军训实施的波折与应对

中央大学作为位居首都的重要学府,其各个方面均受到政府的高度重视。蒋介石担任校长时,更是对中大军训予以重视,曾多次过问中大军训事宜,亲自接见中央大学军训教官并训话[1]。行政院及主管机关亦对该校军训问题予以关注,中央大学的军训实施计划甚至要报呈行政院核定,军事委员会亦要求中央大学明确军训目的"一在造就高尚人格,坚强体魄,积极行动,统一思想,严肃生活,能为民族牺牲,为国家奋斗的现代的忠勇的国民,二在养成陆军备役干部,即推行兵役制度,改进军队素质,提高干部能力",而至于教育重点"其第一阶段先养成军人生活行动之习惯,以纠正浪漫,浮躁之风气为主,其第二阶段是修习备役初级军官之学术"[2]。这一方面体现了重视程度,另一方面体现了中央大学首批实验军训学校的身份。

在此期间,中央大学也制订和完善了本校的军训制度。首先是新生入学训练。中央大学新生训练时长为两星期,训练目的为"对国家民族有正确观念,对实行三民主义有坚定信仰,对本校历史及规章有正确了解,对于科学有坚定志愿,使教职员有机会明验新生之个性"。新生训练由训导处组织,将学生按照宿舍进行编组,通过宣誓、课

---

① 《蒋介石致军训部长白崇禧电》,1943年3月24日,台北"国史馆"藏蒋中正文物,典藏号002-070200-00017-079,《蒋介石致军训部长白崇禧电》,1943年11月15日,台北"国史馆"藏蒋中正文物,典藏号002-070200-00019-062。

② 《军事委员会致行政院函》,1943年10月3日,台北"国史馆"藏"行政院"档案,典藏号014-030300-0011。

外运动、升降旗仪式、小组讨论、撰写自传心得等环节实现其目的①。

其次,在军事管理方面,在遵照上级军事管理规定的同时,中央大学规定,军事管理处主任由校长兼任,主任教官则担任"大队部大队长"一职,军事管理的重大事项由学校训导委员会决定,大队部及军训教官则只负责执行日常管理任务②。这与上级原有设计理念有一定差别,中大校方试图以此掌握军训的自主权,避免军训教官与学校的权力争夺。

而至于军训本身,1943年,中央大学才开始了正式的军训实验准备,按部就班地开始对全校三千余名学生进行在校训练和军事学术科教育。应该说,国民政府军训部的军事教育设计相当周密,尤其是在学术科课程上,课程设置全面,涉及诸多军事战术和技术问题,以期学生能够全面掌握"预备役军官佐"军事技能。

表四　国立中央大学军训课程基准表(1943年起实施)

课程名称	课时数	课程名称	课时数
战术学概要	30	兵器学概要	12
地形学概要	12	建筑学概要	12
沙盘教育	1	战术作业	10
战史讲座	8	国防讲座	8
射击等演习	4	实弹射击	20
沙盘作业	20	建筑作业	4
测图	4	劈刺	4
夜间演习	12		

资料来源:《国立中央大学学生军事教育实施计划》,1943年7月26日,台北"国史馆"藏"行政院"档案,典藏号014-030300-0011。

如此周密的培训计划,自然是为了使受训学生尽可能全面地掌

① 《国立中央大学新生入学训练实施计划》,1940年,中国第二历史档案馆藏南京国民政府时期国立中央大学档案,全宗号648,案卷号4214。
② 《国立中央大学军事管理规程》,1940年9月,中国第二历史档案馆藏南京国民政府时期国立中央大学档案,全宗号648,案卷号4221。

握军事技术,从而成为一名合格的"预备役军官佐"。假使学生真的早日掌握这些军事技能,对其毕业后投身抗战大业是有很大帮助的。但正如前所述,军训面临的最大滞碍是经费、设备问题,军训教官为维持整洁风貌,不能接受学生们穿着长袍马褂出席军事课程。如果经费无法到位,服装问题无法解决,这些周密设计的课程便无法发挥作用。此问题经过两年多的反复争执后,中央大学向主管部门表示,除军训编队等准备已经就绪之外,学校借用重庆大学操场作为军训场地,配套设备已经尽力准备,唯军训服装问题"拟请钧作拨款,一律各贷给一套,以便军训早日实施",而经费方面,教育部也答应"增派之军训教官助教及总队部必要人员薪俸由本部发给外,其军训事业费由学校支给"[①]。

而关于预算,下表所列为 1943 年上学期中央大学向行政院申请军训设备预算的数据:

表五 国立中央大学 32 年度上学期军训设备预算表

物品	数量	单价(元)	总价(元)
军训服	3 200 套	—	—
绑腿	300 双		
军帽	3 200 副	—	—
皮带	3 200 条	40	128 000
领章	3 200 枚	12	38 400
符号	3 200 枚	2.5	8 000
书架	850 个	500	425 000
内务相	3 450 个	320	1 104 000
白被单	3450 床	500	1 725 000
蚊帐	3 450 个	340	1 173 000
楼梯	27 架	4 000	108 000

---

① 《教育部呈行政院》,1943 年 7 月 12 日,台北"国史馆"藏"行政院"档案,典藏号 014 - 030300 - 0011。

（续表）

物品	数量	单价(元)	总价(元)
蓝旗袍	450 套	650	292 500
饭桶		300	
长板凳	1 800 条	160	288 000

资料来源：《国立中央大学 32 年度上学期军训设备预算表》，1943 年，台北"国史馆"藏"行政院"档案，典藏号 014－030300－0011。

注：以上预算总计 4 881 835 元（不含军训服装，服装拟由军方调配）。

上述预算在 1944 年 1 月 18 日已经行政院通过①。由上表可知，欧阳新教官此前所遇到的一系列问题均在数年后才由中央大学通过编列预算的方式呈报政府拨款加以解决。而军训制服则最终由军方借来，中央大学还为此制定了专门的军训服装赔偿方案以避免损失②。这样，设备、经费方面的问题基本得以解决。值得注意的是，中央大学当年的经常费预算数仅为 6 635 522 元③，军训所需之数额已达四分之三，这可以说明中央大学不愿为军训之配套付费是确有难处的。

而在教官方面，一个突出的矛盾是教官们的待遇问题。按照规定，军训教官、助教的薪饷由军事训练总队编制规定，由军训部统筹支给。其公临杂费等均由学校列入经常费预算发给之④，同时，"除法应阶级支给外，并得参照军事学校办法予以勤务加薪，其办法另定之"⑤。在补贴标准方面，"官佐食米或代金，照行政院规定办理，学校

---

① 《行政院第 646 次会议记录》，1944 年 1 月 18 日，台北"国史馆"藏"行政院"档案，典藏号 014－030300－0011。

② 中央大学军训总队部：《中央大学军训制服损失赔偿规则》，1944 年 2 月，中国第二历史档案馆藏南京国民政府时期国立中央大学档案，全宗号 648，案卷号 4212。

③ 《三十二年度高等教育经费概算说明表·经常费门》，1943 年，中国第二历史档案馆藏南京国民政府时期教育部档案，全宗号 5(2)，案卷号 377。

④ 《高中以上学校学生军事教育实施方案》，1941 年，中国第二历史档案馆藏南京国民政府时期教育部档案，全宗号 5，案卷号 14529。

⑤ 《高中以上学校学生军事教育实施方案》，1941 年，中国第二历史档案馆藏南京国民政府时期教育部档案，全宗号 5，案卷号 14529。

机关发给支各项津贴,在前项规定以外者,比照一般员工支给标准发给之"①,这也就意味着,军训教官不仅享有军人薪饷,还享有高校教职工的各种津贴。然而,实际情况却与其设计有较大差距。如 1944年柏溪分校就曾致函学校:"军训教官所得薪金与一般教职员悬殊,致使其生活艰难较吾人为甚,(军训)张副队长来函,请予以救济。"②1944 年度教官每月之补贴仅为 160 元③,按照当时之物价这些钱并不能解决生计问题。学校之军训教官本身军阶不低,未在战场上效力,却在学校待遇微薄的岗位工作,收入还不如校内教职工的一般水平,势必引发他们的不满和对学校的怨气。

　　另一个矛盾则在于学校管理方面。正如前文所述,罗家伦一再强调军训教官必须服从校长指挥,可见中央大学希望军训教官隶属于现行学校管理体制,而不是凌驾于其上,直接介入管理或者另立门户,但教官显然渴望更多权力。按照制度安排,"校长、训育人员、导师、军训教官、体育教员及其他重要教职员,应共负督导之责任"④,"军训主任教官(军训教官)为总队长。承校长之命掌管全校军事训练"⑤,"军训主任教官、军训教官均应出席训导或训育会议,军训主任教官并应出席教务教导会议。遇有军事教育有关事项是得出席校务会议"⑥。但教官很难安于现状,中央大学教官要求参与学生贷金的审核,希望获得干预学生贷金的职权以加强其对学生的管理。这样的要求学校自然很难应允。值得注意的是,此现象并非仅仅于中央

---

①　《军事委员会致行政院函》,1943 年 10 月 3 日,台北"国史馆"藏"行政院"档案,典藏号 014 - 030300 - 0011。

②　《柏溪分校致中央大学函》,1944 年 1 月 21 日,中国第二历史档案馆藏南京国民政府时期国立中央大学档案,全宗号 648,案卷号 1272。

③　《军训部致中央大学函》,1944 年 5 月 8 日,中国第二历史档案馆藏南京国民政府时期国立中央大学档案,全宗号 648,案卷号 4279。

④　《高中以上学校军事管理办法》,1939 年,台北"国史馆"藏"行政院"档案,典藏号 014 - 030300 - 0009。

⑤　《调整学校军训实施纲要》,1939 年 10 月,中国第二历史档案馆藏南京国民政府时期教育部档案,全宗号 5,案卷号 14529。

⑥　《调整学校军训实施纲要》,1939 年 10 月,中国第二历史档案馆藏南京国民政府时期教育部档案,全宗号 5,案卷号 14529。

大学出现。1941 年西南联合大学军训教官丁世铮就曾致电教育部表达其对军训的看法,除了进行机构改革加强教官权力的诉求,更呼吁让所有学生服兵役,认为"学生已不服兵役。而对军训模式厌烦,认为多余,而不肯尽力。而教授方面亦多具此同感。故有主张根本取消之言论",甚至"一般人视学校为逃避兵役之场所,故逾数学生多被送入学校,此现象以中小学为尤甚"①。丁教官之观点基于其军人立场,认为学生自由散漫不符合军方标准,且其关于服兵役的标准显然只考虑了军方而没有考虑教育和国家的全局(包括教育的推行、军队规模和国家供养能力等),多属于不可取之意见,教育部当然并未予以采纳,但可从中窥见教官群体扩张权力的欲望,以及对校方、学生的不满情绪。

关于上述矛盾之第一点,校方和军训总队只能一再申请经费以改善教官待遇,但是问题始终未能得到圆满解决。而第二个问题则事关学校管理,政府在此问题上并未放任军训人员的权力膨胀,以免引发更大的校内矛盾。1940 年蒋介石便亲自对军训部下令,要求"各级学校军训教官应受校长之指挥与监督,不得另立系统,应通令各级学校当局及军训教官切实遵照"②。次年又令教育部及军训部:"今后各大中学之训育人员、军训教官以及党与团之负责人员,应以每校为单位于每周举行星期汇报一次,由党部负责人员主持之,汇报时各部分应将其上周工作经过提出报告,然后彼此交换意见,检讨其过去之优劣,测定以后之方针,使彼此无隔阂摩擦,而得协同一致之效,并能使党团工作得透过训育与军训,而益发扬其成效,最好以后各校之党务,即由各校之训导人员负责,但此项训导人员必须由教育部遴选本党忠实干练之党员担任职。"③此指示即要求校内与训导有关部门加强合作,避免多头管理、相互争权造成混乱和矛盾。蒋介石所关注的这个问

　　① 《国立西南联合大学军训教官丁世铮致教育部函》,1941 年 3 月 15 日,中国第二历史档案馆藏南京国民政府时期教育部档案,全宗号 5,案卷号 14530。

　　② 《蒋介石手令·机密甲第 4335 号》,1941 年 4 月 26 日,台北"国史馆"藏蒋中正文物,典藏号 002 - 010300 - 00001 - 024。

　　③ 《蒋介石手令·机密甲 6475 号》,1942 年 5 月 17 日,台北"国史馆"藏国民政府档案,典藏号 001 - 016142 - 00009 - 026。

题确实存在,在学校中,训导处、学校党部、三青团团部、军训教官等均承担与学生管理相关的职责,而这些部分之联系确实较为重要,相关部门也很快制定了相应细则①。不过细则的实施效果有限,在中央大学的会议记录中可见,该会召开较晚,主要流于工作汇报,并无实质内容,且开会频率不如原有规定高②。蒋介石的批示更有实质意义的是限制了教官的权力欲望,使其不过多介入学校管理,以免引发矛盾。

四、余论:国防教育与平时教育

在全面抗战的大背景下,国民政府的教育取向虽仍是"平时教育",但适应全面抗战局面的战时措施却有许多,军训的加强便是其中之一。全面抗战时期军训的目的为塑造国民③,实施项目包括军事学术科教学、在校训练、集中训练、军事管理等。在制度上,这些训练既可以使学生掌握基本军事技能,达到"预备役军官佐"的要求,又可以达到整齐划一的目的。但是,制度实施过程中的一系列滞碍和问题使其效果大打折扣。军训制度实施的障碍不仅仅由于师生态度消极和学校不配合,更是系统性矛盾的结果。

首先,在教育与军事的矛盾层面,军人出身的蒋介石高度重视学校军事管理和军事训练,力求达到整齐划一的风貌,一再督促军训推进,主管部门亦制定诸多制度措施。但是,军方和教育界对此问题的认知完全不同,军方更倾向于让学校变成军队一样高度集中、高度服从的组织,而这与教育本身的初衷相悖,学校毕竟不是军营,当时师生的反对情绪是可以理解的。

其次,在投入层面,在有关部门的制度设计中,军事教育的要求非常严格,无论在设备上、课程上还是对学生的要求上都是如此,但是,全面抗战期间国家经济困难,财政紧张,这些额外的支出对学校

---

① 《军训部部长白崇禧致蒋介石函》,1942 年 10 月 15 日,台北"国史馆"藏国民政府档案,典藏号 001－014100－00010－004。

② 《国立中央大学党务团务军训训导会议记录》,1944 年 5 月 15 日,中国第二历史档案馆藏南京国民政府时期教育部档案,全宗号 5(2),案卷号 188。

③ 《高中以上学校学生军事教育实施方案》,1941 年,中国第二历史档案馆藏南京国民政府时期教育部档案,全宗号 5,案卷号 14529。

发展并无益处,而是徒增负担,学校不愿支付,于是与教官们在经费上产生纠葛,从而滞碍军训之进行。执行军训的教官作为此项工作的人力资源,其待遇保障亦成为问题,可以看出,严谨的制度设计和滞后的投入之间并不匹配。

最后,制度设计存在缺陷。全面抗战时期的军训最终并未采用短期集中训练的方式,而是将军事管理铺开,使之成为贯穿学生大学生活始终的事情,如此一来,军训教官常驻校内,加之制度上不够明晰,教官成为校内的一股势力,权力欲膨胀,造成与校方的矛盾。

以上问题均为军训实施过程中凸显的制度问题,这也可以用来解释全面抗战时期军训执行为何不力。在这些因素的交叉作用下,真正的军训实验直到 1944 年才全面展开,此时抗战已近末期,原本服务抗战的军事训练也很难再发挥作用。

第三节　战时高校政治仪式的组织

政治仪式是政治活动中的重要组成部分,也是诸多学者进行政治史研究和记忆研究的重点,相关研究成果数量颇多。而全面抗战时期,政治仪式不仅具有政治宣传和教化的职能,还兼具抗战动员的属性。关于国民党统治时期的政治仪式,最具代表性的便是总理纪念周的研究,陈蕴茜、李恭忠的文章对其进行了深入考察①。而关于国民精神总动员运动的研究则更为充分,其中既包括宏观研究,也包

---

① 论文可参见陈蕴茜:《时间、仪式维度中的"总理纪念周"》,《开放时代》2005 年第 4 期,第 53—61 页;李恭忠:《"总理纪念周"与民国政治文化》,《福建论坛(人文社会科学版)》2006 年第 1 期,第 56—60 页;陈蕴茜:《"总理遗像"与孙中山崇拜》《江苏社会科学》2006 年第 6 期,第 106—117 页。相关著作有李恭忠:《中山陵:一个现代政治符号的诞生》,北京:社会科学文献出版社,2009 年;陈蕴茜:《崇拜与记忆孙中山符号的建构与传播》,南京:南京大学出版社,2009 年。

括针对地区的个案研究①。而对大学当中的政治仪式的研究较少。在全面抗战期间，中央大学各项政治仪式是观察大学与政治关系的一个视角，考察纪念周、国民月会等政治仪式的举行可以观察国民政府和国民党的政治理念、抗战宣传的向下渗透及其效果。本章将以中央大学为案例，对全面抗战时期的大学政治仪式进行考察。

一、总理纪念周：党化教育名下的例行周会

按照李恭忠的考证，从 1925 年孙中山逝世开始，在广东的国民党和国民革命军方面就已经出现开会前全体肃立，由主席恭读总理遗嘱的仪式，随后演化为"总理纪念周"②。之后，这个仪式演化为每周举行一次，时间不超过一小时，参加范围为"中国国民党各级党部及国民政府所属各机关、各军队"，过程为"（一）全体肃立，（二）向总理遗像行三鞠躬礼，（三）主席宣读总理遗嘱，全体同时循声宣读，（四）向总理遗像俯首默念三分钟，（五）演说或政治报告，（六）礼成"③。南京国民政府成立后，总理纪念周在国民政府统治区域全面推行，目前档案史料中可见抗战前中央大学举行总理纪念周的记录，如早在第四中山大学时期便有定期举行总理纪念周的相关布告，并以 1926 年国民党中央制定的《总理纪念周条例》为施行基准④。江苏

---

　　①　宏观研究如郭学旺、李世达：《国民精神总动员运动刍议》，《青海社会科学》1988年第 2 期；李明贤：《抗日战争时期国民精神总动员运动述评》，《军事历史研究》1993 年第 4期；刘庆旻：《略评蒋介石与国民精神总动员》，《黑龙江社会科学》1995 年第 6 期；张生、周宗根：《国民精神总动员缘起析论》，《南京大学学报（哲学人文科学社会科学）》2000 年第 6期；小水：《抗战时期的国民精神总动员运动》，《抗日战争研究》2004 年第 1 期；汪效驷、李飞：《精神动员的仪式化现场：抗战时期的国民月会研究》，《武汉大学学报（人文科学版）》2017 年第 5 期，第 79—89 页；张燚明：《国防最高委员会秘书厅与国民精神总动员运动》，《历史教学》2019 年第 8 期，等等。针对地方的个案研究有黄磊：《抗战时期四川省国民精神总动员运动研究》，四川师范大学硕士学位论文，2014 年；李万博：《抗战时期重庆的国民精神总动员运动》，西南大学硕士学位论文，2013 年。
　　②　李恭忠：《"总理纪念周"与民国政治文化》，《福建论坛（人文社会科学版）》2006 年第 1 期，第 56 页。
　　③　中国第二历史档案馆编：《中国国民党第一、二次全国代表大会会议史料》，南京：江苏古籍出版社，1986 年，第 370—371 页。
　　④　《第四中山大学函》，1927 年 12 月 1 日，中国第二历史档案馆藏南京国民政府时期国立中央大学档案，全宗号 648，案卷号 5838；《第四中山大学校长布告》，1927 年 10 月 3 日，中国第二历史档案馆藏南京国民政府时期国立中央大学档案，全宗号 648，案卷号 5838。

大学时期,校方亦曾发布通告,于每周一上午十一时至十二时举行总理纪念周仪式①。但目前可见系统的相关文件均集中于抗战时期。早在刚刚内迁时,中大便有统一总理纪念周举行时间的规定②。1939年以后,随着政府的推动,仪式流程和管理变得更加完善。

战时举行总理纪念周的法令依据为 1937 年 2 月 4 日制定、1939年 2 月 23 日修正公布的《总理纪念周条例》。该条例是由国民党中常会通过并修正的,并由国民政府颁令全国实施。该条例规定"凡中国国民党各级党部、国民政府所属各机关各军队"需一律于每周举行一次总理纪念周,具体规定为"每星期一上午九时至十二时行之",长度以不超过一小时为度,以在场最高长官为主席,具体仪式流程如下:

（一）纪念周开始

（二）主席就位

（三）全体肃立

（四）唱党歌

（五）向党旗、国旗及总理遗像行三鞠躬礼

（六）主席恭读总理遗嘱,全体同时循声选读

（七）向总理遗像俯首默念三分钟

（八）讲读总理遗教或工作报告

（九）宣读党员守则（由主席先选读前文,然后领导全体循声宣读守则）

（十）礼成③

---

　①　江苏大学校长办公处:《江苏大学通告》,1928 年 2 月 17 日,中国第二历史档案馆藏南京国民政府时期国立中央大学档案,全宗号 648,案卷号 5838。

　②　中央大学校长办公室:《关于纪念周时间同一为周一上午九时请勿排课的函》,1937 年 11 月 10 日,中国第二历史档案馆藏南京国民政府时期国立中央大学档案,全宗号 648,案卷号 2238。

　③　《国民政府训令·渝字第 149 号·公布修正总理纪念周条例》,1939 年 3 月 27 日,台北"国史馆"藏"行政院"档案,典藏号 014 - 010604 - 0037。

　　该条例并未明文规定学校需举行总理纪念周仪式,但国立大学属于"国民政府所属机关",且中央大学之前也一直在依照规定持续举办政治仪式,因此教育部此次也于次月训令中央大学转发该条例并遵照施行①。教育部对总理纪念周的严格举行高度重视,一个月后又再次发布命令,指出"总理纪念周典礼隆重,意义重大,对于学生精神训练之关系至巨",要求学生"一律出席,不得无故缺席"②。6月又密令各高校"举行总理纪念周不得邀请异党讲演"③。8月又命令所属高校对缺席纪念周三次以上的学生予以处分④。三番五次发布命令对纪念周的仪式纪律予以强调,可见教育部对这一仪式的重视程度。1940年,国民政府决定尊中国国民党总理孙中山先生为中华民国"国父"⑤,随后,行政院规定政府机关、民众团体一律改称孙先生为"国父",在党内则称"国父"或"总理"均可⑥。故在此之后,大多数机关对总理纪念周的官方称呼变为"国父纪念周"。随后教育部又三令五申地强调"国父纪念周"必须严格执行。

　　虽然国民党、国民政府和教育部制订了一系列制度和政策保证纪念周活动的严格进行,强调纪念周的仪式及纪律,但具体实施情况往往不是制度本身所能决定的。最典型的例子是1940年,当时被派往中央大学、重庆大学、南开中学三校担任军训总教官的欧阳新所做的报告:"学校学生千余人,每次纪念周均不过百五十人左右。"他自

---

　　①　《教育部训令·第18191号》,1939年4月,中国第二历史档案馆藏南京国民政府时期国立中央大学档案,全宗号648,案卷号2238。

　　②　《教育部训令》,1939年5月,中国第二历史档案馆藏南京国民政府时期国立中央大学档案,全宗号648,案卷号2238。

　　③　《教育部密令·15338号》,1939年6月,中国第二历史档案馆藏南京国民政府时期国立中央大学档案,全宗号648,案卷号2238。其实早在前一年蒋介石便已命令各校未经当地政府允许不得邀请外来人员讲演,见《蒋介石手令》,1938年2月2日,中国第二历史档案馆藏南京国民政府时期教育部档案,全宗号5(2),案卷号1420。

　　④　《教育部训令·17798号》,1939年8月7日,中国第二历史档案馆藏南京国民政府时期国立中央大学档案,全宗号648,案卷号2238。

　　⑤　《国民政府训令·渝文字17号》,1940年5月29日,中国第二历史档案馆藏南京国民政府时期国立中央大学档案,全宗号648,案卷号2238。

　　⑥　《行政院训令·阳字第12172号》,1940年6月4日,中国第二历史档案馆藏南京国民政府时期国立中央大学档案,全宗号648,案卷号2238。

称其于纪念周上发表讲话,强调军事训练的意义之后,影响甚大,学生观念发生改变,"学生遇见我及教官助教均以亲敬之态"①。从欧阳新教官的描述中可见,1940 年在有教官检查的情况下,出席率仍不足一半。由于此后国民政府强化了军训,派驻教官对学校实施军事管理,而维持纪念周等大型仪式也是军事管理的内容之一②,故在军训教官介入后,纪律情况确实有所改观。加之校方也进行了一系列改革以严格管理措施,如 1941 年开始逐步由各学院组织纪念周而不是由全校统一举行③(必要时学校也会临时决定在大礼堂统一举行),1942 年中央大学行政会议则决议举行纪念周时由训导处组织学生签到④。据柏溪分校军训教官报告:"升旗、纪念周各种重要集会,均由教官整队,清查人数,维持秩序,如有缺席者分别予以警告或劝告。"⑤这说明举行仪式的纪律已经有了一定约束力和执行力。不过,仅仅靠纪律和强制力维持的政治仪式,其实际效果是弱化的。

　　纪念周除进行各种行礼仪式之外,时间最长的环节便是演讲。纪念周本身设置的演讲为"讲读总理遗教或做工作报告"⑥,讲读总理遗教是极具意识形态色彩的政治宣传活动,但随着时间的推移,直接宣扬孙中山思想的讲演变得并不多见,而各种工作布置、领导训话、邀请军政要员讲演或请专家讲座的情况占据主流。中大战时总理纪

---

① 欧阳新:《军训筹备工作报告书》,1940 年 4 月 11 日,中国第二历史档案馆藏南京国民政府时期教育部档案,全宗号 5,案卷号 14529。

② 《国立中央大学军事管理规则》,1935 年 9 月,中国第二历史档案馆藏南京国民政府时期国立中央大学档案,全宗号 648,案卷号 4221;《中央大学入学训练实施计划》,1940 年,中国第二历史档案馆藏南京国民政府时期国立中央大学档案,全宗号 648,案卷号 4214。

③ 中央大学校长办公处:《致事务组便函》,1941 年 3 月 3 日,中国第二历史档案馆藏南京国民政府时期国立中央大学档案,全宗号 648,案卷号 2238。

④ 中央大学校长办公处:《致训导处便函》,1942 年 4 月 13 日,中国第二历史档案馆藏南京国民政府时期国立中央大学档案,全宗号 648,案卷号 2238。

⑤ 《中央大学军训总队部报告国立中央大学柏溪分校军事管理之推进情形》,1942 年 6 月 15 日,中国第二历史档案馆藏南京国民政府时期国立中央大学档案,全宗号 648,案卷号 4221。

⑥ 《国民政府训令·渝字第 149 号·公布修正总理纪念周条例》,1939 年 3 月 27 日,台北"国史馆"藏"行政院"档案,典藏号 014－010604－0037。

念周演讲者大抵分为三类:一是校长等领导进行校务工作部署或者训话,二是邀请校内外教授进行讲演,三是邀请军政要员讲话。而其中以邀请本校教授讲演为数最多。由于地处首都且与中央政府关系密切,加之在学界颇有地位,中央大学也经常能够邀请到重要军政官员和校外学界名流来校讲演。如1939年2月13日,陈诚在中央大学、重庆大学联合举行的纪念周上发表了《思想统一运动和三民主义青年团》的演讲,为三青团的成立进行宣传①。1943年,时任国民党中央组织部部长的朱家骅接受邀请前往中央大学进行纪念周讲演。②当年亦邀请冯玉祥将军来校宣讲其倡导的"节约献金救国运动"③。1944年10月23日教育部陈立夫部长前往学校纪念周讲话④。当年11月文学家梁实秋在纪念周上做了关于"自由教育与民主政治"的演讲⑤。同年12月,刚刚接任教育部部长的朱家骅再次来校讲话⑥。1945年3月清华大学校长梅贻琦应邀前来演讲⑦。1945年5月在中央研究院历史语言研究所任职的傅斯年先生也来校出席纪念周并举办讲座⑧。当年6月美军在华司令魏德迈将军前来纪念周演讲⑨。

---

　　①　陈诚:《思想统一运动和三民主义青年团——在中央大学、重庆大学联合纪念周上对青年学生演讲》,1939年2月13日,台北"国史馆"藏陈诚文物,典藏号008-010102-00010-022。

　　②　朱家骅:《复朱经农教育长函》,1943年5月3日,中国第二历史档案馆藏南京国民政府时期国立中央大学档案,全宗号648,案卷号5849。

　　③　中国战时社会问题研究社:《复中央大学函》,1943年5月21日,中国第二历史档案馆藏南京国民政府时期国立中央大学档案,全宗号648,案卷号5849。

　　④　中央大学校长办公处:《校长布告》,1944年10月21日,中国第二历史档案馆藏南京国民政府时期国立中央大学档案,全宗号648,案卷号5850。

　　⑤　中央大学校长办公处:《校长布告》,1944年11月,中国第二历史档案馆藏南京国民政府时期国立中央大学档案,全宗号648,案卷号5850。

　　⑥　中央大学校长办公处:《校长布告》,1944年12月,中国第二历史档案馆藏南京国民政府时期国立中央大学档案,全宗号648,案卷号5850。

　　⑦　中央大学校长办公处:《校长布告》,1945年3月17日,中国第二历史档案馆藏南京国民政府时期国立中央大学档案,全宗号648,案卷号5851。

　　⑧　中央大学校长办公处:《校长布告》,1945年6月,中国第二历史档案馆藏南京国民政府时期国立中央大学档案,全宗号648,案卷号5851。

　　⑨　中央大学校长办公处:《校长布告》,1945年6月,中国第二历史档案馆藏南京国民政府时期国立中央大学档案,全宗号648,案卷号5851。

　　上述演讲者中,陈诚、陈立夫、朱家骅等人的训话属于政治和意识形态色彩的宣传,魏德迈等外国人士的演讲有利于学生和民众对盟军增进了解,而傅斯年等校内外知名学术大家的演讲则属于学术讲座性质。在学期初等活动场合,学校领导还会借纪念周之机进行工作报告和工作布置。可见在战时,党政机关的纪念周在政治仪式的同时还具备沟通信息、了解工作情况的功能,而学校的总理纪念周则既具备政治仪式功能,又具备学生学术活动的功能(名家讲座),此外,基层单位(院系)的纪念周活动还具有工作周会的属性。

　　因关于基层的史料相对欠缺,纪念周的具体效果研究难度较大。但在当时,媒体、自由主义学者及中共方面都对此有着尖锐批评,其批评之观点并非反对孙中山,而是反对这一仪式,及强行将非国民党党员的民众纳入其中的做法。具体到学校方面,从 1927 年南京国民政府成立到 1947 年"行宪"停止国父纪念周活动为止,仪式依照规定按期举行,但在 1940 年以前参加人数一直难以保证,相关惩戒制度执行力度有限。这可以从一个侧面证明纪念周仪式在战时尽管已经融入了很多工作和学术等非政治元素,但其对学生的吸引力仍然有限。即使此后严格执行惩戒制度,依靠惩戒维系的政治仪式也已一定程度上失去其政治宣传和凝结人心的意义。

　　在全国范围而言,李恭忠的研究认为,"它(总理纪念周)被当作一种政治运行手段,用于建构和巩固集权统一的党治国家权威,成为民国政治文化史上的一道独特风景"①。这一仪式将国民党与国家统一为一体,以对国民党领袖孙中山的崇拜性仪式为主要载体,目的是强化对民众的宣传和党化教育。仪式中的大部分时间用于演讲,在大学层面,演讲内容相对多样,既有政治和意识形态宣教,又有工作性的讲话和学术演讲。而其效果却难以符合国民党的预期。但作为大学中的政治仪式,总理纪念周举行时间最久,最为规律而频繁,可

_____

　　①　李恭忠:《"总理纪念周"与民国政治文化》,《福建论坛(人文社会科学版)》2006 年第 1 期,第 63 页。

以被视为大学政治活动的一个典型代表。

二、国民月会与国民精神总动员运动

国民精神总动员运动是全面抗战进入相持阶段后开始推行的一项群众动员运动。战时进行精神动员、发挥民众精神力量历来被蒋介石强调,其讲话中多次提及发挥精神力量以推进抗战的内容,且发动人民的力量也是国民党五届五中全会所制定的主要政策之一①。1938 年 3 月,蒋介石在官邸主持召开参事室座谈会,与会高层除了关注外交题,还讨论了国民精神总动员运动的问题。他在会上强调,"我们应尽量设法使全国精神总动员能发生实际效力"并提出四句口号作为原则:"(一)军事第一;(二)战胜第一;(三)国家至上;(四)民族至上。"②在此之后,国民精神总动员运动便开始筹备。除之前研究所曾提及的年初蒋介石委托陈布雷进行相关文件的起草工作之外③,目前笔者亦发现了邵力子呈拟的相关制度文稿④。数天之后,陈诚在武汉发表广播讲演,题目便是《国民精神总动员与抗日建国的伟业》,开始对精神动员运动进行宣传⑤。

1939 年 1 月,国民党五届五中全会决定设立国民精神总动员委员会,以蒋介石为委员长⑥。2 月的国民参政会会议上,蒋介石在讲话中再次强调了该运动的重要性。3 月 12 日(即孙中山逝世纪念

---

① 《中国国民党五届五中全会会议记录》,1939 年,台北"中国国民党中央文化传播委员会党史馆"藏会议档案,档案号 5.2/23.12。

② 中国第二历史档案馆:《关于抗战外交及国民精神总动员——军委会参事室座谈会记录》,1938 年 3 月 7 日,《民国档案》1995 年第 1 期,第 51—55 页。

③ 相关文稿参见陈布雷:《呈拟实施国民精神总动员告国民书暨整理国民精神总动员纲领》,1938 年 3 月,台北"国史馆"藏蒋中正文物,典藏号 002-080101-00014-001。

④ 邵力子:《呈拟国民精神总动员初步推行办法、国民精神总动员实施方案草案暨总动员计划大纲及各省市县总动员委员会组织大纲》,1938 年,台北"国史馆"藏蒋中正文物,典藏号 002-080101-00014-002。

⑤ 陈诚:《国民精神总动员与抗日建国的伟业——在武汉各界康迪运动广播讲演词》,1938 年 3 月 16 日,台北"国史馆"藏陈诚文物,典藏号 008-010102-00008-019。

⑥ 《中国国民党五届五中全会会议记录》,1939 年,台北"中国国民党中央文化传播委员会党史馆"藏会议档案,档案号 5.2/23.12。

日），国民精神总动员运动的相关文件正式发布。① 相关文件包括《国民精神总动员纲领》《国民公约》《誓词》《国民精神总动员实施办法》。《国民精神总动员纲领》将该运动的共同目标列为："（一）国家至上，民族至上；（二）军事第一，胜利第一；（三）意志集中，力量集中。"并对运动的内容和实施情况做了介绍②。同时印发的《国民公约》内容为："（一）不违背三民主义；（二）不违背政府法令；（三）不违背国家民族的利益；（四）不做汉奸和敌国的顺民；（五）不参加汉奸组织；（六）不做敌国和汉奸的官兵；（七）不替敌人和汉奸带路；（八）不替敌人和汉奸探听消息；（九）不替敌人和汉奸做工；（十）不用敌人和汉奸发行的钞票；（十一）不买敌人的货物；（十二）不卖粮食和一切物品给敌人和汉奸。"③《誓词》的内容为："我们各本良心宣誓，遵守国民公约，绝对拥护国民政府，服从蒋委员长领导，尽心竭力报效国家，倘有背誓行为，愿受政府之处分。"④

由上述文件的内容可以看出，该运动首先是一场战时民众动员，《国民公约》所规定的内容为不投敌、不通敌、不资敌，使受运动教育的民众不与日本侵略者及汉奸政权合作。这些内容属于战时宣传动员和教育性质。《国民精神总动员纲领》中的共同目标也指向为抗战服务，其"精神之改造"中的"醉生梦死之生活必须改正、奋发蓬勃之朝气必须养成、苟且偷生之习惯必须革除、自私自利之企图必须打破"⑤之内容确实有动员战时民众和鼓舞士气的意味。但与此同时，该运动中的诸多内容仍具有强烈的意识形态色彩。《誓词》的主旨即

　　① 蒋介石：《条谕陈布雷通令全国实施国民精神总动员纲领与宣誓国民公约》，1939年3月12日，台北"国史馆"藏蒋中正文物，典藏号 002－020300－00004－030。
　　② 国防最高委员会秘书厅编印：《国民精神总动员纲领》，1939年3月，台北"国史馆"藏国民政府档案，典藏号 001－012340－00003。
　　③ 国防最高委员会秘书厅编印：《国民公约》，1939年3月，台北"国史馆"藏国民政府档案，典藏号 001－012340－00003。
　　④ 国防最高委员会秘书厅编印：《誓词》，1939年3月，台北"国史馆"藏国民政府档案，典藏号 001－012340－00003。
　　⑤ 国防最高委员会秘书厅编印：《国民精神总动员纲领》，1939年3月，台北"国史馆"藏国民政府档案，典藏号 001－012340－00003。

"本良心"地服从国民党及蒋介石的统治,《国民精神总动员纲领》中的"分歧错杂之思想必须纠正、不违反国民革命最高原则之三民主义、不鼓吹超越民族之思想与损害国家绝对性之言论、不破坏军令政令及行政系统之统一、不利用抗战形势以养成国家民族利益以外之任何企图",①以及之后更新的《国民公约》前两条"不违背三民主义、不违背政府法令"②的内容亦具有政治性。

而《国民精神总动员实施办法》则规定了总动员的组织及实施措施。在中央,国防最高委员会下成立国民精神总动员委员会,规定每个星期召开一次会议③,各省市设精神总动员委员会和总动员协会,县设动员委员会,以国民月会为主要形式推进运动④。

按照总动员的相关文件,青年是总动员工作的重点。教育部于1939年4月将相关文件转发中央大学命令其遵照实施⑤,7月又发布了《全国青年实施故,国民精神总动员办法》,其中增加了大量诸如"不酗酒不赌博、不买外国化妆品及一切奢侈品、不随地吐痰及大小便"等极为详细的生活方面的要求⑥,以供学校举办政治仪式时宣传使用。

总动员运动最主要的载体是国民月会。1939年制定的《国民月会办法大纲》,对其组织、仪式流程等进行了规定。该大纲所规定的国民月会组织方包括保甲、同业公会、学校机关、宗族等。仪式流程方式规定:"(甲)宣誓,国民公约及誓词,每次开会主席先宣读一遍,会员随声朗诵;(乙)讲解,应将精神动员纲领及国民公约逐句讲解;

---

① 《国民公约》,1939年5月,台北"国史馆"藏"行政院"档案,典藏号014-010604-00253。

② 国防最高委员会秘书厅编印:《国民精神总动员纲领》,1939年3月,台北"国史馆"藏国民政府档案,典藏号001-012340-00003。

③ 《国民精神总动员委员会组织大纲》,1939年3月,台北"国史馆"藏国民政府档案,典藏号001-012340-00003。

④ 国防最高委员会秘书厅编印:《国民精神总动员实施办法》,1939年3月,台北"国史馆"藏国民政府档案,典藏号001-012340-00003。

⑤ 《教育部训令·第9792号》,1939年4月,中国第二历史档案馆藏南京国民政府时期国立中央大学档案,全宗号648,案卷号2238。

⑥ 《教育部代电-17018号》,1939年7月。中国第二历史档案馆藏南京国民政府时期国立中央大学档案,全宗号648,案卷号2238。

（丙）报告,时事及其他有关本地生产消费风俗等。"在督导方面,规定督导人员为地方党部、行政人员,校长,教师,社会公正人士等。月会于 1939 年 5 月 1 日开始举行①。关于仪式的规定比较简短,但随后仪式进行时与各地总理纪念周高度类似。

表六　战时总理纪念周与国民月会仪式流程对比

总理纪念周	国民月会
（一）纪念周开始 （二）主席就位 （三）全体肃立 （四）唱党歌 （五）向党旗、国旗及总理遗像行三鞠躬礼 （六）主席恭读总理遗嘱,全体同时循声选读 （七）向总理遗像俯首默念三分钟 （八）讲读总理遗教或工作报告 （九）宣读党员守则（由主席先宣读前文,然后领导全体循声宣读守则） （十）礼成	全体肃立 唱党歌 向党国旗及总理遗像行三鞠躬礼 （四）主席恭读总理遗嘱 （五）主席宣读《国民公约》、誓词,全体循声朗诵 （六）讲解《精神总动员纲领》第五章纲目及《国民公约》 （七）报告时事或传达政府重要法令及其他有关本地生产消费风俗等 （八）建议有关公益事项或评论各项业务成绩 （九）呼口号:1. 国家至上　民族至上; 2. 军事第一　胜利第一;3. 意志集中　力量集中;4. 革除旧习染　创造新精神;5. 实行三民主义;6. 拥护蒋总裁; 7. 拥护国民政府 （十）会毕

资料来源:《国民政府训令·渝字第 149 号·公布修正总理纪念周条例》,1939 年 3 月 27 日,台北"国史馆"藏"行政院"档案,典藏号 014 - 010604 - 0037;《教育部训令·渝字第 0364 号·国民月会仪式》,1939 年 5 月 31 日,中国第二历史档案馆藏南京国民政府时期国立中央大学档案,全宗号 648,案卷号 2238。

注:1. 1939 年 9 月修正,将"唱党歌"改为"唱国歌",见《教育部代电·第 1423 号》,1939 年 9 月,中国第二历史档案馆藏南京国民政府时期国立中央大学档案,全宗号 648,案卷号 2238。

2. 1941 年行政院命令取消宣读誓词环节。见行政院秘书处:《公函·勇文字第 542 号》,1941 年 4 月 8 日,中国第二历史档案馆藏南京国民政府时期国立

---

① 《国民月会办法大纲》,1939 年 4 月,载《动员法规汇编》,出版时间不详。

中央大学档案,全宗号 648,案卷号 2238。

3. 1943 年 9 月,行政院令国民月会增加"法令讲解、工作讲评、生活检讨"等报告环节,见《行政院训令·仁人字第 20876 号·充实国民月会办法》,1943 年 9 月 14 日,中国第二历史档案馆藏南京国民政府时期国立中央大学档案,全宗号 648,案卷号 2238。

由上表对比可知,在实际运作中,国民月会的仪式与总理纪念周非常类似,如 1939 年 7 月的国民月会于 7 月 2 日上午在大礼堂举行,出席者按照中央大学自己上报的说法为"一千余人",由罗家伦校长主持,报告内容与提高个人修养相关①。从仪式流程上看与纪念周仪式高度类似。故之后每逢国民月会便经常与总理纪念周合并举行②。纪念周是国民党政权党政系统的定期仪式,同时渗透到教育领域,而国民月会虽也属于政治仪式,但针对和动员的对象是广大民众,尤其青年是本项运动的重点,故学校也是实施国民月会的重要场所。这种重叠的政治仪式如果仅各自重复举行,国民月会的效果自然不会强于总理纪念周本身。

在中央大学层面,1939 年 3 月在国民政府和教育部要求下,学校将国民月会仪式提上议事日程。在国民月会制度刚刚实施之时,中央大学像举行总理纪念周一样,于每月月初在大礼堂举行国民月会仪式,并在各种举办细节上与教育部、国民精神总动员委员会、重庆市动员委员会多次函电往来,教育部亦曾派员抽查月会的举办情形。

但此后,相比总理纪念周,国民月会并非仅是校内的政治仪式,而是全民动员的民众运动,国民月会开始按界别由相关单位组织民众举行,高校在其中逐渐开始承担调动和组织的角色。这种要求学

---

① 中央大学:《二十八年七月国民月会报告表》,1939 年 7 月 17 日,中国第二历史档案馆藏南京国民政府时期国立中央大学档案,全宗号 648,案卷号 2238。

② 如中央大学决定 1941 年 11 月起国民月会与纪念周合并举行。见中央大学校长办公处:《布告》,1941 年 11 月,中国第二历史档案馆藏南京国民政府时期国立中央大学档案,全宗号 648,案卷号 2238。次年 9 月教育部亦发布类似命令,见《教育部训令·总字第 36697 号》,1942 年 9 月 14 日,中国第二历史档案馆藏南京国民政府时期国立中央大学档案,全宗号 648,案卷号 2238。

校配合进行宣传动员的做法在战时一直持续①。1939 年 9 月，重庆开始举行"妇女界联合月会"，中央大学女职员代表受邀参加②。9 月底，国民党中央社会部（此时社会部部长由教育部部长陈立夫兼任）要求中央大学主持沙坪坝区文化界的国民月会工作③。并通知于 10 月开始举行文化界联合国民月会④。但原定 10 月 1 日举行的联合月会因出席人数太少，被前来视察的国民精神总动员委员会的专员要求取消⑤。不过文教界联合举行国民月会的计划还在继续。鉴于十月份出席率过低，社会部要求中央大学"会同当地教育文化机关，组织筹备委员会，负责办理并担任召集"⑥。重庆市动员委员会亦要求之后举行国民月会应于五日内将出席人数及经过等上报备查⑦。

　　按照国民党中央社会部的要求，此后在重庆沙磁地区，各高校举行"沙坪坝区联合国民月会"，这也是各文教机关承担国民精神总动员责任的体现。参加的学校有中央大学、重庆大学、中央工校、省立教育学院、省立女职校、南开学校等。1939 年 11 月 17 日，在中央大学训导长杨家瑜的主持之下，参加学校召开联席会议，决定每届国民月会由当地所有教育机关和文化团体联合当地民众举行，由各校轮流主持，举行日期定为每月第一个星期日上午九时，地点为重庆大学

---

① 如国民党中央曾要求学校配合当地党部的宣传。见《加强学校协助党部宣传要点》，1944 年 4 月，中国第二历史档案馆藏南京国民政府时期教育部档案，全宗号 5（2），案件号 515。

② 重庆市动员委员会：《致中央大学函》，1939 年 9 月 2 日，中国第二历史档案馆藏南京国民政府时期国立中央大学档案，全宗号 648，案卷号 2238。

③ 《中国国民党中央执行委员会社会部公函·渝字第 6393 号》，1939 年 9 月 23 日，中国第二历史档案馆藏南京国民政府时期国立中央大学档案，全宗号 648，案卷号 2238。

④ 中央大学：《致沙磁区各文化事业会社商店函》，1939 年 9 月 30 日，中国第二历史档案馆藏南京国民政府时期国立中央大学档案，全宗号 648，案卷号 2238。

⑤ 中央大学《致社会部公函》，1939 年 10 月 7 日，中国第二历史档案馆藏南京国民政府时期国立中央大学档案，全宗号 648，案卷号 2238。

⑥ 《中国国民党中央执行委员会社会部公函·渝字第 6905 号》，1939 年 10 月 16 日，中国第二历史档案馆藏南京国民政府时期国立中央大学档案，全宗号 648，案卷号 2238。

⑦ 重庆市动员委员会：《致中央大学公函》，1939 年 10 月 30 日，中国第二历史档案馆藏南京国民政府时期国立中央大学档案，全宗号 648，案卷号 2238。

或南开学校操场,并决定 12 月的第一次联合月会在重庆大学举行①。此后筹备会在联合国民月会召开前按惯例举行,国民精神总动员委员会等部门经常派员视察观摩。根据现有记录,1940 年 1 月 1 日举行的联合月会出席人数为 1 238 人,中央大学训导长杨家瑜主持月会并做了关于时事及国际形势的报告。关于出席情况的记录是"较上次为多",但从 1 000 余人的总人数来看,出席比例仍然较低。②

从 1939 年 5 月起至 1945 年 9 月抗战胜利国民月会停办为止③,国民月会仪式按月举行或与总理纪念周合并举行。教育部、社会部、国民精神总动员委员会、重庆市动员委员会等主管机关对各学校月会的举行颇为关注,发函强调、派员视察等监督措施经常出现④,教育部还曾经向学校发送教材⑤,并定期发送《法令讲习大纲》供国民月会讲解使用⑥。这些举措体现了当局对这一仪式的重视,但国民月会的执行效果并非随着重视程度的增加而改善。原应有 6 所学校、多家文化教育团体和书店及相关家属、民众参加的国民月会仪式,按照目前所见之记载,通常只有千余人参加,单从出席率上看就难以令人满意。

三、其他政治仪式及纪念日概况

总理纪念周和国民月会是校内主要的定期政治仪式,除此之外,国民党和国民政府还规定了诸多节日和纪念日,这些纪念日在校园内构成了政治纪念仪式的体系。

---

① 《沙坪坝区联合国民月会筹备会第一次会议记录》,1939 年 11 月 17 日,中国第二历史档案馆藏南京国民政府时期国立中央大学档案,全宗号 648,案卷号 2238。

② 《重庆市二十九年一月国民月会报告表》,1940 年 1 月 11 日,中国第二历史档案馆藏南京国民政府时期国立中央大学档案,全宗号 648,案卷号 2238。

③ 《行政院训令·平人字第 10390 号》,1945 年 9 月 6 日,中国第二历史档案馆藏南京国民政府时期国立中央大学档案,全宗号 648,案卷号 2238。

④ 如 1942 年初,教育部转发国家总动员委员会命令,要求各校切实执行国民月会,公职人员尤应以身作则。见《教育部训令·壮字第 05522 号》,1942 年 2 月 10 日。中国第二历史档案馆藏南京国民政府时期国立中央大学档案,全宗号 648,案卷号 2238。

⑤ 教育部:《致中央大学函》,1940 年 7 月 28 日,中国第二历史档案馆藏南京国民政府时期国立中央大学档案,全宗号 648,案卷号 2238。

⑥ 如《教育部训令·总字第 18127 号》,1943 年 4 月 13 日,中国第二历史档案馆藏南京国民政府时期国立中央大学档案,全宗号 648,案卷号 878。此后直至 1945 年国民月会取消为止,《法令讲习大纲》一直定期颁发。

表七 战时中央大学纪念日概况（1943 学年度）

纪念日名称	日期	纪念方式	纪念内容
孔子诞辰纪念日	农历八月二十七日	放假一天，集会纪念，并派代表出席高级党部纪念会	纪念孔子诞辰（日期有争议，后改为公历 9 月 28 日）
国父第一次起义纪念日	9 月 9 日	不放假，派代表参加高级党部纪念会	纪念 1895 年广州起义，实际日期应为农历九月初九日重阳节
国庆日（双十节）	10 月 10 日	放假一天，集会纪念，并派代表参加高级党部纪念会	纪念革命党 1911 年 10 月 10 日发动的武昌起义，后为国庆日
国父诞辰纪念日	11 月 12 日	放假一天，集会纪念，并派代表参加高级党部纪念会	纪念孙中山先生诞辰（1866 年 11 月 12 日）
肇和舰举义纪念日	12 月 5 日	不放假，派代表参加高级党部纪念会	纪念 1915 年 12 月 5 日为反袁发动的肇和舰起义
开国纪念日	1 月 1 日（即元旦）	放假一天，并自本日起放年假二天，集会纪念，并派代表参加高级党部纪念会	纪念 1912 年 1 月 1 日南京临时政府成立
革命先烈纪念日	3 月 29 日	放假一天，集会纪念，并派代表参加高级党部纪念会	纪念黄花岗起义，日期本应为农历三月二十九日，但一直将公历 3 月 29 日定为烈士纪念日，后设为青年节
清党纪念日	4 月 12 日	不放假，派代表参加高级党部纪念会	纪念 1927 年 4 月 12 日"清党"
革命政府纪念日	5 月 5 日	不放假，派代表参加高级党部纪念会	纪念 1921 年 5 月 5 日孙中山在广州就任"非常大总统"
国父伦敦蒙难纪念日	6 月 16 日	不放假，派代表参加高级党部纪念会	纪念 1922 年陈炯明事件
国民革命军誓师纪念日	7 月 9 日	不放假，派代表参加高级党部纪念会	纪念 1926 年 7 月 9 日国民革命军誓师北伐

资料来源：《国立中央大学三十二学年度校历》，1943 年 9 月 29 日，中国第二历史档案馆藏南京国民政府时期国立中央大学档案，全宗号 648，案卷号 2897。

注：该表所列节日为民国三十二学年度所列之纪念日，比全面抗战爆发初

期已有所减少。被删减的纪念日有先烈廖仲恺先生纪念日（8 月 20 日）、先烈朱执信先生纪念日（9 月 21 日）、总理伦敦蒙难纪念日（10 月 11 日）、先烈黄克强先生（黄兴）纪念日（10 月 31 日）、云南起义纪念日（12 月 25 日）、总理逝世纪念日（3 月 12 日）、北平民众革命纪念日（3 月 18 日）、先烈邓仲元先生纪念日（3 月 23日）、国耻纪念日（5 月 9 日）、胡展堂先生逝世纪念日（5 月 12 日）、禁烟纪念日（6月 3 日）、抗战建国纪念日（7 月 7 日），上述纪念日中，绝大多数不放假，只派代表参加高级党部纪念会。可对比《国立中央大学二十七学年度校历》，1938 年 1月 10 日，中国第二历史档案馆藏南京国民政府时期国立中央大学档案，全宗号648，案卷号 895。

上表所列纪念节日数量较多，且大多与国民党及民国历史息息相关，即使源自中国传统的孔子诞辰纪念日，其仪式也与总理纪念周高度类似（唱国歌、向总理遗像及孔子画像行三鞠躬礼、主席恭读总理遗嘱等），而有关孙中山的纪念日、有关革命活动的纪念日和有关国民党先烈的纪念日则意识形态色彩强烈。另如云南起义纪念日（12 月 25 日）为纪念蔡锷在云南发起反袁运动（即今所称之"护国运动"），1938 年的纪念日陈诚便亲临学校发表题目为《青年对长期抗战应有之认识与努力》的演讲。[①] 但多数纪念日普通师生不必参加，仅由高层举行仪式或选派代表参加上级部门的仪式，一些重要节日则直接放假，其普及度远不及总理纪念周和国民月会。这些节日、纪念日也与总理纪念周、国民月会一起共同构成了学校的政治纪念体系。

小　结

上文所着重介绍的总理纪念周和国民月会是战时典型的政治仪式。总理纪念周活动为校内活动，仪式带有浓烈的意识形态色彩，仪式的主旨为纪念中国国民党总理孙中山先生，内容则包罗万象，既包

---

① 陈诚：《青年对长期抗战应有之认识与努力——于云南起义纪念日在中央大学演讲》，1938 年 12 月 25 日，台北"国史馆"藏陈诚文物，典藏号 008 - 010102 - 00009 - 040。

括政治宣教,也包括工作报告和学术讲演。而国民月会则是学校承担"国民精神总动员"责任,带领所在区域其他文教机关和民众进行的政治仪式,目的是调动民众意志,进行抗战动员,但也带有明显的政治意味。除此之外,国民政府还制定了许多具有政治色彩的仪式和纪念日,政治意识形态通过这些仪式的举行和纪念活动的开展向校园渗透。

在学校,政治仪式的渗入是国民党加强对高校控制的体现,总理纪念周、国民月会等政治仪式渗入国统区几乎每一所学校,成为师生校园生活的组成部分。在中央大学除了政治宣传,总理纪念周等仪式还增加了工作讲话、学术讲演等功能,具备了工作性和教育性,但这些仪式的本质依然是政治控制和宣传,国民党军政要员经常来校演讲,由军训教官负责这些仪式和集会的组织与纪律。而本应出席的学生往往缺席,活动甚至出现因出席人数不足而无法举行的情形,不得已采取纪律措施约束,可见政治仪式的参与意愿不强,这些仪式的事实效果大打折扣。

本章所述之三个案例,旨在考察国民政府在战时的学生管控措施。在学生管理方面,当局的干预比较直接。训导作为学生管理的主要手段,既有政治色彩,又有德育功能。从三个案例中可见,作为训导的主要载体,当局拟通过"导师制"将训育学生的职责传导给所有专任教师,但从中央大学来看,教师的参与和付出程度相对有限,参与意愿较低,且并不严格执行训导规定,这与教师对政治性训导管控的抵制和缺乏激励机制相关。军训制度虽被蒋介石本人高度重视,中央大学成为战时军训改革的第一批试验学校,但其实施过程中遇到了经费、设备、薪资、权责分配等多方面障碍,校方与军训教官存在一定矛盾,影响了军事训练和军事管理的效果。而政治仪式在学校的举行本为国民党将其三民主义意识形态向学校渗透的主要载体,总理纪念周仪式也被加入日常工作内容,学校组织当地文教机关和相关民众参与的国民月会活动成效亦不够显著。

从案例中可以看出,战时国民政府的学生管控举措从制度上得到加强，但具体实施中仍有滞碍，且其意识形态对师生的吸引力较为有限，如同其他管控举措一样，政府与校方和师生的矛盾依然存在，故训导的成效受到影响。对这些问题的个案考察，有助于我们补充战时中央大学学生管理的一些细节，并从中窥得政治介入大学的复杂面相。

结　语

　　本书正文部分分别论述了中央大学响应国家号召，参与服务抗战，并且依赖国家经费支持大学建设。与此同时，国民政府战时在学科发展、大学教学、学生管理等方面加强了对大学的管控和影响。中央大学的案例可以让我们看到战时高等教育的诸多细节，也可以考察战时政府的教育决策及其实施效果，窥见近代中国战时大学与国家关系的多重面相，从而引发深思。

第一节　政学关系中的高层
——主观管控欲望及思路

　　中国历朝历代，教育均与政治紧密结合，在科举制废除之前甚至直接和国家文官体制挂钩。民国时期，北洋政府控制范围和力度较为有限，加之现代高等教育体制建立，高等院校获得了相对自主的办学权力，学术自由的理念也得到了宣扬。但即使如此，政治因素也经常介入大学当中，北洋政府、地方政府、军阀势力及之后的国民政府均对大学施加影响，并引发一系列冲突和学生运动。① 南京国民政府

---

① 关于这段时间大学与政治关系，最经典的著作是吕芳上：《从学生运动到运动学生：民国八年到民国十八年》，台北："中央研究院"近代史研究所，1994年。

成立后,不仅在制度上进行了一系列改革,而且对教育的管控意愿也逐步加强。党化教育、训导和军训等制度便是南京国民政府成立后逐步建立的。全面抗战爆发后,政府对教育的管控力度空前强化,这与政府要员的理念有关,也与国民政府统治区面积变小,加之战时经费紧张、实施管控难度变小不无关系。

蒋介石本人的文存中,虽有许多关于教育的讲话,但从其日记、批示和手令等来看,相比于其他领域,蒋介石本人对于教育问题的关注程度并不甚高,对于国家教育事业的长远发展并未表现出很多关心,对教育的论述多与政治目的和巩固统治相关。

首先,蒋介石一直以来希望对大学进行军事管理,甚至要求全面进行军事管理,这与其军人出身有很大关系,在他的意识当中,军人的精神面貌是最佳的,且军队的服从也是其统治所需要的。但是,对大学采取军事管理对教育事业的维系和发展是不利的,因此虽然他经常下达类似命令,最终都未能被执行。不过,军训的加强和全面抗战后期青年从军运动的开展与蒋介石的推动不无关联。其次,蒋介石本人对大学的诸多批示均与学潮有关,在当时的政治环境之下,蒋对大学校内的"红色"势力高度关注,对各种学潮及相关情报较为敏感,当局也对高校的学潮防控投入了相当大的精力。但是,进步思想在大学校内的组织和宣传工作较为得力,获得了学生认可,且许多学潮是当时种种矛盾爆发的体现,并非均与中共相关,故尽管当局控制得非常努力,但学潮仍不时发生。最后,蒋介石对大学服务国家建设和抗战比较关注,其中也包含其个人爱好和倾向。对于事关抗战全局的军事人才培养、航空教育、医学教育等领域,蒋介石一直紧盯进展并不时加以干预。同时,其对中国传统文化甚为关注,曾经多次指示加强中华文化研究及宣传。他也特别关注学校师生的精神风貌和环境整洁程度,并认为这些细节与教育的未来息息相关。这些方面的信息表明,蒋介石对教育的关注体现了明显的实用倾向,其关注的重点是教育界的稳定和对国家的贡献,而非教育事业本身的维系和发展;同时,其管控欲望甚为强烈,其理念通过手令、批示等形式向下传达,许多被转化为具体的政策措施。

而战时长期主政教育的部长陈立夫亦对战时教育管控的加强起到推动作用。陈立夫认为,他上任之时,中国的大学教育"地理分配不合理,课程不切中国需要,内容支离分裂,教授资格冗杂,教学方法偏于注入"①。这本是他转述的国联调查团的相关批评意见,但在其回忆中,这些负面意见不仅变成他对教育的直接观感,而且成为他推行战时教育改革的重要依据。

在教学方面,他认为中国大学受文化侵略甚深,如外国租界采用外国学制,欠缺对中国文化、历史、国情和现状的关怀,因此其"下定决心,请专家制订了大学课程标准"②,加强中国文史方面的教育,在他看来这是"收回文化租界"③,这被其视为自身对教育的重大贡献。在师资方面,陈立夫认为"原来大学教员,尤其教授一职,其资格漫无标准,涉近冗滥"。在其看来,审定教员标准是其上任后面临的"当务之急"④,故其推行教员资格审查,统一教员待遇标准和设置学术审议委员会。为提高学生素质,陈立夫大力推行毕业总考制度,并承认这一制度是其为督促学生毕业时通盘复习进行的创设,并不符合学分制的原有学制。但总考遭到了几乎所有高校学生的强烈反对,陈立夫认为这"足以败坏学风"⑤。而陈立夫引以为傲的另一重要工作便是其治下的训育改革。其任内制定了严格的训育标准和制度,使训育得到强化。总之,在其看来,改革措施颇有成效,贡献卓越,他谈及

---

① 此为陈立夫转述国联调查团对中国教育的批评,他认为"所有批评建议,当时未获充分注意。"见陈立夫:《战时教育行政回忆》,台北:商务印书馆股份有限公司,1973 年,第19 页。
② 陈立夫:《战时教育行政回忆》,台北:商务印书馆股份有限公司,1973 年,第 20 页。
③ 陈立夫:《从根救起》,台北:三民书局,1970 年,第 65 页。
④ 陈立夫:《战时教育行政回忆》,台北:商务印书馆股份有限公司,1973 年,第 21 页。
⑤ 陈立夫:《战时教育行政回忆》,台北:商务印书馆股份有限公司,1973 年,第 26 页。

治下的战时高等教育的总体情况时说："颇有成效，引以自慰。"①

陈立夫对战时中国教育的延续和发展做了巨大贡献，这一点学界早有论述，无需赘言。但由上述陈立夫的回忆可以看出，其教育理念源自于对战前教育界的不满，而其不满的主要依据是国联调查团对中国教育的批评。从其论述当中也可以看出强烈的民族主义倾向、浓厚的意识形态意味和较强的管控欲望。国联调查团和陈立夫本人对教育的观点确有一定的依据，但很多内容与教育本身并不完全契合。中国近代大学确实受到西方教育的深刻影响，学制多采西方，分科治学及诸多学科的内容、教材均源自外国，这是因为西方的学制较为先进，确有可取之处，西方学制的采行和学习西方先进知识一般被视为中国近代高等教育的进步，但陈立夫视之为"文化殖民"，并指此淡化中国文化历史的教学，此点有些偏颇。事实也证明，其试图改变西方学制的改革并无实际进展，而推行教育课程中国化的课程改革也遭到了诸多反对。在管控上，陈立夫顽固地坚持自己的理念，并对反对意见大加驳斥，强行采取各种"统一"措施，这些都易将矛盾激化。

在蒋介石和陈立夫的强行推动下，一系列管控措施得以推出，这体现了当局对大学教育强烈的干预意愿，加强了对学校的管理，客观上有利于大学服务抗战和国家战略，但也制造了诸多矛盾冲突。

第二节　"同一"视角：大学对国民政府的依赖和服务

在战时，因为经费等方面的诸多困难，大学对政府的依赖程度不断加强，以期得到相应的资源，同时大学积极服务国家需求、服务抗

---

① 陈立夫：《战时教育行政回忆》，台北：商务印书馆股份有限公司，1973年，第29页。

战,这构成了战时大学与政府关系中的温和一面。

战时各行各业都与战前大有不同,服务抗战成为大学的重要使命。首先,创设与发展相关学科是最直接的方式。战前及战时,发展"实科",减少文、法、商科招生一直是教育部门采取的措施①。本书所涉及的中央大学航空工程系可以视为典型代表,该系由政府要求筹备与创建,在政府的大力扶植下发展,经费主要由政府拨付临时费,其毕业生主要面向前线及军用工厂分配,同时还承担着委托培训和科学研究等职能。战时各校航空工程系当中,中央大学航空工程系规模最大,亦最受政府重视,典型性较强。服务国家需要也是罗家伦校长的主要教育理念,中央大学与航空工程系类似的学科还有如医学、土木工程、建筑工程等,也是直接服务抗战军事的相关学科,政府对其大力扶持,积极支持这些"实科"的发展。

其次,即使文科在招生人数等方面受到限制,但其服务战时宣传和研究的工作仍在进行。本书选取的案例是中央大学等高校的文科教授为国民政府战时对外文化宣传撰写和审查相关著作。该项计划最后并未如蒋介石所设计的一样完成,但其为我们留下了诸多学术遗产。在战时,诸多文史专家随所在高校内迁西南,他们通过对之前积累的整理和新创作,留下了诸多优秀作品,成为流传至今的学术经典。同时,战时高校加强了对边政、对外关系、国际法等领域的研究,在教学科目上也进行了调整,除前述内容外,突出了中日关系史、日本研究等内容,这些都体现了文科为学术和抗战进行贡献的方式。

此外,各大学在进行抗战宣传、学生毕业服务、志愿参军等方面也积极配合了政府呼吁,以自身努力为抗战进行贡献,虽然大学所做的工作相对有限,但也是学校助力抗战的方式,在这个层面,大学与政府的关系呈现了和谐的一面。

在配合的同时,战时高校对政府的依赖也在逐步加强,这主要体

---

① 参见《教育部报告》,1938年7月,台北"中国国民党中央文化传播委员会党史馆"藏一般档案,档案号506/69.1。

现在经费层面。战时国家财政收入紧张，需大量投入军事等战时相关领域，教育经费捉襟见肘，无论国立高校、省立高校还是私立（包括教会大学）学校都面临着经费困难。在这种情况下，当局的资源配置（主要即经费）便成为影响高校生存和发展的重要因素。战时教育经费紧张是大家都承认的事实，但具体经费数额的相关研究目前比较欠缺。通过本书对数据的分析可以看出，政府层面虽然面临着严重的经费困难，但战时国民政府对教育的经费支持是能够基本保证的，并未将教育经费大量挪作他用。同时，由中央政府承担经费的高等院校数量不断增加，抗战后期严重的通货膨胀导致物价上涨、法币贬值，在这种情况下各校的基本办学仍然得到了保障，这在战争年代是非常难得的。

即使如此，战时教育经费面临的问题依然非常突出，经费分配欠缺平衡、师生员工生活困难、各校硬件设施简陋等局面一直难以改善，尤其是随着通货膨胀的到来，教育经费的增加速度远未赶上物价上涨的幅度，使抗战后期大学办学和师生生活更加困难。本书关于经费的章节分析了战时教育经费的总体状况，横向、纵向比较了中央大学经费在其中的相对位置。从中可以看出，战时中央大学是获得政府拨款最多的高校之一，究其原因，其相对较大的规模是一方面，而与政府关系良好则是另一方面。中央大学因与政府的密切关系，经常获得政府的追加经费，甚至多次得到蒋介石本人的亲自批示。从中我们不仅可以了解战时教育经费的具体数字，也可以从比较中得出许多细节信息。总体而言，无论是国立大学的经常费、临时费拨付，还是省立、私立大学的补助款，以及战时教育当局对教职员工的补助政策，都是战时政府对教育资源的配置举措，是政学关系的一种表现形式，从高校来说也对政府的经费拨付高度依赖，因此形成了大学对政府的依存关系。

综上，这种大学服务国家抗战，同时依赖政府资源分配的关系，构成了战时大学与政府关系的相对和谐的一面。

第三节　"斗争"视角：政策实施中的
滞碍与冲突

虽然战时的大学有配合政府、依赖政府的一面，但战时诸多教育政策的执行遇到重重阻碍，许多政策易蕴含矛盾，甚至引发政学冲突。

在教学和师资管理方面，陈立夫为首的教育部力求各方面的"统一"，这种"统一"体现在招生、课程、师资标准、师资待遇、毕业标准等诸多方面。如前文所述，这是陈立夫个人对战前教育缺点的认识促使的，这些制度的出发点并非强行管控，而是为了解决陈立夫认为战前教育出现的诸多"问题"，以提高学校办学质量和学生程度，但在实施过程中产生了许多矛盾冲突点。在本书所论述的几个案例中，冲突最为严重的便是毕业总考。陈立夫对这一制度的设计"用心良苦"，期望提高学生学业水平，督促学生在毕业时对所学课程进行通盘复习[①]，但从即将毕业正要寻找生计的学生的角度，则必然感觉突然增加总考需要占用时间进行复习，故强烈反弹。这种教育部坚决要求学生复习课业，而学生坚决抵制的矛盾是因为双方的立场和出发点完全对立。学生用罢考和发动学潮来抵制毕业总考，教育部则立场强硬丝毫不让，最终在强行压制之下，总考如期举行，但其中蕴含的矛盾却未能引起教育部的充分注意，陈立夫日后回忆时也坚持认为其设计这个制度是正确的。而在课程方面，教育部推行统一各院校课程，统一课程虽为专家制定，但也引发了一些争议，尤其是选修课统一的实施效果欠佳。而为提高学生程度推行的专科以上学校学生学业竞试，早期制度尚属完备，实施效果尚可，但后期流程被大

---

① 陈立夫：《战时教育行政回忆》，台北：商务印书馆股份有限公司，1973 年，第 26 页。

幅简化,并强行加入国民党的意识形态色彩,最终随着抗战结束而告终。教育部学术审议委员会成立后,不仅承担了学术评奖、部聘教授评选等学术职能,还推出了统一教员待遇及标准。教员的资格审查在当时是学历、经历审查而非政治审查,但审查后定级、统一薪资则牵涉一系列经费上的纠葛。这些教育上的举措有一些确有实施效果,很多工作也值得肯定,但其带来的矛盾和问题也应引起注意和思考。

在本书所涉及的各项举措中,学生管理相关制度的滞碍和矛盾最为明显,其中既有政治性的训导对师生欠缺吸引力的因素,也有政策实施过程中矛盾重重的原因。作为训导制主要执行载体的导师制,要求各校专任教师担任训导员,每人训导一部分学生,以实现训导全面覆盖的目的。但在实际运作中,本书通过对中央大学的导师参与情况进行研究发现,教师的实际参与率较低,参与意愿并不强,而许多参与的教师也并未能按照规定严格履行职责,而是象征性进行谈话、聚会、郊游训导和"填表训导"。究其原因,教师倾向自由反对国民党当局政治性训导固然是其中一个因素,但在这一制度中难以调动教师参与积极性也是一个重要原因。强行增加教师工作甚至将其义务化,同时在待遇上并无改善,在此情况下专任教师们很难主动积极地承担职责,这一制度最终也不得不逐渐流于形式。而军训制度是蒋介石和国民党当局更加看重的。在战时军训制度和军事管理得到强化,成为大学训导体系的一个组成部分。但其执行过程中遇到的障碍更为突出,从中央大学的"实验军训"来看,不仅是学生对于军训本身比较抵触,对军训教官好感度不够高,而且涉及校方配合问题。军人对于严整环境的要求和战时高校环境设施的艰困是一个主要矛盾,军训教官要求校方改善校园环境,统一学生着装,而校方自然不愿拨付经费因而一再推脱,甚至中央大学连军训的场地都长期未能修建,教官谴责校方不配合,校方希望当局另拨经费,这样的反复推诿使这一制度的效果也大打折扣。此外,在权责划分、薪金待遇等方面,军训教官也与学校存在矛盾,这也是阻碍军训顺利进行的因素。此外,作为政治教化的重要组成部分,总理纪念周仪式在中央大学一直持续进行,抗战时期这一制度得到强化,虽然这一仪式并不仅仅是政治宣教,也包含了学术讲演、工作布置等,但学生参与度依然有限,不得不靠纪律处分手段维持出席率并靠军训教官维持秩序。由中大和沙磁区其他学校共同组织的文教界国民月会也难以调动多数民众的参与积极性,这体现了国民党政治意识形态对学生及民众的吸引力欠缺。

综上所述,战时教育部政策措施所遇到的诸多滞碍,首先是其政治意识形态的强行介入引发的反弹,"党化教育"和意识形态因素为主的训导制度及其向教学的渗透使一些原本的教育教学工作横生枝节;其次是经费上的拮据使许多工作的开展面临挑战,难以达到教育部所设定的预期标准;再次是教育部与各校、师生在诸多问题上的立场偏差,使一些政策的执行陷入冲突;最后是强行推进各方面的"统一"势必导致各校修改原有各项制度课程,学校的办学自主权受到挑战,崇尚自由的院校表现得更为直接。这也启发了我们对于教育行政权和大学办学自主权之间应如何平衡的思考。

第四节　余论:如何平衡？教育行政权与大学办学自主权的边界

政府和高校的权责划分是决定大学与国家关系走向的重要因素。在战时,双方的许多不协调乃至冲突均源自教育行政权与大学办学自主权的纷争。从本书的论述中可以看出,无论是在和谐的局面下,还是在矛盾与冲突的过程中,国民政府和教育部都表现了强烈的教育管控意愿,并通过一系列政策满足这些意愿。而这样的管控举措势必引发对大学办学自主权的蚕食,双方的边界应该在哪里?这一问题值得思考。

当时的制度设计中,并没有对教育部与各校的权力划分做出明

晰、具体的规定。战前最后一次修订的《教育部组织法》甚至未载明
该部的具体法定职权，仅说明："教育部管理全国学术及教育行政事
务。"其中，高等教育司的职能为："一、关于大学教育及专门教育事
项；二、关于国外留学事项；三、关于各种学术机关之指导事项；四、关
于学位授予事项；五、关于其他高等教育事项。"①这样的描述非常模
糊。而欧威大学组织最高准则的《大学规程》也没有对大学职权作出
明确规定。制度层面的缺失，导致双方的权力消长关系很大程度上
取决于高层和主管的强硬程度。教育部及其部长作风强势，管控措
施严厉，教育行政权便得到扩张；而一旦教育部"无为而治"，或虽欲
管控但无法实施，则高校可以高度自主。双方的权责划分只能在实
践中逐渐形成默契，而非依循法律法规或特定制度。

全面抗战时期，政府对教育的政策总体走向是加强控制。政府
的管控欲与日俱增，成为教育行政权扩张的主观基础。而战时国统
区范围缩小，高校集中于西部地区，相比战前"山高皇帝远"的局面，
战时大学的管控更为容易。且战时各校为维系生存和发展，对政府
的经费高度依赖，这一系列因素为教育行政权力的扩张提供了客观
可能。

从现实上说，教育当局对于国立高校的直接管控手段主要有二，
一是重要的人事任命（如校长），二是经费的拨付。国立大学的人事
权与财政权通常掌握在中央政府或教育主管部门手中。学校的学科
设置、课程教学、内部机构、日常管理、教师选聘、学术研究等通常属
于学校自主的范畴，虽然当局通过教育方针和政策的制定等方式予
以引导和管理实属正常，但全面抗战时期，政府在上述方面的管控举
措变得颇为具体。如在学科设置上，政府通过调节招生的方式"发展
实科"，引导高校向服务战时需要的方向发展；在课程教学上，政府为
"提高专科以上学校学生程度"，采取强力管控手段，具体规定各级高

---

① 《国民政府训令·修正教育部组织法》，1936 年 10 月 31 日，台北"国史馆"藏国民
政府档案，典藏号 001 - 012071 - 00240 - 026。

校各科系的必修和选修科目,在一段时间内推行统一的招生制度,并增加"毕业总考"环节以检验毕业生的学业水平;为强化训导,统一各校内设机构,设立训导处;对学生"训育"工作空前关注并介入诸多细节;以行政命令的方式统一各级别教职员工标准和待遇;成立学术审议委员会作为国家最高学术机关……这些举措的出台都是教育行政权力向下扩张的体现。

客观上看,战时的特殊局面之下,教育行政应该采取一些特殊措施,这些措施有些也收到了成效。如发展实科、培养战时所需人才等,即因应战时需要采取的举措,这些举措虽然干预了大学自主设置科系的原则,但大学也因此能够承担国家使命,为抗战事业助力。这些措施的推行在当时及之后均有争议,如教学方面,课程设置、教学计划的拟定、教材选用、课程的考核方式等通常来说均是学校自主办学的范畴,甚至部分权限可以下放给院系或者任课教师,但教育部却用统一学校课程的方式推动课程改革,且对课程的规定极其详细,甚至精确到收作业的频率和考核方式。这不仅是对学校自主教学的干预,也引发了部分倾向自由的教师的不满,实行效果难以保证。对学生的训导一直是国民党当局所推行的控制措施,既有德育属性又有意识形态管控色彩,战时训导工作的全面强化,标准过于详细,为参与的学校和导师带来沉重负担,训导的多头管理也造成了学校治理上的困难。统一师资标准和教师待遇在当时确实可以解决一些乱象,增加了教师收入,但教师的选聘标准、工资待遇本应由学校依据实际情况决定,尤其是待遇要与当地的收入水平和学校的财政状况挂钩,强行统一难度较大。其中矛盾最为尖锐的毕业总考是教育部干预大学毕业生考核方式的结果,这一改革触动了学生的现实利益,引发了激烈反弹。战时教育行政权力一再扩张,措施一再推出,实施结果却不达预期。

文中所述的诸多案例表明,战时教育部的管控确实过强过细。原本战前各大学已经维持了相对固定的办学格局,中央政府、教育部和高校之间的权力分配也相对稳定。但战时内迁之后,教育部的种种举措破坏了各高校和政府的平衡关系,当局将手伸向大学办学的各个领域,其种种措施的制定动机均是改变当局对教育的种种不满和提高院校的办学水平。高校与政府的权力划分可以以制度的方式实现,也可以在运作过程中找到平衡点,成为国家与大学权力分配的"惯例"。教育行政部门可以制定教育政策,但是对高校管理的限度在哪里,高校自主办学的权力外延在哪里,这些问题历史给了我们一副图景,也值得我们进行思考。

　　本书以案例的形式,分专题地研究了中央大学与政府的关系,考察了国民政府及教育部的政策及中央大学校方的因应,从中可以看出战时高校与政府之间既依存又存在分歧的复杂关系,也可以观察政府教育施政的具体效果。即使中央大学这样与国民政府关系密切、获得高度重视和政府更多资源分配的高校,与政府的关系也是复杂而多面的,从中启发我们进行诸多历史和现实的思考。除政府与大学关系的考察之外,本书还涉及一些战时教育政策实施过程中的细节论述,希望这些细节可以作为宏观研究的一种补充,使抗战时期高等教育的历史图景更加丰富多彩。

参考文献

一、档案及未刊资料

美国斯坦福大学胡佛研究所藏《蒋介石日记》

台北"国史馆"藏陈诚文物

台北"国史馆"藏国民政府档案

台北"国史馆"藏蒋中正文物

台北"国史馆"藏"教育部"档案

台北"国史馆"藏"司法院"档案

台北"国史馆"藏"行政院"档案

台北"中国国民党中央文化传播委员会党史馆"藏"国防"档案

台北"中国国民党中央文化传播委员会党史馆"藏会议档案

台北"中国国民党中央文化传播委员会党史馆"藏特种档案

台北"中国国民党中央文化传播委员会党史馆"藏一般档案

台北"中央研究院"近代史研究所藏王世杰档案

台北"中央研究院"近代史研究所藏朱家骅档案

台北"发展委员会档案管理局"藏"教育部"档案

中国第二历史档案馆藏南京国民政府时期国防最高委员会档案

中国第二历史档案馆藏南京国民政府时期国立中央大学档案

中国第二历史档案馆藏南京国民政府时期国民党中央宣传部档案

中国第二历史档案馆藏南京国民政府时期教育部档案

中国第二历史档案馆藏南京国民政府时期行政院档案

中国第二历史档案馆藏南京国民政府时期私立金陵大学档案

二、报刊

《大公报》

《东方杂志》

《国立中央大学校刊》

《教育部公报》

《教育通讯》

《教育杂志》

《申报》

《思想与时代》

《新华日报》

《中央日报》

三、已刊资料

（一）著作

Arthur N. Young, *China's Wartime Finance and Inflation*, 1937 - 1945, Cambridge, Massachusetts: Harvard University press, 1965.

北京大学、清华大学、南开大学、云南师范大学编：《国立西南联合大学史料选（三）》，昆明：云南教育出版社，1998 年。

本书编辑组：《黄玉珊教授纪念专集》，西安：西北工业大学出版社，1991 年。

陈传钢编：《动员纲领与动员法令》，汉口：新知书店，1939 年。

陈立夫：《成败之鉴：陈立夫回忆录》，台北：正中书局，1994 年。

陈立夫：《从根救起》，台北：三民书局，1970 年。

陈立夫：《战时教育行政回忆》，台北：商务印书馆，1973 年。

陈平原：《中国大学十讲》，上海：复旦大学出版社，2002 年。

陈谦平：《民国对外关系史论》，北京：生活·读书·新知三联书店，2013 年。

陈蕴茜：《崇拜与记忆孙中山符号的建构与传播》，南京：南京大学出版社，2009 年。

迟玉华、朱曦、王顺英主编:《西南联大研究论文索引》,昆明:云南人民出版社,2010 年。

封海清:《西南联大的文化选择与文化精神》,昆明:云南人民出版社,2006 年。

冯友兰:《新原道·中国哲学之精神》,上海:商务印书馆,1945 年。

傅抱石:《傅抱石论艺》,上海:上海书画出版社,2010 年。

高叔康编著:《经济学新词典》,台北:三民书局股份有限公司,1985 年。

广少奎:《重振与衰变——南京国民政府教育部研究》,济南:山东教育出版社,2008 年。

韩复智:《钱穆先生学术年谱　卷三》,北京:中央编译出版社,2012 年。

姜长英编著:《中国航空史》,西安:西北工业大学出版社,1987 年。

蒋宝麟:《民国时期中央大学的学术与政治》。南京:南京大学出版社,2016 年。

教育部编:《中国国民党抗战建国纲领·教育、战时各级教育实施方案纲要、各级教育实施方案》,1938 年。

教育部参事处编:《教育法令汇编(第五辑)》,上海:正中书局,1940 年。

教育部年鉴编纂委员会:《第二次中国教育年鉴》,上海:商务印书馆,1948 年。

金以林:《近代中国大学之研究:1895—1945 年》,北京:中央文献出版社,2000 年。

金毓黻:《静晤室日记·卷第一零七》,1941 年 3 月 16 日,沈阳:辽沈书社,1993 年。

李恭忠:《中山陵:一个现代政治符号的诞生》,北京:社会科学文献出版社,2009 年。

李耀滋:《有启发而自由　从中国私塾到美国发明家、企业家、院士的北京人》,北京:中国青年出版社,2003 年。

梁思成：《中国建筑史》，中华人民共和国高等教育部教材编审处，1955年编印。

刘家峰、刘天路：《抗日战争时期的基督教大学》，福州：福建教育出版社，2003年。

刘维开编：《中国国民党职名录》，台北："中国国民党党史委员会"，1994年。

刘维开编著：《罗家伦先生年谱》，台北："中国国民党党史委员会"，1996年。

吕芳上：《从学生运动到运动学生——民国八年到民国十八年》，台北："中央研究院"近代史研究所，1994年。

《罗家伦先生文存》编辑委员会：《罗家伦先生文存》，第1—12册，台北："中国国民党党史委员会"、"国史馆"，1976—1989年。

《南大百年实录》编写组编：《南大百年实录·上卷（中央大学史料选）》，南京：南京大学出版社，2002年。

倪蛟：《抗战时期国立中央大学的学生生活》，南京：南京大学出版社，2017年。

牛力：《罗家伦与国立中央大学》，南京：南京大学出版社，2015年。

钱穆：《中国文化史导论》，北京：商务印书馆，1994年。

秦孝仪主编：《中华民国重要史料初编——对日抗战时期》，台北："中国国民党党史委员会"，1985年。

施宣岑、赵铭忠主编：《中国第二历史档案馆简明指南》，北京：档案出版社，1987年。

王东杰：《国家与学术的地方互动：四川大学的国立化进程（1925—1939）》，北京：三联书店，2003年版。

王汎森：《近代中国思想与学术的系谱》，石家庄：河北教育出版社，2003年。

王奇生：《中国考试制度通史》，北京：首都师范大学出版社，2006年。

王世杰记录，林美莉编辑校订：《王世杰日记》，1940年5月11

日,台北:"中央研究院"近代史研究所,2012年。

谢泳:《西南联大与中国现代知识分子》,福州:福建教育出版社,2009年。

许小青:《政局与学府——从东南大学到中央大学(1919—1937)》,北京:中国社会科学出版社,2009年。

杨学为:《中国考试史文献集成(第7卷·民国)》,北京:高等教育出版社,2003年。

姚峻主编:《中国航空史》,郑州:大象出版社,1998年。

叶宗镐:《傅抱石年谱》,上海:上海书画出版社,2012年。

易社强:《战争与革命中的西南联大》,饶家荣译,北京:九州出版社,2013年。

余子侠、冉春:《中国近代西部教育开发史——以抗日战争时期为重点》,北京:人民教育出版社,2008年。

曾祥和:《曾祥和先生访问记录》,台北:"中央研究院"近代史研究所,2018年。

张连红主编:《金陵女子大学校史》,南京:江苏人民出版社,2005年。

中国第二历史档案馆编:《中国国民党第一、二次全国代表大会会议史料》,南京:江苏古籍出版社,1986年。

中国第二历史档案馆编:《中华民国史档案资料汇编·第五辑·第二编·财政经济(一)》,南京:江苏古籍出版社,1997年。

中国第二历史档案馆编:《中华民国史档案资料汇编·第五辑·第一编·教育》,南京:江苏古籍出版社,1994年。

"中国国民党党史委员会":《罗家伦先生文存·补编》,台北:近代中国出版社,1999年。

中央大学南京校友会、中央大学校友文选编纂委员会编:《南雍骊珠中央大学名师传略》,南京:南京大学出版社,2004年。

中央大学南京校友会、中央大学校友文选编纂委员会编:《南雍骊珠中央大学名师传略续编》,南京:南京大学出版社,2004年。

中央大学南京校友会、中央大学校友文选编纂委员会编：《南雍骊珠中央大学名师再续》，南京：南京大学出版社，2004 年。

朱希祖：《朱希祖日记》，1939 年 4 月 28 日、5 月 18 日，北京：中华书局，2012 年。

（二）论文

艾菁：《民国高校导师制实践及其失败探究》，《江苏科技大学学报（社会科学版）》2018 年第 4 期。

曹天忠：《档案中所见的部聘教授》，《学术研究》2007 年第 1 期。

陈红民、段智峰：《抗战期间竺可桢主持浙大的一个侧面——解读竺可桢与朱家骅的几封往来函件》，《晋阳学刊》2010 年第 5 期。

陈是呈：《陈立夫在教育事业上的中西抉择——以其教育部长任内为考察范围（1938～1944）》，张宪文主编：《民国研究 2013 年春季号·总第 23 辑》，北京：社会科学文献出版社，2013 年，第 43—58 页。

陈蕴茜：《"总理遗像"与孙中山崇拜》，《江苏社会科学》2006 年第 6 期。

陈钊：《"没有群众"：胡庶华与战时西北大学校政》，《抗日战争研究》2017 年第 3 期。

陈钊：《左右之争与大学校政：陈立夫、徐诵明与西北联大法商学院的整顿》，《抗日战争研究》2018 年第 1 期。

戴现华、成兵：《抗战时期高校内迁述论》，《许昌学院学报》2009 年第 6 期。

龚黎坪：《抗战时期浙大学科优势及其延续——四十年代全国高校学业竞试成绩比较分析》，《杭州大学学报（哲学社会科学版）》1998 年第 3 期。

龚黎坪：《四十年代全国高校学业竞试比较分析——从一个侧面说明浙江大学成为名校的原因》，《浙江社会科学》2004 年第 3 期。

谷小水：《抗战时期的国民精神总动员运动》，《抗日战争研究》2004 年第 1 期。

郭金海：《抗战前北京大学数学系的课程变革》，《中国科技史杂志》2015 年第 3 期。

郭爽、梁晨:《留守还是西迁:抗战时期金陵大学的迁移抉择》,朱庆葆主编:《民国研究 2019 年春季号·总第 35 辑》,北京:社会科学文献出版社,2019 年,第 174—190 页。

郭学旺、李世达:《国民精神总动员运动刍议》,《青海社会科学》1988 年第 2 期。

韩荣钧:《民国时期我国大学的航空学科建设》,《滨州学院学报》2018 年第 3 期。

韩戌:《抗战时期的部校之争与政学关系——以私立大夏大学改国立风波为中心的研究》,《近代史研究》2016 年第 1 期。

韩戌:《抗战时期的国民政府教育部与留守上海高校》,《抗日战争研究》2018 年第 2 期。

韩戌:《抗战时期内迁高校的地方化——以光华大学成都分部为例》,《抗日战争研究》2014 年第 3 期。

韩戌:《战时私立大学与国民政府教育部》,《民国研究 2016 年秋季号·总第 30 辑》,北京:社会科学文献出版社,2016 年,第 95—100 页。

何方昱:《党化教育下的学人政治认同危机:去留之间的竺可桢(1936—1949)》,《史林》2010 年第 6 期。

何方昱:《战时浙江大学校园中的三民主义青年团》,《史林》2015 年第 3 期。

何方昱:《资源配置与权力之争:以战时浙江大学内迁贵州为中心》,《近代史研究》2016 年第 1 期。

何方昱:《"自治"与"训导":20 世纪 40 年代浙大校园中的〈生活壁报〉与壁报风潮》,《抗日战争研究》2016 年第 3 期。

侯德础、张勤:《高校内迁与战时西南科技文化事业》,《抗日战争研究》1998 年第 2 期。

胡国台:《抗战时期教育经费与高等教育品质:1937—1945》,《中央研究院近代史研究所集刊》1990 年 6 月总第 19 期。

胡金平:《抗战时期高校统一招考制度的试行及其反思》,《复旦教育论坛》2013 年第 3 期。

黄昊、魏光奇：《国民政府时期的学术评议机制——在政治与学术独立之间》，《现代大学教育》2014 年第 4 期。

蒋宝麟：《财政格局与大学"再国立化"——以抗战前中央大学经费问题为例》，《历史研究》2012 年第 2 期。

蒋宝麟：《金陵大学的经费来源与运作研究（1910—1949）》，《中国经济史研究》2018 年第 4 期。

蒋宝麟：《抗战时期的国家与大学政治文化：中央大学"易长"研究》，《史林》2009 年第 3 期。

蒋宝麟《抗战时期中央大学的内迁与重建》，《抗日战争研究》2012 年第 3 期。

金以林：《抗战期间国民党党化教育小议》，《南京大学学报（哲学社会科学版）》2018 年第 1 期。

经盛鸿：《抗战期间沦陷区的高校内迁》，《南京师大学报（社会科学版）》1989 年第 2 期。

李恭忠：《"总理纪念周"与民国政治文化》，《福建论坛（人文社会科学版）》2006 年第 1 期。

李明贤：《抗日战争时期国民精神总动员运动述评》，《军事历史研究》1993 年第 4 期。

梁晨：《从教育选拔到教育分层：民国大学院校的招生与门槛》，《近代史研究》2018 年第 6 期。

刘家峰：《论抗战时期基督教大学与国民政府之关系》，《史林》2014 年第 3 期。

刘明：《论民国时期的学术研究审查与激励办法》，《社会科学论坛》2005 年第 11 期。

刘庆旻：《略评蒋介石与国民精神总动员》，《黑龙江社会科学》1995 年第 6 期。

刘振宇：《论民国时期高校导师制的施行》，《高教探索》2012 年第 6 期。

刘振宇:《民国高校导师制下的师生关系研究》,《河北师范大学学报》2015 年第 6 期。

龙锋、张江义、熊勇、王志刚选辑:《20 世纪 30 年代初国防设计委员会资助大学发展航空教育史料选》,《民国档案》2016 年第 3 期。

卢美艳:《竺可桢对哈佛大学校长洛厄尔导师制理念的接受与改造》,《"大学与近代中国"学术工作坊论文集》,浙江大学,2018 年 11 月。

马敏:《抗战期间教会大学的西迁——以华中大学和湘雅医学院为例》,《华中师范大学学报(哲学社会科学版)》1996 年第 2 期。

牛力:《民国时期大学治理的北大与中大之争——以罗家伦与南高学者为中心》,《学海》2014 年第 6 期。

牛力:《全面抗战时期国立大学教员薪金的演变》,《抗日战争研究》2019 年第 3 期。

尚小明:《抗战前北大史学系的课程变革》,《近代史研究》2006 年第 1 期。

沈卫威:《民国部聘教授及其待遇》,《中山大学学报(社会科学版)》2019 年第 4 期。

沈卫威:《民国部聘教授及其待遇》,《中山大学学报(社会科学版)》2019 年第 4 期。

沈卫威:《现代学术评审制度的建立——国民政府教育部学术审议委员会与学术评奖》,《长江学术》2018 年第 3 期。

宋艳丽、赵朝峰:《抗战前国民政府的学校军事教育政策》,《历史档案》2004 年第 3 期。

田正平、吴民祥:《近代中国大学教师的资格检定与聘任》,《教育研究》2004 年第 10 期。

汪效驷、李飞:《精神动员的仪式化现场:抗战时期的国民月会研究》,《武汉大学学报(人文科学版)》2017 年第 5 期。

王春林:《抗战时期东北大学的省籍问题:以 1944 年壁报风潮为中心》,《抗日战争研究》2018 年第 3 期。

王奇生:《战时大学校园中的国民党:以西南联大为中心》,《历史研究》2006 年第 4 期。

　　王晴佳:《学潮与教授:抗战前后政治与学术互动的一个考察》,《历史研究》2006 年第 4 期。

　　肖如平:《程天放与国立四川大学易长风潮——以〈程天放日记〉为中心的考察》,《晋阳学刊》2017 年第 5 期。

　　徐国利:《关于"抗战时期高校内迁"的几个问题》,《抗日战争研究》1998 年第 2 期。

　　徐国利:《抗战时期高校内迁概述》,《天津师范大学学报》1996 年第 1 期。

　　杨斌选辑:《1941 年国民政府教育部与各专科以上高等学校关于毕业总考事的来往文书》,《民国档案》2019 年第 1 期。

　　杨天石:《"飞机抢运洋狗"事件与打倒孔祥熙运动——一份不实报道引起的学潮》,《江淮文史》2012 年第 2 期。

　　杨燕江、黄海涛、铁发宪:《中国共产党与西南联大》,《学术探索》2019 年第 7 期。

　　余子侠:《抗战时期高校内迁及其历史意义》,《近代史研究》1995 年第 6 期。

　　喻永庆、周洪宇:《规训与自主——民国时期大学导师制的历史考察(1938—1946)》,《高等教育研究》2019 年第 4 期。

　　曾祥金:《民国教育部学术评奖活动及其文学史料价值》,《现代中国文化与文学》2018 年第 1 期。

　　张剑:《良知弥补规则学术超越政治——国民政府教育部学术审议委员会学术评奖活动述评》,《近代史研究》2014 年第 2 期。

　　张瑾:《抗战时期教育部学术审议委员会述论》,《近代史研究》1998 年第 2 期。

　　张凯:《蒋介石与国难之际高等教育之走向》,《广东社会科学》2015 年第 1 期。

　　张凯:《科学时代的人文主义:国难之际浙江大学文学院的合与分》,《中山大学学报(社会科学版)》2018 年第 3 期。

郑会欣:《抗战期间大后方的"倒孔运动"》,《兰州学刊》2015 年第 12 期。

郑若玲、吕建强:《民国高校学业竞试的实施及启示》,《教育与考试》2011 年第 6 期。

郑善庆:《20 世纪 40 年代史学著述的评判标准问题——以审查意见为中心的探讨》,《南开学报(哲学社会科学版)》2019 年第 1 期。

周玉凤:《抗战时期大学地质系课程的传承与变革》,《自然科学史研究》2016 年第 4 期。

周宗根:《国民精神总动员缘起析论》,《南京大学学报(哲学人文科学社会科学)》2000 年第 6 期。

朱庆葆:《国家意志与近代中国的大学治理——以罗家伦时期的中央大学发展为例》,《学海》2012 年第 5 期。

朱鲜峰、刘晨飞:《抗战期间中国高校办学质量管窥——基于学业竞试的统计分析》,《山东高等教育》2018 年第 2 期。

(三)学位论文

陈蔚:《朱家骅教育活动与教育思想研究》,湖南师范大学硕士学位论文,2011 年。

韩成:《时代变动下的私立大学光华大学研究(1925—1951)》,华东师范大学博士学位论文,2016 年。

胡向东:《民国时期中国考试制度的转型与重构》,华中师范大学博士学位论文,2006 年。

黄磊:《抗战时期四川省国民精神总动员运动研究》,四川师范大学硕士学位论文,2014 年。

李万博:《抗战时期重庆的国民精神总动员运动》,西南大学硕士学位论文,2013 年。

刘玉莹:《抗战时期的齐鲁大学研究》,山东大学硕士学位论文,2019 年。

闵强:《抗战时期大后方国民政府"党化教育"述评》,南京师范大学,硕士学位论文,2007 年。

苏国安:《南京国民政府时期学校教育政策研究》,河北大学博士学位论文,2010 年。

陶莎:《抗战时期大学课程调整》,辽宁师范大学硕士学位论文,2007 年。

万际祥:《1927—1949 年南京国民政府学校国防教育研究》,华中师范大学硕士学位论文,2006 年。

王延强:《抗战时期高校学生管理研究》,西南大学博士学位论文,2013 年。

王延强:《抗战时期高校学生管理研究——以国立大学为中心》,西南大学博士学位论文,2013 年。

萧胜文:《罗家伦与中央大学发展之研究》,台湾师范大学硕士学位论文,1999 年。

徐荣梅:《民国时期高等教育考试立法研究》,西南政法大学硕士学位论文,2013 年。

徐斯雄:《民国大学学术评价制度研究》,西南大学博士学位论文,2011 年。

张杰:《南京国民政府时期高校学生管理研究》,苏州大学博士学位论文,2017 年。

赵飞飞:《金陵大学宗教教育研究》,南京大学博士学位论文,2013 年。

周宁之:《近代中国师范教育课程研究》,湖南师范大学博士学位论文,2013 年。

周吟霜:《战时中央大学内部治理体系研究》,南京大学硕士学位论文,2018 年。

附录一　原始档案

一、中国第二历史档案馆藏南京国民政府时期教育部档案

《教育部训令·指定专科以上学校导师制纲要及中等学校导师制纲要》,1943 年 2 月 4 日,中国第二历史档案馆藏南京国民政府时期教育部档案,全宗号 5,案卷号 1258。

《教育部呈行政院》,1944 年 5 月 27 日,中国第二历史档案馆藏南京国民政府时期教育部档案,全宗号 5,案卷号 1258。

《专科以上学校导师指导学生要点》,1944 年 3 月 27 日,中国第二历史档案馆藏南京国民政府时期教育部档案,全宗号 5,案卷号 1262。

《教育部学术审议委员会章程及会议纪录》,中国第二历史档案馆藏南京国民政府时期教育部档案,全宗号 5,案卷号 1349(1)。

《学术审议委员会历届获奖作品及作者题名录》,中国第二历史档案馆藏南京国民政府时期教育部档案,全宗号 5,案卷号 1356。

《中央大学航空工程系年度补助情况表》,中国第二历史档案馆藏南京国民政府时期教育部档案,全宗号 5,案卷号 2158。

《指定国立大学至少两校从速设立航空工程学系案》,1934 年 11 月 22 日,中国第二历史档案馆藏南京国民政府时期教育部档案,全宗号 5,案卷号 2158。

《中央大学自动工程系研究班课程计划书》,1935 年,中国第二历史档案馆藏南京国民政府时期教育部档案,全宗号 5,案卷号 2158。

《中央大学自动工程系计划》,1935 年 3 月,中国第二历史档案馆藏南京国民政府时期教育部档案,全宗号 5,案卷号 2158。

钱昌祚:《在教育部、航空委员会、国防设计委员会联席会上的报告》,1935 年 8 月 5 日,中国第二历史档案馆藏南京国民政府时期教育部档案,全宗号 5,案卷号 2158。

顾毓琇:《国立中央大学呈》,1945 年 3 月 14 日,中国第二历史档案馆藏南京国民政府时期教育部档案,全宗号 5,案卷号 5083(1)。

《公布大学必修科目表》,1938 年 12 月,中国第二历史档案馆藏南京国民政府时期教育部档案,全宗号 5,案卷号 5661(1)。

《修订大学分学院共同必修科目表》,1944 年 8 月,中国第二历史档案馆藏南京国民政府时期教育部档案,全宗号 5,案卷号 5661(2)。

《国立西南联合大学三十四年毕业生成绩表》,1945 年,中国第二历史档案馆藏南京国民政府时期教育部档案,全宗号 5,案卷号 6195。

《国立西南联合大学三十四年毕业生成绩表》,1945 年,中国第二历史档案馆藏南京国民政府时期教育部档案,全宗号 5,案卷号 6197。

《师范学院历史课程标准》,中国第二历史档案馆藏南京国民政府时期教育部档案,全宗号 5,案卷号 9285。

《国立中央大学呈·中央大学二十九年度导师学生分组名册》,中国第二历史档案馆藏南京国民政府时期教育部档案,全宗号 5,案卷号 11481(1)。

《教育部训导视察要点》,1940 年 12 月,中国第二历史档案馆藏南京国民政府时期教育部档案,全宗号 5,案卷号 14436。

《教育部训导会议议案》,1942 年 10 月 1 日,中国第二历史档案馆藏南京国民政府时期教育部档案,全宗号 5,案卷号 14441。

《中央大学导师制试行办法》,1938 年 6 月制定,1938 年 12 月报教育部备案,中国第二历史档案馆藏南京国民政府时期教育部档案,全宗号 5,案卷号 14480(1)。

《国立中央大学致教育部呈》,1938 年 12 月 9 日,中国第二历史档案馆藏南京国民政府时期教育部档案,全宗号 5,案卷号 14480(1)。

中国国民党中央执行委员会调查统计局:《致教育部函》,1940

年 7 月,中国第二历史档案馆藏南京国民政府时期教育部档案,全宗号 5,案卷号 14507。

《调整学校军训实施纲要》,1939 年 10 月,中国第二历史档案馆藏南京国民政府时期教育部档案,全宗号 5,案卷号 14529。

《实验军训学校第一次军事教育会议记录》,1940 年 2 月 16 日,中国第二历史档案馆藏南京国民政府时期教育部档案,全宗号 5,案卷号 14529。

欧阳新:《军训筹备工作报告书》,1940 年 4 月 11 日,中国第二历史档案馆藏南京国民政府时期教育部档案,全宗号 5,案卷号 14529。

《蒋介石手令·侍秘甲 3239 号》,1940 年 9 月 13 日,中国第二历史档案馆藏南京国民政府时期教育部档案,全宗号 5,案卷号 14529。

《高中以上学校学生军事教育实施方案》,1941 年,中国第二历史档案馆藏南京国民政府时期教育部档案,全宗号 5,案卷号 14529。

《修正高中以上学校军事教育实施方案》,1941 年,中国第二历史档案馆藏南京国民政府时期教育部档案,全宗号 5,案卷号 14529。

《国立西南联合大学军训教官丁世铮致教育部函》,1941 年 3 月 15 日,中国第二历史档案馆藏南京国民政府时期教育部档案,全宗号 5,案卷号 14530。

教育部:《专科以上学校训导处分组细则》,1940 年,中国第二历史档案馆藏南京国民政府时期教育部档案,全宗号 5,案卷号 14552。

《蒋介石手令·侍秘 20686 号》,1934 年 12 月 18 日,中国第二历史档案馆藏南京国民政府时期教育部档案,全宗号 5(2),案卷号 6。

《蒋介石手令·侍秘甲 8752 号》,1942 年 11 月 9 日,中国第二历史档案馆藏南京国民政府时期教育部档案,全宗号 5(2),案卷号 6。

《蒋介石手令·侍秘 17360 号》,1943 年,中国第二历史档案馆藏南京国民政府时期教育部档案,全宗号 5(2),案卷号 6。

《蒋介石手令·侍秘 17845 号》,1943 年,中国第二历史档案馆藏南京国民政府时期教育部档案,全宗号 5(2),案卷号 6。

《教育部 32 年度工作总检讨·总裁手令研处情形》,1943 年 2 月

14日,中国第二历史档案馆藏南京国民政府时期教育部档案,全宗号5(2),案卷号6。

《蒋介石手令·侍参403号》,1943年4月7日,中国第二历史档案馆藏南京国民政府时期教育部档案,全宗号5(2),案卷号6。

蒋介石:《手令·机密二字第2631号》,1943年6月4日,中国第二历史档案馆藏南京国民政府时期教育部档案,全宗号5(2),案卷号6。

《三十二年度教育部工作总检讨》,1944年,中国第二历史档案馆藏南京国民政府时期教育部档案,全宗号5(2),案卷号6。

《中国第二历史档案馆藏国民政府教育部档案中相关预算及概算表》,中国第二历史档案馆藏南京国民政府时期教育部档案,全宗号5(2),案卷号30(3)。

《中国第二历史档案馆藏国民政府教育部档案中相关预算及概算表》,中国第二历史档案馆藏南京国民政府时期教育部档案,全宗号5(2),案卷号34。

《中国第二历史档案馆藏国民政府教育部档案中相关预算及概算表》,中国第二历史档案馆藏南京国民政府时期教育部档案,全宗号5(2),案卷号37。

《大学及独立学院专业教员薪俸暂定表》,1940年5月,中国第二历史档案馆藏南京国民政府时期教育部档案,全宗号5(2),案卷号175。

《学术审议委员会第一次全体会议记录》,1940年5月,中国第二历史档案馆藏南京国民政府时期教育部档案,全宗号5(2),案卷号175。

《规定专科以上学校教员资格审查及聘任待遇办法要点纲要之说明》,1940年5月1日,中国第二历史档案馆藏南京国民政府时期教育部档案,全宗号5(2),案卷号175。

《第一届学术审议委员会第一次会议议案五》,1940年5月11日,中国第二历史档案馆藏南京国民政府时期教育部档案,全宗号5(2),案卷号175。

教育部拟定:《大学及独立学院教员聘任待遇办法要点》,1940年5月11日,中国第二历史档案馆藏南京国民政府时期教育部档案,全宗号5(2),案卷号175。

教育部提议:《大学及独立学院教员资格审查要点》,1940年5月11日,中国第二历史档案馆藏南京国民政府时期教育部档案,全宗号5(2),案卷号175。

《教育部学术审议委员会第一次会议记录》,1940年5月11日,中国第二历史档案馆藏南京国民政府时期教育部档案,全宗号5(2),案卷号175。

《学术审议委员会第二次全体会议记录》,1941年2月,中国第二历史档案馆藏南京国民政府时期教育部档案,全宗号5(2),案卷号175。

《教育部学术审议委员会第二次全体会议记录·讨论事项第13案》,1941年2月14日,中国第二历史档案馆藏南京国民政府时期教育部档案,全宗号5(2),案卷号175。

《学术审议委员会常务委员会第五次会议记录》,1941年11月20日,中国第二历史档案馆藏南京国民政府时期教育部档案,全宗号5(2),案卷号175。

《部聘教授服务细则》,1942年4月,中国第二历史档案馆藏南京国民政府时期教育部档案,全宗号5(2),案卷号175。

《国立中央大学党务团务军训训导会议记录》,1944年5月15日,中国第二历史档案馆藏南京国民政府时期教育部档案,全宗号5(2),案卷号188。

《国民党五届六中全会教育报告》,1939年1月10日,中国第二历史档案馆藏南京国民政府时期教育部档案,全宗号5(2),案卷号319。

教育部:《五届九中全会报告》,1941年12月,中国第二历史档案馆藏南京国民政府时期教育部档案,全宗号5(2),案卷号319。

《三十四年度教育部主管追加经费分配预算》,1945年,中国第

二历史档案馆藏南京国民政府时期教育部档案,全宗号 5(2),案卷号
340(3)。

《中国第二历史档案馆藏国民政府教育部档案中相关预算及概
算表》,中国第二历史档案馆藏南京国民政府时期教育部档案,全宗
号 5(2),案卷号 354。

《中国第二历史档案馆藏国民政府教育部档案中相关预算及概
算表》,中国第二历史档案馆藏南京国民政府时期教育部档案,全宗
号 5(2),案卷号 355。

《二十六年度普通国家岁出总预算数目表(教育文化经常费)》,
1938 年整理,中国第二历史档案馆藏南京国民政府时期教育部档
案,全宗号 5(2),案卷号 355。

《国立各校三十一年度预算表》,1942 年,中国第二历史档案馆
藏南京国民政府时期教育部档案,全宗号 5(2),案卷号 364。

《三十一年度教育部经费预算表》,1942 年,中国第二历史档案
馆藏南京国民政府时期教育部档案,全宗号 5(2),案卷号 364。

《中国第二历史档案馆藏国民政府教育部档案中相关预算及概
算表》,中国第二历史档案馆藏南京国民政府时期教育部档案,全宗
号 5(2),案卷号 368。

《国立各校三十二年度预算表》,1943 年,中国第二历史档案馆
藏南京国民政府时期教育部档案,全宗号 5(2),案卷号 377。

《三十二年度高等教育经费概算说明表·经常费门》,1943 年,
中国第二历史档案馆藏南京国民政府时期教育部档案,全宗号 5(2),
案卷号 377。

《中国第二历史档案馆藏国民政府教育部档案中相关预算及概
算表》,中国第二历史档案馆藏南京国民政府时期教育部档案,全宗
号 5(2),案卷号 388(2)。

《中国第二历史档案馆藏国民政府教育部档案中相关预算及概
算表》,中国第二历史档案馆藏南京国民政府时期教育部档案,全宗
号 5(2),案卷号 389。

《中华民国三十四年度国家总预算岁出分表》，1945 年，中国第二历史档案馆藏南京国民政府时期教育部档案，全宗号 5(2)，案卷号 389。

蒋介石：《手令·机密甲字第 7333 号》，1942 年 12 月 22 日，中国第二历史档案馆藏南京国民政府时期教育部档案，全宗号 5(2)，案卷号 474。

《教育部致国立编译馆函》，1942 年 12 月 31 日，中国第二历史档案馆藏南京国民政府时期教育部档案，全宗号 5(2)，案卷号 474。

《国立编译馆致教育部函》，1943 年 2 月 11 日，中国第二历史档案馆藏南京国民政府时期教育部档案，全宗号 5(2)，案卷号 474。

《国立编译馆呈》，1943 年 3 月 31 日，中国第二历史档案馆藏南京国民政府时期教育部档案，全宗号 5(2)，案卷号 474。

《教育部致蒋介石函》，1944 年 6 月 23 日，中国第二历史档案馆藏南京国民政府时期教育部档案，全宗号 5(2)，案卷号 474。

蒋介石：《手令·侍秘字第 23378 号》，1944 年 7 月 15 日，中国第二历史档案馆藏南京国民政府时期教育部档案，全宗号 5(2)，案卷号 474。

国立编译馆：《编审情况表》，1944 年 8 月 10 日，中国第二历史档案馆藏南京国民政府时期教育部档案，全宗号 5(2)，案卷号 474。

马衡：《〈中国之工艺〉审查报告》，1944 年 9 月，中国第二历史档案馆藏南京国民政府时期教育部档案，全宗号 5(2)，案卷号 474。

张君劢：《〈中国哲学史略〉审查报告》，1944 年 9 月，中国第二历史档案馆藏南京国民政府时期教育部档案，全宗号 5(2)，案卷号 474。

柳诒徵：《〈中国文化史概论〉审查报告》，1944 年 9 月 17 日。中国第二历史档案馆藏南京国民政府时期教育部档案，全宗号 5(2)，案卷号 474。

《加强学校协助党部宣传要点》，1944 年 4 月，中国第二历史档案馆藏南京国民政府时期教育部档案，全宗号 5(2)，案件号 515。

《中央大学致教育部函》，1929 年 11 月 7 日，中国第二历史档案馆藏南京国民政府时期教育部档案,全宗号 5(2),案卷号 660。

《罗家伦致陈立夫函》,1938 年 3 月 4 日,中国第二历史档案馆藏南京国民政府时期教育部档案,全宗号 5(2),案卷号 660。

《蒋介石手令·侍秘字第 18618 号》,1942 年 8 月 19 日,中国第二历史档案馆藏南京国民政府时期教育部档案,全宗号 5(2),案卷号 680。

《蒋介石手令·侍秘字第 27462 号》,1945 年 4 月 20 日,中国第二历史档案馆藏南京国民政府时期教育部档案,全宗号 5(2),案卷号 680。

《实验军训学校第一次军事教育会议记录》,1940 年 10 月 25 日,中国第二历史档案馆藏南京国民政府时期教育部档案,全宗号 5(2),案卷号 1288。

《蒋介石手令》,1938 年 2 月 2 日,中国第二历史档案馆藏南京国民政府时期教育部档案,全宗号 5(2),案卷号 1420。

军事委员会政治部:《军训简报》,1939 年 2 月,中国第二历史档案馆藏南京国民政府时期教育部档案,全宗号 5(2),案卷号 1787。

二、中国第二历史档案馆藏南京国民政府时期国立中央大学档案

《中央大学航空工程系年度补助情况表》,中国第二历史档案馆藏南京国民政府时期国立中央大学档案,全宗号 648,案卷号 465。

《第四中山大学军事教育科报名简章》,1927 年 10 月,中国第二历史档案馆藏南京国民政府时期国立中央大学档案,全宗号 648,案卷号 701。

《第四中山大学布告》,1927 年 10 月 26 日,中国第二历史档案馆藏南京国民政府时期国立中央大学档案,全宗号 648,案卷号 701。

《国立中央大学概况》,载《国立中央大学十周年纪念册》,1937 年,中国第二历史档案馆藏南京国民政府时期国立中央大学档案,全宗号 648,案卷号 751。

《教育部训令·第 2000 号》,1934 年 11 月 30 日,中国第二历史档案馆藏南京国民政府时期国立中央大学档案,全宗号 648,案卷号 816。

卢恩绪:《致罗校长函》,1935 年 6 月 9 日,中国第二历史档案馆藏南京国民政府时期国立中央大学档案,全宗号 648,案卷号 816。

《中央大学致航空委员会函》,1935 年 11 月 19 日,中国第二历史档案馆藏南京国民政府时期国立中央大学档案,全宗号 648,案卷号 816。

《航空委员会致中央大学函》,1928 年 8 月 23 日,中国第二历史档案馆藏南京国民政府时期国立中央大学档案,全宗号 648,案卷号 817。

《中央大学航空工程系航空研究班报告》,1937 年 6 月,中国第二历史档案馆藏南京国民政府时期国立中央大学档案,全宗号 648,案卷号 817。

《中央大学工学院致学校函》,1937 年 6 月 5 日,中国第二历史档案馆藏南京国民政府时期国立中央大学档案,全宗号 648,案卷号 817。

《航空委员会致中央大学函》,1938 年 8 月 9 日,中国第二历史档案馆藏南京国民政府时期国立中央大学档案,全宗号 648,案卷号 817。

《中央大学航空工程系调查表》,1938 年 10 月,中国第二历史档案馆藏南京国民政府时期国立中央大学档案,全宗号 648,案卷号 817。

罗家伦:《教育部训令·汉教字第 1526 号之拟解决办法》,1938 年 4 月,中国第二历史档案馆藏南京国民政府时期国立中央大学档案,全宗号 648,案卷号 872。

《谈话会开会通知》,1938 年 5 月,中国第二历史档案馆藏南京国民政府时期国立中央大学档案,全宗号 648,案卷号 872。

《实行导师制联席会议通知》,1938 年 5 月 23 日,中国第二历史档案馆藏南京国民政府时期国立中央大学档案,全宗号 648,案卷号 872。

《校长布告》,1938 年 6 月 17 日,中国第二历史档案馆藏南京国民政府时期国立中央大学档案,全宗号 648,案卷号 872。

《教育部训令·总字第 18127 号》,1943 年 4 月 13 日,中国第二历史档案馆藏南京国民政府时期国立中央大学档案,全宗号 648,案卷号 878。

《国立中央大学二十七学年度校历》,1938 年 1 月 10 日,中国第二历史档案馆藏南京国民政府时期国立中央大学档案,全宗号 648,案卷号 895。

《27 年 5 月 19 日中央大学校务会议记录》,1938 年 5 月 19 日,中国第二历史档案馆藏南京国民政府时期国立中央大学档案,全宗号 648,案卷号 918。

《三十年第一次校务会议议案》,1941 年 5 月 9 日,中国第二历史档案馆藏南京国民政府时期国立中央大学档案,全宗号 648,案卷号 919。

《中央大学致各学院函》,1943 年 3 月 20 日,中国第二历史档案馆藏南京国民政府时期国立中央大学档案,全宗号 648,案卷号 1000。

《大学及独立学院教员资格审查履历表（式样）》,1940 年,中国第二历史档案馆藏南京国民政府时期国立中央大学档案,全宗号 648,案卷号 1113。

《国立湖南大学教员待遇规则》,1940 年,中国第二历史档案馆藏南京国民政府时期国立中央大学档案,全宗号 648,案卷号 1113。

《教育部训令·第 28310 号》,1940 年 8 月 27 日,中国第二历史档案馆藏南京国民政府时期国立中央大学档案,全宗号 648,案卷号 1113。

国立中央大学:《致各国立学校函》,1940 年 9 月 16 日,中国第二历史档案馆藏南京国民政府时期国立中央大学档案,全宗号 648,案卷号 1113。

国立中山大学:《复中央大学函》,1940 年 9 月 27 日,中国第二历史档案馆藏南京国民政府时期国立中央大学档案,全宗号 648,案卷号 1113。

国立东北大学:《复中央大学函》,1940 年 9 月 30 日,中国第二历史档案馆藏南京国民政府时期国立中央大学档案,全宗号 648,案卷号 1113。

国立西南联合大学:《复中央大学函》,1940 年 10 月 5 日,中国第二历史档案馆藏南京国民政府时期国立中央大学档案,全宗号 648,案卷号 1113。

王星拱:《复中央大学函》,1940 年 10 月 7 日,中国第二历史档案馆藏南京国民政府时期国立中央大学档案,全宗号 648,案卷号 1113。

竺可桢:《复中央大学函》,1940 年 10 月 7 日,中国第二历史档案馆藏南京国民政府时期国立中央大学档案,全宗号 648,案卷号 1113。

程天放:《复中央大学函》,1940 年 10 月 14 日,中国第二历史档案馆藏南京国民政府时期国立中央大学档案,全宗号 648,案卷号 1113。

《致全体教职员函》,1940 年 12 月 11 日,中国第二历史档案馆藏南京国民政府时期国立中央大学档案,全宗号 648,案卷号 1113。

《中央大学致教育部函》,1940 年 12 月 21 日,中国第二历史档案馆藏南京国民政府时期国立中央大学档案,全宗号 648,案卷号 1113。

罗家伦:《复复旦大学函》,1941 年 1 月 29 日,中国第二历史档案馆藏南京国民政府时期国立中央大学档案,全宗号 648,案卷号 1113。

《教育部训令·第 34978 号》,1942 年 8 月,中国第二历史档案馆藏南京国民政府时期国立中央大学档案,全宗号 648,案卷号 1113。

《中央大学二十九年度教职员名册》,1940 年,中国第二历史档案馆藏南京国民政府时期国立中央大学档案,全宗号 648,案卷号 1153。

《中央大学教职员名录》,1943 年,中国第二历史档案馆藏南京国民政府时期国立中央大学档案,全宗号 648,案卷号 1178。

《中央大学三十三年度教职工名册》,1944 年,中国第二历史档案馆藏南京国民政府时期国立中央大学档案,全宗号 648,案卷号 1178。

《1944 年中央大学大师名册》,1944 年,中国第二历史档案馆藏南京国民政府时期国立中央大学档案,全宗号 648,案卷号 1182。

《国立中央大学三十四年部聘教授名录》,1945 年,中国第二历史档案馆藏南京国民政府时期国立中央大学档案,全宗号 648,案卷号 1200。

《国立中央大学 34 年度休假教授名单》,1945 年,中国第二历史档案馆藏南京国民政府时期国立中央大学档案,全宗号 648,案卷号 1200。

《柏溪分校致中央大学函》，1944 年 1 月 21 日，中国第二历史档案馆藏南京国民政府时期国立中央大学档案，全宗号 648，案卷号 1272。

中央大学校长办公室：《关于纪念周时间同一为周一上午九时请勿排课的函》，1937 年 11 月 10 日，中国第二历史档案馆藏南京国民政府时期国立中央大学档案，全宗号 648，案卷号 2238。

《教育部训令·第 9792 号》，1939 年 4 月，中国第二历史档案馆藏南京国民政府时期国立中央大学档案，全宗号 648，案卷号 2238。

《教育部训令·第 18191 号》，1939 年 4 月，中国第二历史档案馆藏南京国民政府时期国立中央大学档案，全宗号 648，案卷号 2238。

《教育部训令》，1939 年 5 月，中国第二历史档案馆藏南京国民政府时期国立中央大学档案，全宗号 648，案卷号 2238。

《教育部训令·渝字第 0364 号·国民月会仪式》，1939 年 5 月 31 日，中国第二历史档案馆藏南京国民政府时期国立中央大学档案，全宗号 648，案卷号 2238。

《教育部密令·15338 号》，1939 年 6 月，中国第二历史档案馆藏南京国民政府时期国立中央大学档案，全宗号 648，案卷号 2238。

《教育部代电·17018 号》，1939 年 7 月，中国第二历史档案馆藏南京国民政府时期国立中央大学档案，全宗号 648，案卷号 2238。

中央大学：《二十八年七月国民月会报告表》，1939 年 7 月 17 日，中国第二历史档案馆藏南京国民政府时期国立中央大学档案，全宗号 648，案卷号 2238。

《教育部训令·17798 号》，1939 年 8 月 7 日，中国第二历史档案馆藏南京国民政府时期国立中央大学档案，全宗号 648，案卷号 2238。

《教育部代电·第 1423 号》，1939 年 9 月，中国第二历史档案馆藏南京国民政府时期国立中央大学档案，全宗号 648，案卷号 2238。

重庆市动员委员会：《致中央大学函》，1939 年 9 月 2 日，中国第二历史档案馆藏南京国民政府时期国立中央大学档案，全宗号 648，案卷号 2238。

《中国国民党中央执行委员会社会部公函·渝字第 6393 号》，1939 年 9 月 23 日，中国第二历史档案馆藏南京国民政府时期国立中央大学档案，全宗号 648，案卷号 2238。

中央大学：《致沙磁区各文化事业会社商店函》，1939 年 9 月 30 日，中国第二历史档案馆藏南京国民政府时期国立中央大学档案，全宗号 648，案卷号 2238。

中央大学《致社会部公函》，1939 年 10 月 7 日，中国第二历史档案馆藏南京国民政府时期国立中央大学档案，全宗号 648，案卷号 2238。

《中国国民党中央执行委员会社会部公函·渝字第 6905 号》，1939 年 10 月 16 日，中国第二历史档案馆藏南京国民政府时期国立中央大学档案，全宗号 648，案卷号 2238。

重庆市动员委员会：《致中央大学公函》，1939 年 10 月 30 日，中国第二历史档案馆藏南京国民政府时期国立中央大学档案，全宗号 648，案卷号 2238。

《沙坪坝区联合国民月会筹备会第一次会议记录》，1939 年 11 月 17 日，中国第二历史档案馆藏南京国民政府时期国立中央大学档案，全宗号 648，案卷号 2238。

《重庆市二十九年一月国民月会报告表》，1940 年 1 月 11 日，中国第二历史档案馆藏南京国民政府时期国立中央大学档案，全宗号 648，案卷号 2238。

《国民政府训令·渝文字 17 号》，1940 年 5 月 29 日，中国第二历史档案馆藏南京国民政府时期国立中央大学档案，全宗号 2238。

《行政院训令·阳字第 12172 号》，1940 年 6 月 4 日，中国第二历史档案馆藏南京国民政府时期国立中央大学档案，全宗号 648，案卷号 2238。

教育部：《致中央大学函》，1940 年 7 月 28 日，中国第二历史档案馆藏南京国民政府时期国立中央大学档案，全宗号 648，案卷号 2238。

中央大学校长办公处：《致事务组便函》，1941 年 3 月 3 日，中国第二历史档案馆藏南京国民政府时期国立中央大学档案,全宗号648,案卷号2238。

行政院秘书处:《公函·勇文字第542号》,1941年4月8日,中国第二历史档案馆藏南京国民政府时期国立中央大学档案,全宗号648,案卷号2238。

中央大学校长办公处:《布告》,1941年11月,中国第二历史档案馆藏南京国民政府时期国立中央大学档案,全宗号648,案卷号2238。

《教育部训令·壮字第05522号》,1942年2月10日,中国第二历史档案馆藏南京国民政府时期国立中央大学档案,全宗号648,案卷号2238。

中央大学校长办公处:《致训导处便函》,1942年4月13日,中国第二历史档案馆藏南京国民政府时期国立中央大学档案,全宗号648,案卷号2238。

《教育部训令·总字第36697号》,1942年9月14日,中国第二历史档案馆藏南京国民政府时期国立中央大学档案,全宗号648,案卷号2238。

《行政院训令·仁人字第20876号·充实国民月会办法》,1943年9月14日,中国第二历史档案馆藏南京国民政府时期国立中央大学档案,全宗号648,案卷号2238。

《行政院训令·平八字第10390号》,1945年9月6日,中国第二历史档案馆藏南京国民政府时期国立藏南京国民政府时期国立中央大学档案,全宗号648,案卷号2238。

《中央大学与各学院往来函》,1938年6月,中国第二历史档案馆藏南京国民政府时期国立中央大学档案,全宗号648,案卷号2278。

《国立中央大学各学院选课指导书》,1938年,中国第二历史档案馆藏南京国民政府时期国立中央大学档案,全宗号648,案卷号2283。

《部定各院系必修及选修科目表》,1939年印行,中国第二历史档案馆藏南京国民政府时期国立中央大学档案,全宗号648,案卷号2292。

《教育部令·实施战时教育》,1939年8月6日,中国第二历史档案馆藏南京国民政府时期国立中央大学档案,全宗号 648,案卷号 2303。

《教育部令·大学国文选目》,1940 年 11 月,中国第二历史档案馆藏南京国民政府时期国立中央大学档案,全宗号 648,案卷号 2303。

《航空委员会航空机械学校致函中央大学》,1938 年 6 月 11 日,中国第二历史档案馆藏南京国民政府时期国立中央大学档案,全宗号648,案卷号 2334。

《教育部、中央大学、重庆区招生委员会相关往来函件和名单清册》,中国第二历史档案馆藏南京国民政府时期国立中央大学档案,全宗号 648,案卷号 2554。

《教育部训令·高壹 II 字第 3116 号·公布专科以上学生学业竞试办法》,1940 年 2 月 5 日,中国第二历史档案馆藏南京国民政府时期国立中央大学档案,全宗号 648,案卷号 2554。

《教育部训令·高壹 II 字第 11422 号·公布第一届专科以上学校学生学业竞试要点》,1940 年 4 月 18 日,中国第二历史档案馆藏南京国民政府时期国立中央大学档案,全宗号 648,案卷号 2554。

《教育部代电·高壹 II 字第 07207 号·分区招生委员会兼办专科以上学校学生学业竞试办法》,1940 年 5 月 6 日,中国第二历史档案馆藏南京国民政府时期国立中央大学档案,全宗号 648,案卷号 2554。

《教育部代电·22983 号》,1940 年 7 月,中国第二历史档案馆藏南京国民政府时期国立中央大学档案,全宗号 648,案卷号 2554。

《教育部代电·转发学业竞试试题》,1940 年 7 月 14 日,中国第二历史档案馆藏南京国民政府时期国立中央大学档案,全宗号 648,案卷号 2554。

《国立中央大学第一届学业竞试》,1940 年 7 月 19 日,中国第二历史档案馆藏南京国民政府时期国立中央大学档案,全宗号 648,案卷号 2554。

《重庆区第一届学业竞试复试名册》,1940 年 7 月 24 日,中国第二历史档案馆藏南京国民政府时期国立中央大学档案,全宗号 648,

案卷号 2554。

中央大学:《致教育部请其函送第一届学生学业竞试甲乙类决选生奖金收据的公文》,1940 年 8 月,中国第二历史档案馆藏南京国民政府时期国立中央大学档案,全宗号 648,案卷号 2555。

《第二届全国专科以上学校学生学业竞试要点》,1941 年,中国第二历史档案馆藏南京国民政府时期国立中央大学档案,全宗号 648,案卷号 2555。

国立音乐学院:《致中央大学罗家伦校长函》,1941 年 7 月 18 日,中国第二历史档案馆藏南京国民政府时期国立中央大学档案,全宗号 648,案卷号 2555。

《第三届全国专科以上学校学生学业竞试办法》,1942 年 6 月,中国第二历史档案馆藏南京国民政府时期国立中央大学档案,全宗号 648,案卷号 2558。

《第五届、第六届学业竞试中央大学选派学生参与名单》,中国第二历史档案馆藏南京国民政府时期国立中央大学档案,全宗号 648,案卷号 2559。

《教育部训令·高字第 30385 号·第四届全国专科以上学校学生学业竞试办法》,1943 年 6 月 25 日,中国第二历史档案馆藏南京国民政府时期国立中央大学档案,全宗号 648,案卷号 2559。

《国立中央大学训导调查表》,中国第二历史档案馆藏南京国民政府时期国立中央大学档案,全宗号 648,案卷号 2739。

《国立中央大学三十二学年度校历》,1943 年 9 月 29 日,中国第二历史档案馆藏南京国民政府时期国立中央大学档案,全宗号 648,案卷号 2897。

《中央大学机械特别研究班招生简章》,1935 年 6 月,中国第二历史档案馆藏南京国民政府时期国立中央大学档案,全宗号 648,案卷号 2904。

《中央大学致教育部函》,1942 年 2 月 27 日,中国第二历史档案馆藏南京国民政府时期国立中央大学档案,全宗号 648,案卷号 3008。

《航空委员会致中央大学函》,1943 年 4 月 17 日,中国第二历史档案馆藏南京国民政府时期国立中央大学档案,全宗号 648,案卷号 3008。

《校长聘请导师函》,1939 年 2 月 20 日,中国第二历史档案馆藏南京国民政府时期国立中央大学档案,全宗号 648,案卷号 3066。

《国立中央大学毕业试验规则》,1931—1932 年(原文未注明年份,笔者估计),中国第二历史档案馆藏南京国民政府时期国立中央大学档案,全宗号 648,案卷号 3913。

《国立中央大学毕业试验委员名单》,1931—1932 年(原文未注明年份,笔者估计),中国第二历史档案馆藏南京国民政府时期国立中央大学档案,全宗号 648,案卷号 3913。

中央大学:《致教育部函》,1941 年 3 月,中国第二历史档案馆藏南京国民政府时期国立中央大学档案,全宗号 648,案卷号 3914。

《教育部指令》,1941 年 4 月,中国第二历史档案馆藏南京国民政府时期国立中央大学档案,全宗号 648,案卷号 3914。

罗家伦:《国立中央大学校长布告》,1941 年 5 月,中国第二历史档案馆藏南京国民政府时期国立中央大学档案,全宗号 648,案卷号 3914。

罗家伦:《致各院系便函》,1941 年 5 月,中国第二历史档案馆藏南京国民政府时期国立中央大学档案,全宗号 648,案卷号 3914。

戴笠:《军统局情·渝 359 号报告》,1941 年 5 月 11 日,中国第二历史档案馆藏南京国民政府时期国立中央大学档案,全宗号 648,案卷号 3914。

《教育部训令·第 1891 号》,1941 年 5 月 11 日,中国第二历史档案馆藏南京国民政府时期国立中央大学档案,全宗号 648,案卷号 3914。

《教育部代电·高字第 20216 号》,1941 年 5 月 26 日,中国第二历史档案馆藏南京国民政府时期国立中央大学档案,全宗号 648,案卷号 3914。

《教育部训令·20616 号》,1941 年 5 月 28 日,中国第二历史档案馆藏南京国民政府时期国立中央大学档案,全宗号648,案卷号3914。

罗家伦:《致各校校长电》,1941年5月30日,中国第二历史档案馆藏南京国民政府时期国立中央大学档案,全宗号648,案卷号3914。

《毕业考试问题的有关往来函》,1941年5—6月,中国第二历史档案馆藏南京国民政府时期国立中央大学档案,全宗号648,案卷号3914。

《国立中央大学二十九学年度第二学期毕业总考科目表》,1941年6月,中国第二历史档案馆藏南京国民政府时期国立中央大学档案,全宗号648,案卷号3914。

《教育部训令·23822号》,1941年6月,中国第二历史档案馆藏南京国民政府时期国立中央大学档案,全宗号648,案卷号3914。

《中央秘书处转送密报》,1941年6月,中国第二历史档案馆藏南京国民政府时期国立中央大学档案,全宗号648,案卷号3914。

西南联合大学:《复中央大学电》,1941年6月11日,中国第二历史档案馆藏南京国民政府时期国立中央大学档案,全宗号648,案卷号3914。

罗家伦:《国立中央大学校长布告·第56号》,1941年6月20日,中国第二历史档案馆藏南京国民政府时期国立中央大学档案,全宗号648,案卷号3914。

《教育部代电》,1941年7月17日,中国第二历史档案馆藏南京国民政府时期国立中央大学档案,全宗号648,案卷号3914。

《国立中央大学三十年度下学期毕业试验总考科目表》,1942年,中国第二历史档案馆藏南京国民政府时期国立中央大学档案,全宗号648,案卷号3914。

中央大学军训总队部:《中央大学军训制服损失赔偿规则》,1944年2月,中国第二历史档案馆藏南京国民政府时期国立中央大学档案,全宗号648,案卷号4212。

《国立中央大学新生入学训练实施计划》,1940年,中国第二历史档案馆藏南京国民政府时期国立中央大学档案,全宗号648,案卷号 4214。

《国立中央大学军事管理规则》,1935 年 9 月,中国第二历史档案馆藏南京国民政府时期国立中央大学档案,全宗号 648,案卷号 4221。

《国立中央大学军事管理规程》,1940 年 9 月,中国第二历史档案馆藏南京国民政府时期国立中央大学档案,全宗号 648,案卷号 4221。

《中央大学军训总队部报告国立中央大学柏溪分校军事管理之推进情形》,1942 年 6 月 15 日,中国第二历史档案馆藏南京国民政府时期国立中央大学档案,全宗号 648,案卷号 4221。

《军训部致中央大学函》,1944 年 5 月 8 日,中国第二历史档案馆藏南京国民政府时期国立中央大学档案,全宗号 648,案卷号 4279。

《教育部指令》,1943 年 1 月 12 日,中国第二历史档案馆藏南京国民政府时期国立中央大学档案,全宗号 648,案卷号 4530。

《教育部代电·电饬接受捐款应依法编具概算呈报(高字第 2830 号)》,1943 年 6 月 12 日,中国第二历史档案馆藏南京国民政府时期国立中央大学档案,全宗号 648,案卷号 4530。

《教育部代电·专电仰编本年度增设司法组经费分配表呈报由(会字第 55812 号)》,1943 年 11 月 7 日,中国第二历史档案馆藏南京国民政府时期国立中央大学档案,全宗号 648,案卷号 4530。

《三十二年度国库中央大学经费报告建表》,1944 年,中国第二历史档案馆藏南京国民政府时期国立中央大学档案,全宗号 648,案卷号 4531。

《中央大学航空工程系年度补助情况表》,中国第二历史档案馆藏南京国民政府时期国立中央大学档案,全宗号 648,案卷号 4664。

《中央大学航空工程系航委会补助收支情况》,1938 年 3 月 12 日,中国第二历史档案馆藏南京国民政府时期国立中央大学档案,全宗号 648,案卷号 4664。

《航空委员会致中央大学函》,1940 年 2 月 9 日,中国第二历史档案馆藏南京国民政府时期国立中央大学档案,全宗号 648,案卷号 4664。

《中央大学致航空委员会函》，1941 年 2 月 3 日，中国第二历史档案馆藏南京国民政府时期国立中央大学档案，全宗号 648，案卷号 4664。

《航空委员会复中央大学函》，1941 年 3 月 8 日，中国第二历史档案馆藏南京国民政府时期国立中央大学档案，全宗号 648，案卷号 4664。

《空军总指挥部致中央大学函》，1941 年 5 月 29 日，中国第二历史档案馆藏南京国民政府时期国立中央大学档案，全宗号 648，案卷号 4664。

《中央大学航空工程系调查表》，1942 年，中国第二历史档案馆藏南京国民政府时期国立中央大学档案，全宗号 648，案卷号 4664。

《涂布油研究经费预算》，1940 年 4 月 25 日，中国第二历史档案馆藏南京国民政府时期国立中央大学档案，全宗号 648，案卷号 4665。

《中央大学与航空委员会往来函》，1936 年，中国第二历史档案馆藏南京国民政府时期国立中央大学档案，全宗号 648，案卷号 5584。

《第四中山大学校长布告》，1927 年 10 月 3 日，中国第二历史档案馆藏南京国民政府时期国立中央大学档案，全宗号 648，案卷号 5838。

《第四中山大学函》，1927 年 12 月 1 日，中国第二历史档案馆藏南京国民政府时期国立中央大学档案，全宗号 648，案卷号 5838。

江苏大学校长办公处：《江苏大学通告》，1928 年 2 月 17 日，中国第二历史档案馆藏南京国民政府时期国立中央大学档案，全宗号 648，案卷号 5838。

朱家骅：《复朱经农教育长函》，1943 年 5 月 3 日，中国第二历史档案馆藏南京国民政府时期国立中央大学档案，全宗号 648，案卷号 5849。

中国战时社会问题研究社：《复中央大学函》，1943 年 5 月 21 日，中国第二历史档案馆藏南京国民政府时期国立中央大学档案，全宗号 648，案卷号 5849。

中央大学校长办公处：《校长布告》，1944 年 10 月 21 日，中国第二历史档案馆藏南京国民政府时期国立中央大学档案,全宗号 648,案卷号 5850。

中央大学校长办公处:《校长布告》,1944 年 11 月,中国第二历史档案馆藏南京国民政府时期国立中央大学档案,全宗号 648,案卷号 5850。

中央大学校长办公处:《校长布告》,1944 年 12 月,中国第二历史档案馆藏南京国民政府时期国立中央大学档案,全宗号 648,案卷号 5850。

中央大学校长办公处:《校长布告》,1945 年 3 月 17 日,中国第二历史档案馆藏南京国民政府时期国立中央大学档案,全宗号 648,案卷号 5851。

中央大学校长办公处:《校长布告》,1945 年 6 月,中国第二历史档案馆藏南京国民政府时期国立中央大学档案,全宗号 648,案卷号 5851。

《中央大学致函教育部关于要求向日方索赔中央大学航空工程系风洞损失的函》,1948 年 9 月 13 日,中国第二历史档案馆藏南京国民政府时期国立中央大学档案,全宗号 648,案卷号 5874。

三、台北"国史馆"藏蒋中正文物

《蒋介石手令·机密甲第 4335 号》,1941 年 4 月 26 日,台北"国史馆"藏蒋中正文物,典藏号 002 - 010300 - 00001 - 024。

蒋介石:《条谕陈布雷通令全国实施国民精神总动员纲领与宣誓国民公约》,1939 年 3 月 12 日,台北"国史馆"藏蒋中正文物,典藏号 002 - 020300 - 00004 - 030。

《蒋中正档案·事略稿本》,1942 年 6 月 22 日,台北"国史馆"藏蒋中正文物,典藏号 002 - 060100 - 00165 - 022。

《事略稿本·民国三十二年三月》,1943 年 3 月 4 日,台北"国史馆"藏蒋中正文物,典藏号 002 - 060100 - 00174 - 004。

《事略稿本·民国三十二年五月》,1943 年 5 月 9 日,台北"国史馆"藏蒋中正文物,典藏号 002 - 060100 - 00176 - 009。

《事略稿本·民国三十三年七月》,1943 年 3 月 4 日,台北"国史馆"藏蒋中正文物,典藏号 002 - 060100 - 00190 - 009。

《事略稿本·民国三十三年八月》,1944 年 8 月 8 日,台北"国史馆"藏蒋中正文物,典藏号 002 - 060100 - 00191 - 008。

蒋介石:《爱记初稿·(三)》,1943 年 11 月,台北"国史馆"藏蒋中正文物,典藏号 002 - 060200 - 00018 - 008。

蒋介石:《致朱家骅电》,1932 年 6 月 30 日,台北"国史馆"藏蒋中正文物,典藏号 002 - 070100 - 00026 - 094。

蒋介石:《致罗家伦电》,1935 年 1 月 3 日,台北"国史馆"藏蒋中正文物,典藏号 002 - 070100 - 00038 - 054。

蒋介石:《致马超俊函》,19837 年 5 月 18 日,台北"国史馆"藏蒋中正文物,典藏号 002 - 070200 - 00007 - 047。

蒋介石:《致朱经农、程天放电》,1943 年 3 月 24 日,台北"国史馆"藏蒋中正文物,典藏号 002 - 070200 - 00017 - 077。

蒋介石:《致白崇禧电》,1943 年 3 月 24 日,台北"国史馆"藏蒋中正文物,典藏号 002 - 070200 - 00017 - 079。

蒋介石:《致白崇禧电》,1943 年 11 月 15 日,台北"国史馆"藏蒋中正文物,典藏号 002 - 070200 - 00019 - 062。

陈布雷:《呈拟实施国民精神总动员告国民书暨整理国民精神总动员纲领》,1938 年 3 月,台北"国史馆"藏蒋中正文物,典藏号 002 - 080101 - 00014 - 001。

邵力子:《呈拟国民精神总动员初步推行办法,国民精神总动员实施方案草案暨总动员计划大纲及各省市县总动员委员会组织大纲》,1938 年,台北"国史馆"藏蒋中正文物,典藏号 002 - 080101 - 00014 - 002。

《蒋中正与钱穆讨论宋明理学儒家思想等谈话纪要》,1942 年 6 月 22 日,台北"国史馆"藏蒋中正文物,典藏号 002 - 080114 - 00018 - 009。

罗家伦:《致蒋介石电》,1932 年 12 月 5 日,台北"国史馆"藏蒋中正文物,典藏号 002 - 080200 - 00064 - 160。

蒋介石:《在国立大学设立航空工程系办法暨调查报告上的批示》,1935 年 3 月 6 日,台北"国史馆"藏蒋中正文物,典藏号 002 -080200 - 00205 - 149。

罗家伦:《致蒋介石电》,1935 年 7 月 8 日,台北"国史馆"藏蒋中正文物,典藏号 002 - 080200 - 00237 - 029。

《中央训练团党政高级训练班开课后三周教务报告》,1943 年,台北"国史馆"藏蒋中正文物,典藏号 002 - 080300 - 00047 - 004。

蒋介石:《致朱经农、程天放电》,1943 年 3 月 24 日,台北"国史馆"藏蒋中正文物,典藏号 002 - 090106 - 00016 - 404。

蒋介石:《致白崇禧电》,1943 年 3 月 24 日,台北"国史馆"藏蒋中正文物,典藏号 002 - 090106 - 00016 - 405。

四、台北"国史馆"藏国民政府档案

《国民政府训令·修正教育部组织法》,1936 年 10 月 31 日,台北"国史馆"藏国民政府档案,典藏号 001 - 012071 - 00240 - 026。

《国民政府令第 3808 号修正国立编译馆组织条例》,1941 年 6 月 9 日,台北"国史馆"藏国民政府档案,典藏号 001 - 012071 - 00298 - 029。

国防最高委员会秘书厅编印:《国民公约》,1939 年 3 月,台北"国史馆"藏国民政府档案,典藏号 001 - 012340 - 00003。

国防最高委员会秘书厅编印:《国民精神总动员纲领》,1939 年 3 月,台北"国史馆"藏国民政府档案,典藏号 001 - 012340 - 00003。

国防最高委员会秘书厅编印:《国民精神总动员实施办法》,1939 年 3 月,台北"国史馆"藏国民政府档案,典藏号 001 - 012340 - 00003。

国防最高委员会秘书厅编印:《誓词》,1939 年 3 月,台北"国史馆"藏国民政府档案,典藏号 001 - 012340 - 00003。

《国民精神总动员委员会组织大纲》,1939 年 3 月,台北"国史馆"藏国民政府档案,典藏号 001 - 012340 - 00003。

《军训部部长白崇禧致蒋介石函》,1942 年 10 月 15 日,台北"国史馆"藏国民政府档案,典藏号 001 - 014100 - 00010 - 004。

《蒋介石手令·机密甲 6475 号》,1942 年 5 月 17 日,台北"国史馆"藏国民政府档案,典藏号 001 - 016142 - 00009 - 026。

汪精卫:《电国民政府文官长魏怀为任命罗家伦为国立中央大学校长请查照转陈明令发表》,1932 年 8 月 24 日,台北"国史馆"藏国民政府档案,典藏号 001 - 032320 - 00005 - 042。

《国民政府令·第 213 号》,1932 年 8 月 25 日,台北"国史馆"藏国民政府档案,典藏号 001 - 032320 - 00005 - 043。

朱培德:《朱培德电呈军事委员会委员长蒋中正为发展航空工程计划书及审查意见》,1935 年 7 月,台北"国史馆"藏国民政府档案,典藏号 001 - 070006 - 00001 - 001。

《空军第五次干部会议重要提案报告表》,1944 年 6 月,台北"国史馆"藏国民政府档案,典藏号 001 - 091000 - 00002 - 001。

《蒋介石手令·侍 91 号》,1944 年 6 月 11 日,台北"国史馆"藏国民政府档案,典藏号 001 - 091000 - 00002 - 001。

《教育部呈蒋介石文》,1944 年 7 月 29 日,台北"国史馆"藏国民政府档案,典藏号 001 - 091000 - 00002 - 001。

五、美国斯坦福大学胡佛研究所藏《蒋介石日记》

蒋介石:《蒋介石日记》,1931 年 3 月 19 日,美国斯坦福大学胡佛研究所藏。

蒋介石:《蒋中正日记》,1937 年 4 月 18 日,美国斯坦福大学胡佛研究所藏。

蒋介石:《蒋中正日记》,1942 年 6 月 22 日,美国斯坦福大学胡佛研究所藏。

蒋介石:《蒋介石日记》,1943 年 3 月 4 日,美国斯坦福大学胡佛研究所藏。

蒋介石:《蒋介石日记》,1943 年 3 月 5 日,美国斯坦福大学胡佛研究所藏。

蒋介石:《蒋介石日记》,1943 年 12 月 26 日,美国斯坦福大学胡佛研究所藏。

六、台北"国史馆"藏"行政院"档案

《国民参政会第三届第二次大会提案·建议重视大学专科训育规定各校设置学生生活指导部并慎重导师人选》,1943 年,台北"国史馆"藏"行政院"档案,典藏号 014 - 000301 - 0106。

《国民参政会决议文》,1943 年,台北"国史馆"藏"行政院"档案,典藏号 014 - 000301 - 0106。

《行政院研处报告》,1943 年,台北"国史馆"藏"行政院"档案,典藏号 014 - 000301 - 0106。

《蒋介石手令·239 号》,1943 年 10 月 9 日,台北"国史馆"藏"行政院"档案,典藏号 014 - 000301 - 0106。

《国防最高委员会秘书处公函·国纪 40715 号》,1943 年 11 月 29 日,台北"国史馆"藏"行政院"档案,典藏号 014 - 000301 - 0106。

《国民政府训令·渝字第 149 号·公布修正总理纪念周条例》,1939 年 3 月 27 日,台北"国史馆"藏"行政院"档案,典藏号 014 - 010604 - 0037。

《国民公约》,1939 年 5 月,台北"国史馆"藏"行政院"档案,典藏号 014 - 010604 - 0253。

《高中以上学校军事管理办法》,1939 年,台北"国史馆"藏"行政院"档案,典藏号 014 - 030300 - 0009。

《国立中央大学 32 年度上学期军训设备预算表》,1943 年,台北"国史馆"藏"行政院"档案,典藏号 014 - 030300 - 0011。

《教育部呈行政院》,1943 年 7 月 12 日,台北"国史馆"藏"行政院"档案,典藏号 014 - 030300 - 0011。

《国立中央大学学生军事教育实施计划》,1943 年 7 月 26 日,台北"国史馆"藏"行政院"档案,典藏号 014 - 030300 - 0011。

《军事委员会致行政院函》,1943 年 10 月 3 日,台北"国史馆"藏"行政院"档案,典藏号 014 - 030300 - 0011。

《行政院第 646 次会议记录》,1944 年 1 月 18 日,台北"国史馆"藏"行政院"档案,典藏号 014 - 030300 - 0011。

《行政院令·汉1072号》,1938年3月2日,台北"国史馆"藏"行政院"档案,典藏号014-050000-0020。

《行政院第474次会议·讨论事项第8案》,1940年7月21日,台北"国史馆"藏"行政院"档案,典藏号014-050000-0005。

七、台北"中国国民党中央文化传播委员会党史馆"藏会议档案

《中国国民党五届五中全会会议记录》,1939年,台北"中国国民党中央文化传播委员会党史馆"藏会议档案,档案号5.2/23.12。

《中国国民党第五届中央执行委员会第七次全体会议记录》,1940年7月,台北"中国国民党中央文化传播委员会党史馆"藏会议档案,档案号5.2/49.58。

《国民党五届八中全会提案》,1941年,台北"中国国民党中央文化传播委员会党史馆"藏会议档案,档案号5.2/57.30。

《国民党五届十中全会教育报告》,1942年10月,台北"中国国民党中央文化传播委员会党史馆"藏会议档案,档案号5.2/112.15。

《国民党五届三中全会记录》,1937年2月19日,台北"中国国民党中央文化传播委员会党史馆藏"会议档案,档案号5.2/157。

《三年来之建教合作》,1941年9月,台北"中国国民党中央文化传播委员会党史馆"藏会议档案,案卷号5.2/178。

《国民党五届九中全会教育报告》,1941年10月,台北"中国国民党中央文化传播委员会党史馆"藏会议档案,档案号5.2/178。

《国民党中常会记录》,1939年8月16日,台北"中国国民党中央文化传播委员会党史馆"藏会议档案,档案号5.3/130。

《国民党中常会会议记录》,1941年6月,台北"中国国民党中央文化传播委员会党史馆"藏会议档案,档案号5.3/177。

八、台北"中国国民党中央文化传播委员会党史馆"藏"国防"档案

《国民党五届六中全会决议》,1939年1月,台北"中国国民党中央文化传播委员会党史馆"藏"国防"档案,档案号003/0409。

《国民参政会决议文》,1943年,台北"中国国民党中央文化传播委员会党史馆"藏"国防"档案,档案号003/2650。

《中国国民党第五届中央执行委员会第九次全体会议决议》，1941 年 2 月 22 日，台北"中国国民党中央文化传播委员会党史馆"藏"国防"档案，档案号 103/208。

九、台北"中国国民党中央文化传播委员会党史馆"藏一般档案

陈立夫：《陈立夫先生抗战建国言论专刊》，1928 年 3 月，台北"中国国民党中央文化传播委员会党史馆"藏一般档案，档案号 240/123。

《全国高等教育概况》，1939 年 3 月，台北"中国国民党中央文化传播委员会党史馆"藏一般档案，档案号 504/172。

《行政院附属机关 28 年度上半年工作总检讨报告》，1939 年，台北"中国国民党中央文化传播委员会党史馆"藏一般档案，档案号 506/55.1。

《教育部报告》，1938 年 7 月，台北"中国国民党中央文化传播委员会党史馆"藏一般档案，档案号 506/69.1。

《一年来教育部重要工作概况》，1939 年 2 月，台北"中国国民党中央文化传播委员会党史馆"藏一般档案，档案号 506/70。

《总理遗教教授纲要》，台北"中国国民党中央文化传播委员会党史馆"藏一般档案，档案号 574/43。

十、中国第二历史档案馆藏南京国民政府时期国防最高委员会档案

中国第二历史档案馆藏南京国民政府时期教育部档案中的战时各年度预算、概算表格的部分数据具体参见中国第二历史档案馆藏南京国民政府时期国防最高委员会档案。

十一、台北"发展委员会档案管理局"藏"教育部"档案

《国立中央大学教职员名册》，1943 年，台北"发展委员会档案管理局"藏"教育部"档案，文件号 3A309000000E＝0027＝140.01－04＝0001。

十二、台北"国史馆"藏陈诚文物

陈诚：《国民精神总动员与抗日建国的伟业——在武汉各界康迪运动广播讲演词》，1938 年 3 月 16 日，台北"国史馆"藏陈诚文物，典藏号 008 - 010102 - 00008 - 019。

陈诚:《青年对长期抗战应有之认识与努力——于云南起义纪念日在中央大学演讲》,1938 年 12 月 25 日,台北"国史馆"藏陈诚文物,典藏号 008 - 010102 - 00009 - 040。

陈诚:《思想统一运动和三民主义青年团——在中央大学、重庆大学联合纪念周上对青年学生演讲》,1939 年 2 月 13 日,台北"国史馆"藏陈诚文物,典藏号 008 - 010102 - 00010 - 022。

十三、台北"国史馆"藏"司法院"档案

国民政府主计处编:《中华民国二十六年度国家普通岁入岁出总预算》,1937 年 7 月 1 日,台北"国史馆"藏"司法院"档案,典藏号 015 - 030400 - 0056。

国民政府主计处编:《中华民国二十八年度国家普通岁出总预算案》,1939 年,台北"国史馆"藏"司法院"档案,典藏号 015 - 030400 - 0058。

国民政府主计处编:《中华民国二十九年度政府岁出总预算案》,1940 年,台北"国史馆"藏"司法院"档案,典藏号 015 - 030400 - 0059。

国民政府主计处编:《中华民国三十年度政府岁出总预算案》,1941 年,台北"国史馆"藏"司法院"档案,典藏号 015 - 030400 - 0060。

国民政府主计处编:《中华民国三十三年度政府岁出总预算案》,1944 年,台北"国史馆"藏"司法院"档案,典藏号 015 - 030400 - 0065。

国民政府主计处编:《中华民国三十四年度国家总预算》,1945 年,台北"国史馆"藏"司法院"档案,典藏号 015 - 030400 - 0111。

国民政府主计处编:《中华民国二十七年度国家普通岁出总预算案》,1938 年,台北"国史馆"藏"司法院"档案,典藏号 015 - 050400 - 0057。

十四、中国第二历史档案馆藏南京国民政府时期私立金陵大学档案

教育部颁定:《专科以上学校学生学业成绩考核办法要点》,1940 年 5 月,中国第二历史档案馆藏南京国民政府时期私立金陵大学档

案,全宗号 649,案卷号 484。

十五、中国第二历史档案馆藏南京国民政府时期行政院档案

《国民政府军事委员会代电(侍秘川字第 8600 号)》,1941 年 8 月 8 日,中国第二历史档案馆藏南京国民政府时期行政院档案,全宗号 2(3),案卷号 1912。

《国民政府军事委员会代电(侍秘川字第 17301 号)》,1943 年 5 月 8 日,中国第二历史档案馆藏南京国民政府时期行政院档案,全宗号 2(3),案卷号 1912。

《国民政府军事委员会代电》,1943 年 6 月 3 日,中国第二历史档案馆藏南京国民政府时期行政院档案,全宗号 2(3),案卷号 1912。

附录二　索　引